Manual
Teórico-Prático
de IRC

Manual Teórico-Prático de IRC

2018

Joaquim Miranda Sarmento
Professor Auxiliar de Finanças e Fiscalidade
no ISEG/Universidade de Lisboa

Ricardo Nunes
Inspetor Tributário

Marta Morais Pinto
Inspetora Tributária

MANUAL TEÓRICO-PRÁTICO DE IRC

AUTORES
Joaquim Miranda Sarmento
Ricardo Nunes
Marta Morais Pinto

EDITOR
EDIÇÕES ALMEDINA, S.A.
Rua Fernandes Tomás, n°s 76-80
3000-167 Coimbra
Tel.: 239 851 904 · Fax: 239 851 901
www.almedina.net · editora@almedina.net

DESIGN DE CAPA
FBA.

PRÉ-IMPRESSÃO
EDIÇÕES ALMEDINA, SA

IMPRESSÃO E ACABAMENTO
ARTIPOL - ARTES TIPOGRÁFICAS, LDA.
março 2018

DEPÓSITO LEGAL
438529/18

Os dados e as opiniões inseridos na presente publicação são da exclusiva responsabilidade do(s) seu(s) autor(es).
Apesar de todo o cuidado colocada na feitura deste manual, o mesmo não invalida a consulta da legislação fiscal.
Este manual está atualizado a janeiro de 2018.
Toda a reprodução desta obra, por fotocópia ou outro qualquer processo, sem prévia autorização escrita do Editor, é ilícita e passível de procedimento judicial contra o infrator.

BIBLIOTECA NACIONAL DE PORTUGAL – CATALOGAÇÃO NA PUBLICAÇÃO

SARMENTO, Joaquim Miranda, 1978-   , e outros
Manual teórico-prático de IRC (2018) / Joaquim Miranda Sarmento, Ricardo Nunes, Marta Morais Pinto. – (Direito para economistas, gestores e marketeers)
ISBN 978-972-40-7357-6

I – NUNES, Ricardo
II – PINTO, Marta Morais

CDU   336

1. Introdução ao IRC

O Código do Imposto sobre o Rendimento das Pessoas Coletivas (IRC), aprovado pelo Decreto-Lei nº 442-B/88, de 30 de novembro, entrou em vigor no dia 1 de janeiro de 1989, e tem como finalidade a tributação do lucro das empresas e pessoas coletivas em geral.

O conceito de imposto é *"num certo entendimento das coisas, podemos definir o imposto com base em três elementos, a saber: um elemento objetivo, um elemento subjetivo e um elemento teleológico. Objetivamente o imposto é uma prestação pecuniária, unilateral, definitiva e coativa. Por sua vez, subjetivamente, o imposto é uma prestação, com as características objetivas que acabámos de mencionar, exigida a (ou devida por) detentores (individuais ou coletivos) de capacidade contributiva a favor de entidades que exerçam funções ou tarefas públicas. Finalmente, em termos teleológicos, o imposto é exigido pelas entidades que exerçam funções públicas para a realização dessas funções, conquanto que não tenham carácter sancionatório."*[1]

O conceito de rendimento, para efeitos de IRC, assenta na teoria do rendimento acréscimo, ou incremento patrimonial, que consiste na diferença entre o valor do património no início e o valor do património no fim do período de tributação, incluindo as mais-valias e outros ganhos fortuitos (ex. subsídios não destinados à exploração, as indemnizações e os incrementos patrimoniais obtidos a título gratuito). Trata-se de uma noção extensiva de rendimento que procura tributar o rendimento real e efetivo das empresas, o que é, aliás, um princípio de imperativo constitucional (artigo 104º, nº 2 da Constituição da República Portuguesa – CRP).

---

[1] *vd.*, Casalta Nabais, José, *Direito Fiscal*, 7ª Edição, 2014, Almedina, págs. 10 e seguintes.

Desta forma, as principais características do IRC fazem dele um imposto:

- Sobre o rendimento: atendendo à classificação tripartida dos impostos efetuada pela Constituição, o IRC integra a categoria dos impostos sobre o rendimento em contrapartida aos impostos existentes sobre a despesa (ex.: IVA) e sobre o património (ex.: IMI, IMT e o Imposto sobre veículos);
- Direto: se atendermos ao critério financeiro, poderemos dizer que o IRC é um imposto direto na medida que incide sobre a manifestação direta ou imediata da capacidade contributiva por oposição aos impostos indiretos que atingem apenas uma manifestação mediata da mesma capacidade contributiva[2];
- Real: porque procura atingir a tributação dos rendimentos das pessoas coletivas sem atender à sua situação pessoal, em oposição aos impostos ditos pessoais;
- Periódico: porque, contrariamente aos impostos de obrigação única que assentam numa relação de caráter instantâneo, o IRC renova-se nos sucessivos períodos de tributação, que normalmente são anuais, dando origem, consequentemente, a sucessivas obrigações tributárias anuais independentes umas das outras;
- Estadual: porque, do ponto de vista da titularidade ativa da relação jurídico-tributária, é o Estado quem ocupa o lugar de sujeito ativo;
- Proporcional ou de taxa fixa: é um imposto de quota variável, em que o montante apurado varia em função da variação da matéria coletável; esta variação ocorre por meio de uma taxa que se mantém constante, apesar da derrama estadual e municipal;
- Global: incide sobre um conjunto de rendimentos provenientes de diversas fontes;
- Principal (ou geral): porque goza de autonomia, quer ao nível normativo, quer ao nível das relações tributárias concretas.

---

[2] Sobre as tradicionais classificações dadas aos impostos, *vd.*, Casalta Nabais, José, *Direito Fiscal*, 7ª Edição, 2014, Almedina, págs. 65 e seguintes.

2. Conceitos base do imposto

Como em qualquer imposto, também no IRC temos, como estrutura linear, a incidência objetiva (real), ou seja, o que está sujeito a imposto (artigo 3º), e a incidência subjetiva (pessoal), quem está sujeito a imposto (artigo 2º). Desta forma, o IRC incide sobre os rendimentos obtidos (mesmo que de proveniência ilícita), pelos sujeitos passivos do imposto, num determinado período de tributação.

SUJEITOS PASSIVOS:
Existem, no IRC, 4 tipos de sujeitos passivos:
- Residentes que exercem, a título principal, uma atividade comercial, industrial ou agrícola;
- Residentes que não exercem, a título principal, uma atividade comercial, industrial ou agrícola;
- Não residentes, com ou sem personalidade jurídica, e que tenham estabelecimento estável, obtendo em Portugal, rendimentos não sujeitos a IRS.
- Não residentes, com ou sem personalidade jurídica, que apesar de não terem estabelecimento estável, obtêm em Portugal rendimentos não sujeitos a IRS.

Nos termos do nº 3 do artigo 2º do Código do IRC, a residência consiste na existência de sede ou direção efetiva em território português, a qual pode ser designada nos estatutos ou ter em consideração o local em que funciona a administração principal. Em alternativa à sede, o Código do IRC (à semelhança das convenções sobre dupla tributação internacional) elegeu a direção efetiva como elemento de conexão determinante para a sujeição a

MANUAL TEÓRICO-PRÁTICO DE IRC

imposto, sempre que a mesma se situe em território português, assumindo-a como o local onde a empresa é de facto gerida, onde se realizam os atos mais importantes da sociedade.

A distinção é fundamental, uma vez que em função da tipificação como sujeito passivo, cada entidade apurará o seu lucro e, consequentemente, o imposto a pagar de forma diferente (Figura 1). Ou seja, os sujeitos passivos residentes, numa ótica de obrigação pessoal e, em concretização do princípio do rendimento mundial, como veremos melhor adiante, são tributados pela totalidade dos rendimentos, incluindo os obtidos fora de Portugal, enquanto os sujeitos passivos não residentes, em cumprimento do princípio da fonte, são tributados apenas pelos rendimentos localizados em Portugal[3].

Figura 1 – Categorização dos sujeitos passivos de IRC

SUJEITOS PASSIVOS	BASE DO IMPOSTO	FÓRMULA DE CÁLCULO	Tipos de Sujeitos Passivo
Residentes que **exercem** a título principal uma actividade de natureza comercial, industrial ou agrícola[3]	LUCRO	L.T. (Lucro Tributável) – Prejuízos – Benefícios fiscais	• Sociedades comerciais • Sociedades civis sob forma comercial • Cooperativas • Empresas Públicas
Residentes que **não exercem** a título principal uma actividade de natureza comercial, industrial ou agrícola	RENDIMENTO GLOBAL	Rendimentos – custos comuns – benefícios	• Heranças jacentes • Sociedades e associações[4] sem personalidade jurídica • Pessoas colectivas com declaração de invalidade • Sociedades antes do registo
Não residentes **com** estabelecimento estável[5]	LUCRO IMPUTÁVEL AO ESTABELECIMENTO ESTÁVEL	L.T. – Prejuízos – benefícios	
Não residentes **sem** estabelecimento estável	RENDIMENTOS DAS DIVERSAS CATEGORIAS DE IRS	--------------------	

[3] São tributados pelos rendimentos que a lei entende terem fonte em Portugal, ou seja, ser em Portugal que se situa o bem gerador do rendimento.

[4] Para efeitos de IRC, são consideradas de natureza comercial, industrial ou agrícola todas as atividades que consistam na realização de operações económicas de caráter empresarial, incluindo, naturalmente, as prestações de serviços.

[5] Neste âmbito, incluem-se os clubes desportivos (que não as SAD's), recreativos, as IPSS e demais entidades com fins sociais.

[6] Na prática, o estabelecimento estável de um não residente é tratado em IRC, para efeitos de apuramento da matéria coletável, como uma empresa residente em Portugal, com exceção dos rendimentos considerados no apuramento.

CONCEITOS BASE DO IMPOSTO

As entidades residentes estão, como já referido, sujeitas a IRC pela totalidade dos seus rendimentos, ou seja, considerando o seu rendimento independentemente da sua origem (designado por "world wide income"). Isto é, todo o rendimento é tributável, independentemente de ter sido gerado fora de Portugal, sem prejuízo da aplicação das regras de dupla tributação internacional. Desta forma, nos sujeitos passivos residentes o lucro incide sobre a totalidade dos rendimentos, sejam eles obtidos em Portugal ou no Estrangeiro. Lucro esse que, nos termos do nº 2 do artigo 3º, traduz-se na diferença entre o valor do património no final do período de tributação e o valor do património no início desse período, com as correções fiscais estabelecidas no Código do IRC.

Já quanto aos não residentes, o IRC incide apenas sobre os rendimentos obtidos em Portugal (artigo 4º, nºs 1 e 2).

Localização das prestações de serviços

Os serviços foram prestado fora de PT? — **Não** → Rendimentos tributados em PT

↓ **Sim**

Respeitam a bens situados em PT? — **Sim** →

↓ **Não**

Relacionados com estudos, projetos, apoio técnico ou gestão, contabilidade, auditoria, organização ou I&D) — **Sim** →

↓ **Não**

Rendimentos não tributados em Portugal

Os rendimentos obtidos por entidades não residentes são tributados por retenção na fonte a título definitivo, com exceção dos rendimentos prediais (categoria F – as retenções têm natureza de pagamento por conta); das mais-valias de bens imóveis e partes sociais (categoria G, que não estão sujeitos a retenção na fonte) e dos incrementos patrimoniais obtidos a título gratuito, os quais também não são sujeitos a retenção na fonte.

A retenção na fonte pode ser objeto de dispensa, total ou parcial, por força de uma Convenção destinada a evitar a dupla tributação. Os benefi-

MANUAL TEÓRICO-PRÁTICO DE IRC

ciários dos rendimentos devem fazer prova de residência no outro Estado Contratante, até ao termo do prazo estabelecido para a entrega do imposto que deveria ter sido deduzido, através da entrega dos respetivos formulários (Despacho nº 30359/2007, II série, 31 de dezembro).

Em todos estes casos, os sujeitos passivos não residentes sem estabelecimento estável são obrigados a apresentar a Declaração Modelo 22.

RENDIMENTOS TRIBUTADOS EM PORTUGAL EM SEDE DE IRC:

Consideram-se obtidos em território português os rendimentos imputáveis a um estabelecimento estável de uma entidade não residente, nele situado, assim como:

- Os rendimentos / ganhos auferidos com a exploração / transmissão onerosa de direitos reais sobre imóveis localizados em Portugal;
- Os ganhos na transmissão de partes de capital de sociedades com sede em Portugal e ainda, de outras entidades, "quando, em qualquer momento durante os 365 dias anteriores, o valor dessas partes de capital ou direitos resulte, direta ou indiretamente, em mais de 50%, de bens imóveis ou direitos reais sobre bens imóveis situados em território português, com exceção dos bens imóveis afetos a uma atividade de natureza agrícola, industrial ou comercial que não consista na compra e venda de bens imóveis"[7];
- Os rendimentos cujo devedor tenha sede em Portugal ou cujo pagamento se refira a um estabelecimento estável em Portugal.

Contudo, se os rendimentos, ainda que pagos por entidades residentes em Portugal, forem auferidos por não residentes e constituam encargos de estabelecimentos estáveis residentes em outro país, não serão localizados em Portugal. Também não se consideram localizados em Portugal as prestações de serviços que tenham sido realizadas integralmente fora de Portugal; que não respeitem a bens situados em Portugal; e que não se relacionem com estudos, projetos, apoio técnico ou à gestão, serviços de consultoria, investigação ou desenvolvimento em qualquer domínio.

---

[7] Para a transmissão de partes de capital ou de direitos não abrangidas pela alínea b) do nº 3 do artigo 4º, foi aditada, a este preceito legal, a alínea f) pela Lei do Orçamento de Estado para 2018 (Lei nº 114/2017, de 29 de dezembro. Porém, esta nova incidência apenas se aplica a factos ocorridos em, ou após, 1 de janeiro de 2018.

CONCEITOS BASE DO IMPOSTO

RENDIMENTOS OBTIDOS FORA DE PORTUGAL:

No entanto, não se consideram obtidos em território português os rendimentos enumerados na alínea c) do nº 3 do artigo 4º, ainda que sendo pagos por entidades residentes, quando os mesmos constituam encargo de estabelecimento estável situado fora do território português relativamente à atividade exercida por seu intermédio, e bem assim quando não se verificarem essas condições, os rendimentos referido no nº 7 da mesma alínea, quando os serviços de que derivam, sendo realizados integralmente fora do território português, não respeitem a bens situados nesse território nem estejam relacionados com estudos, projetos, apoio técnico ou à gestão, organização, investigação e desenvolvimento em qualquer domínio (nº 4 do artigo 4º).

EXEMPLO 1:

Uma sociedade comercial "X, SA" com sede em Portugal e com estabelecimento estável em Espanha. Nesta situação, se uma entidade "Y", não residente, auferir quaisquer dos rendimentos mencionados na alínea c) do nº 3 do artigo 4º, pagos por aquele estabelecimento, esses rendimentos não serão considerados como obtidos em território português, porque, embora o seu devedor (a sociedade "X, SA") seja uma entidade residente, os mesmos constituem um encargo do referido estabelecimento estável, em Espanha, em relação à atividade por ele exercida (nº 4 do artigo 4º).

Para efeitos de IRC, o território português compreende também as zonas onde, em conformidade com a legislação portuguesa e com o direito internacional, a República Portuguesa tem direitos soberanos relativamente à prospeção, pesquisa e exploração dos recursos naturais do leito do mar, do seu subsolo e das águas sobrejacentes.

EXEMPLO 2:

A sociedade YYY, SA com sede em Espanha alienou, no ano t, uma participação que detinha no capital social de uma sociedade com sede em Portugal.

Onde se consideram obtidos os rendimentos?

Embora se trate de uma sociedade residente em Espanha, o eventual ganho resultante desta transmissão está sujeito a imposto em Portugal, de acordo com o disposto na alínea b) do nº 3 do artigo 4º do Código do IRC. No entanto, a eventual mais-valia pode beneficiar de isenção de IRC, nos termos e condições referidos no artigo 27º do Estatuto dos Benefícios Fiscais (EBF).

MANUAL TEÓRICO-PRÁTICO DE IRC

A tabela seguinte indica um conjunto de exemplos práticos:

Nº	Situação	Beneficiário	TRIBUTAÇÃO Sem CDT	Com CDT	Fundamento legislativo
1	Comissões pagas	Empresa de Cabo Verde	**Território nacional**		Art. 4º, nº 3, c) p. 6 CIRC Art. 94º, nº 1, g) nº 3 b) nº 5 CIRC
				Estado de residência	Art. 98º, nº 1 CIRC Art. 7º CDT
2	Comissões pagas	Pessoa singular residente na Alemanha	**Território nacional** (cat. B de IRS)		Art. 3º, nº 1 b) CIRS Art. 18º, nº 1 f) CIRS Art. 71º CIRS
				Estado de residência	Art. 101º-C, nºs 1 e 2 CIRS
3	Renda paga (aluguer armazém sito em Portugal)	Empresa com sede em Espanha (Sem EE em PT)	**Território nacional** Atividade em Portugal (Art. 118º nº 3 CIRC)		Art. 4º, nº 3 a) CIRC Art. 94º, nº 1 c), nº 3 b) nº 4 CIRC Art. 6º nº 1 CDT (Obriga à entrega de declaração em Portugal)
4	Renda paga (aluguer armazém sito em Portugal)	Pessoa singular residente Suiça	**Território nacional** Cat. F em Portugal (Art. 8º CIRS) Entrega modelo 3 IRS em PT		Art. 15º, nº 2 CIRS Art. 18º, nº 1 h) CIRS Art. 101º nº 1 CIRS Art. 6º nº 1 CDT
5	Serviço de publicidade (realizada em Espanha)	Empresa com sede em Espanha	Estado de residência		Art. 4º, nº 3 c) p. 7 CIRC (*a contrario*)
			Admitindo que a publicidade não se relaciona com bens situados em território nacional (Hotel por exemplo), caso em que já seria cá tributado se não ativasse CDT		
6	Serviços técnicos de gestão	Empresa com sede nas Ilhas Cayman (Portaria nº 150/2004)	**Território nacional** (Ver ainda arts. 23º-A, nºs 1, 7 e 8 e 68º)		Não existe CDT Art. 4º, nº 3 c) p. 7 e nº 4 CIRC Porque não existe CDT Art. 87º, nº 4 CIRC Art. 94º, nº 1 g), nº 3 b), nº 5
7	Estudo de mercado realizado em França	Empresa com sede em França	**Território nacional**		Art. 4º, nº 3 c) e nº 4 CIRC Art. 87º, nº 4 CIRC Art. 94º, nº 1 g), nº 3 b) nº 5 CIRC (Pode pedir a devolução)
				Estado de residência	Art. 98º nº 1 CIRC Art. 7º da CDT
8	Serviço de transporte internacional de mercadorias	Empresa transportadora com sede em Espanha	Estado de residência		Art. 4º, nº 3 c) p. 7 CIRC
		Pessoa singular residente em Espanha	Estado de residência		Art. 18º, nº 1 f) CIRS

12

CONCEITOS BASE DO IMPOSTO

9	Serviço de advogado (Proc. Judicial no Tribunal do Porto)	Pessoa singular residente em Espanha	**Território nacional** (cat. B de IRS)		Art. 3°, n° 1 b) CIRS Art. 18°, n° 1 f) CIRS Art. 98° n° 3 CIRS Pode solicitar reembolso se CDT
				Estado de residência	Art. 101°-C, n°s 1 e 2 CIRS
		Se tiver escritório em Portugal (EE) (Art. 18° n° 2 CIRS)	**Território nacional** (cat. B de IRS) Retenção na fonte com natureza de pagamento por conta Taxa especial – art. 72° CIRS Entrega modelo 3 de IRS em PT		**Entrega declaração de IRS em Portugal** Art. 18°, n° 1 CIRS Arts. 60° n° 1 e 72° n° 2 CIRS Arts 7° da CDT
10	Serviço de advogado (Proc . Judicial no Tribunal de Espanha) Não é consultadoria	Pessoa singular residente em Espanha	Estado de residência		**Realizado ou utilizado em Espanha** Art. 18° n° 1 f) CIRS (*a contrario*)
11	Serviço de consultadoria (Economista e auditores)	Pessoa singular residente em Espanha	**Território nacional** (cat. B de IRS)		Mesmo que realizados integralmente fora do território nacional Art. 4°, n° 4 CIRC Art. 18°, n° 3 CIRS
				Estado de residência	Art. 4° n° 4 CIRC Art. 7° CDT
12	Direitos de fabrico (Propriedade industrial, royalties)	Empresa com sede em Espanha (Sem EE em Portugal) Não é associada da empresa devedora do rendimento	**Território nacional**		Art. 87°, n° 4 CIRC Art. 94°, n° 1 a), n° 3 b) n° 5 CIRC (pode pedir reembolso do excesso da CDT – 2 anos)
				Território nacional, com a taxa (reduzida) na CDT	Art. 98°, n° 1 CIRC Competência limitada do Estado português
13	Lucros distribuídos	Pessoa singular residente em Itália	**Território nacional**		Art. 18°, n° 1 g) CIRS Art. 71° do CIRS
				Território nacional, com a taxa (reduzida) na CDT	Competência cumulativa dos dois Estados Art. 101°-C, n°s 1 e 2 CIRS
14	Juros de suprimentos	Pessoa singular residente no Canadá	**Território nacional**		Art. 18°, n° 1 g) CIRS Art. 71° CIRS (pode pedir reembolso do excess da CDT – 2 anos)
				Território nacional, com a taxa (reduzida) na CDT	Competência cumulativa dos dois Estados Art. 101°-C, n°s 1 e 2 CIRS
15	Empresa portuguesa efetua pagamento de quotas a Associação empresarial	Associação com sede na Bélgica	Sendo a entidade beneficiária do Setor não Lucrativo e sendo esses rendimentos auferidos no âmbito dos seus fins estatutários, não haverá sujeição a tributação em território nacional e, portanto, não suscetível de retenção na fonte.		

Fonte: Adaptado de Amadeu Sousa, Cadernos de IRC (2014)

MANUAL TEÓRICO-PRÁTICO DE IRC

ESTABELECIMENTO ESTÁVEL:

A importância do conceito de estabelecimento estável decorre do quadro de repartição de competências de tributação, estabelecido pelo direito internacional fiscal, em que o país da residência ou sede do sujeito passivo tem ganho primazia, de forma consensual, no direito exclusivo à tributação dos lucros. Esta primazia só é renegada, para um segundo plano, no caso de as entidades exercerem uma atividade em outro país, através de um estabelecimento estável, aceitando-se uma tributação cumulativa entre o Estado da residência e o Estado da fonte.

No plano do direito interno, a adaptação do conceito foi feita para o Código do IRC de forma muito similar ao já existente na Convenção Modelo da OCDE[8], definindo-o como qualquer instalação fixa através da qual seja exercida uma atividade de natureza comercial, industrial ou agrícola, o que inclui: local de direção, sucursal, escritório, fábrica, oficina, mina, pedreira, etc.[9].

Relativamente a empreitadas e construção civil/obras públicas, considera-se o local ou estaleiro de construção como estabelecimento estável, se a duração da obra ou da atividade for superior a 6 meses. Da mesma forma, numa subempreitada, é considerado estabelecimento estável a existência de um estaleiro através do qual o subempreiteiro exerce a sua atividade por mais de 6 meses.

Para além dos chamados "estabelecimentos reais"[10], temos ainda as situações em que o exercício da atividade é feito por intermédio de um comissionista/agente independente, que age no âmbito da sua própria atividade e por sua conta e risco ("estabelecimentos pessoais").

Todavia, não são considerados estabelecimentos estáveis as instalações fixas por intermédio das quais sejam exercidas atividades preparatórias ou auxiliares, dando-nos o Código do IRC, no nº 3 do artigo 5º, os seguintes exemplos:

a) As instalações utilizadas unicamente para armazenar, expor ou entregar mercadorias pertencentes à empresa;

---

[8] Organização esta da qual Portugal é membro associado.
[9] Salienta-se que as Convenções de Dupla Tributação, em cumprimento do artigo 8º da CRP, têm primazia sob as normas internas, pelo que a sua definição de estabelecimento estável prevalece sob a do Código do IRC.
[10] Sobre este conceito, *vd.*, Xavier, Alberto, *Direito Tributário Internacional,* 2ª Edição, Almedina, págs. 312 e 315.

CONCEITOS BASE DO IMPOSTO

b) Um depósito de mercadorias pertencentes à empresa mantido unicamente para as armazenar, expor ou entregar;
c) Um depósito de mercadorias pertencentes à empresa mantido unicamente para serem transformadas por outra empresa;
d) Uma instalação fixa mantida unicamente para comprar mercadorias ou reunir informações para a empresa;
e) Uma instalação fixa mantida unicamente para exercer, para a empresa, qualquer outra atividade de caráter preparatório ou auxiliar;
f) Uma instalação fixa mantida unicamente para o exercício de qualquer combinação das atividades referidas nas alíneas a) a e), desde que a atividade de conjunto da instalação fixa resultante desta combinação seja de caráter preparatório ou auxiliar.

Assim, considera-se que uma sociedade não residente tem estabelecimento estável em território português quando aqui tiver:
a) Um agente dependente que, por conta da empresa, comercializa as suas mercadorias; ou
b) Uma instalação fixa através da qual seja exercida uma atividade de natureza comercial, industrial ou agrícola.

Figura 2 – Diferentes tipos de estabelecimento estável

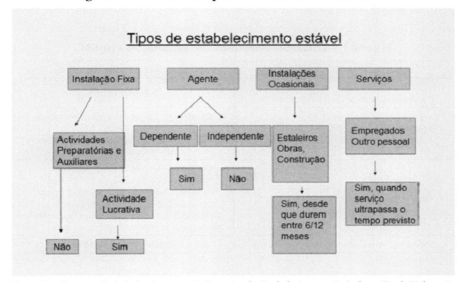

Fonte: Ana Barros e José Carlos Lopes – O Conceito de Estabelecimento Estável e a Dupla Tributação Internacional

PERÍODO DE TRIBUTAÇÃO:

Apesar de no IRC o período de tributação coincidir com o ano civil, existem situações em que tal não sucede, podendo as entidades adotar um período de tributação que seja diferente do ano civil, desde que o mesmo seja coincidente com o período social de prestação de contas e que o mantenham durante, pelo menos, os cinco períodos de tributação imediatos. Todavia, esta obrigação de manutenção do período de 5 anos não existe quando o sujeito passivo passe a integrar um grupo de sociedades obrigado a elaborar demonstrações financeiras consolidadas, em que a empresa mãe adote um período de tributação diferente daquele adotado pelo sujeito passivo. Para além disso, as sociedades no ano da constituição e no ano da dissolução tem, por motivos evidentes, períodos de tributação inferiores ao ano civil.

O fato gerador de imposto é, em regra, o último dia do período de tributação, exceto no que respeita aos seguintes rendimentos obtidos por entidades não residentes, que não sejam imputados a estabelecimento estável situado em território português:

- Ganhos resultantes da transmissão onerosa de imóveis: na data da transmissão;
- Rendimentos objeto de retenção a título definitivo: na data em que ocorra a obrigação de efetuar a retenção;
- Incrementos patrimoniais adquiridos a título gratuito: na data da aquisição

Figura 3 – Diferentes períodos de tributação em IRC

PERÍODO DE TRIBUTAÇÃO	ENTIDADES ABRANGIDAS
De 1 de janeiro a 31 de dezembro – Ano económico igual ao ano civil	REGRA GERA
Período de tributação diferente do ano civil. Ex: 1 de fevereiro a 31 de janeiro	Residentes que estejam obrigados à consolidação de contas. Outras entidades, residentes ou não residentes com estabelecimento estável.
Período de tributação inferior ao ano civil	No período de início de atividade. No período de cessação de atividade Quando condições de sujeição ocorram e desapareçam no mesmo período No período de tributação em que seja adotado um período de tributação diferente do ano civil
Período de tributação superior ao ano civil	Entidades em liquidação

Relativamente às sociedades em liquidação, o lucro tributável é determinado com referência a todo o período de liquidação com as seguintes regras:

CONCEITOS BASE DO IMPOSTO

- Encerramento das contas à data da dissolução, com vista a determinar o lucro tributável correspondente ao período decorrido desde o início do período em que se verificou a dissolução até à data desta;
- Durante o período que decorre a liquidação e até ao fim do período imediatamente anterior ao seu encerramento, haverá que, anualmente, determinar o lucro tributável, respetivo, que terá a natureza de provisório e será corrigido face à determinação do lucro tributável correspondente a todo o período de liquidação Todavia, o apuramento do lucro tributável, durante o período de liquidação, deixa de ser provisório, caso esta ultrapasse o prazo temporal de dois anos;
- No período em que ocorre a dissolução, o lucro tributável deve ser determinado separadamente, contemplando o período decorrido entre o início do período e a data da dissolução e o período que decorre entre esta e o termo do período[11].

CESSAÇÃO DA ATIVIDADE:

O momento em que ocorre a cessação de atividade varia consoante o tipo de sujeito passivo (residentes ou não residentes), devendo a mesma ser, obrigatoriamente, comunicada à Autoridade Tributária e Aduaneira.

Para os residentes, a cessação da atividade tem lugar nas seguintes datas:
- Na data do encerramento da liquidação;
- Na data da fusão ou cisão;
- Na data em que a sede ou direção efetiva deixem de se situar em território português;
- Na data em que se verificar a aceitação da herança jacente ou na data da declaração de que esta se encontra vaga a favor do Estado;
- Na data em que se deixarem de verificar as condições de sujeição a imposto.

Enquanto para os não residentes:
- Na data em que cessaram totalmente a atividade, através do estabelecimento estável ou deixarem de receber rendimentos em território português.

---

[11] Com a Lei do Orçamento de Estado para 2018, foi aditado o nº 11 ao artigo 120º do Código do IRC, o qual veio estabelecer a obrigatoriedade de entrega de duas declarações, ao invés de apenas uma, como anteriormente se considerava. No capítulo atinente às obrigações declarativas, será feita a devida alusão a esta alteração legislativa.

EXEMPLO:

A sociedade Alfa, Lda., com sede em Faro, encontrava-se inativa desde 30-08-ano *t*-2. Sem perspetivas de que a situação pudesse reverter, os sócios decidiram, a 30-08-ano *t*, dissolver a sociedade. De imediato deram início ao processo de liquidação, o qual veio a ficar concluído em 20-12-ano *t*. Em 31-12-ano *t*, efetuaram o pedido registo do encerramento da liquidação na Conservatória do Registo Comercial.

De acordo com os factos, qual a data relevante para efeitos da cessação da atividade em sede de IRC?

Ora, nos termos do artigo 8º do Código do IRC a data que releva para efeitos de cessação em sede de IRC é a data do encerramento da liquidação, consubstanciada na data em que se efetua o pedido de registo na Conservatória do Registo Comercial, logo, neste caso, a data relevante seria o dia 31-12- ano *t*.

Por outro lado, a cessação da atividade pode ocorrer, de forma oficiosa, nas situações indicadas no nº 6 do artigo 8º do Código do IRC, ou seja:

- Quando for manifesto que esta não está a ser exercida nem há intenção de a continuar a exercer;
- Sempre que o sujeito passivo tenha declarado o exercício de uma atividade sem que possua uma adequada estrutura empresarial em condições de a exercer;

Independentemente da cessação oficiosa por parte da Autoridade Tributária, o sujeito passivo fica obrigado ao cumprimento das obrigações tributárias, quer de pagamento do imposto, quer declarativas.

REGIME DE TRANSPARÊNCIA FISCAL:

A incidência de imposto dos lucros obtidos pelas sociedades, e subsequente incidência de imposto no momento em que esses lucros são distribuídos aos respetivos sócios, origina uma dupla tributação económica.

Esse fenómeno é mais evidente nos casos em que a atividade que as empresas exercem se confunde com o exercício de atividade por parte dos seus sócios, de tal forma que o valor da empresa não é o capital que nela é investido mas sim o êxito profissional das pessoas que a constituem.

Por outro lado, este regime permite também que sejam acauteladas situações em que, por motivos de fuga aos impostos, são criadas empresas com uma determinada estrutura que impede a tributação que ocorreria se essa atividade fosse desenvolvida a título pessoal.

CONCEITOS BASE DO IMPOSTO

Temos, assim, os três objetivos subjacentes à criação deste regime: eliminação da dupla tributação económica, neutralidade fiscal e combate à evasão fiscal. Ora, o mecanismo encontrado para resolução do problema da dupla tributação foi não sujeitar a tributação as próprias entidades, mas sim os seus sócios, quer sejam eles pessoas singulares ou coletivas, aos quais se imputa a matéria coletável (lucros ou prejuízos no caso dos ACE'S ou AEIE'S), de acordo com a participação que cada um detenha na sociedade e determinada nos termos do CSC, independentemente da distribuição dos lucros. Trata-se, portanto, de uma exclusão tributária, em sede de IRC, como aliás se retira do artigo 12º do Código do IRC, e não uma isenção de imposto ou benefício fiscal[12].

Por sua vez, como os rendimentos auferidos por estas entidades estão sujeitos a retenção na fonte, também esta será imputada aos sócios nos termos da participação que cada um detenha na sociedade.

Refira-se ainda que, embora estas sociedades não sejam tributadas em IRC, ficam, no entanto, sujeitas ao pagamento das tributações autónomas a que se refere o artigo 88º do Código do IRC.

Sociedades abrangidas por este regime:

- As sociedades de profissionais[13];
- As sociedades civis não constituídas sob forma comercial;
- As sociedades de simples administração de bens[14];
- Os agrupamentos complementares de empresas (ACE);
- Os agrupamentos europeus de interesse económico (AEIE).

---

[12] Sobre a consideração do regime de transparência fiscal como uma não sujeição, *vd.*, o Prof. Saldanha Sanches ("Sociedades Transparentes: alguns problemas no seu regime", *Fisco*, nº 17, pág. 36), o qual entende que, em relação às sociedades transparentes, estamos perante um caso de não sujeição a IRC, quanto ao pagamento do imposto. No mesmo sentido, *vd.*, ainda, Casalta Nabais, José, ob. Cit., págs. 501 e seguintes.

[13] Estas sociedades exercem uma atividade prevista na lista anexa ao código do IRS. Até 2013, todos os sócios, pessoas singulares, tinham de ser profissionais dessa atividade, não sendo possível que uma sociedade se enquadrasse no regime, por exemplo, se um dos sócios fosse economista e o outro advogado, nem um sócio médico e outro enfermeiro. A partir de 1 de janeiro de 2014, passaram também a ser abrangidas por este regime as sociedades multidisciplinares, ou seja, sociedades cujos sócios (não superior a 5) tenham uma atividade especificamente prevista na lista anexa ao Código do IRS.

[14] São sociedades que se limitam à administração de bens e/ou valores para reserva e/ou fruição dos seus sócios, ou então à compra de prédios para habitação dos seus sócios. Não é impeditivo o exercício de outras funções, mas a média dos rendimentos dessas funções nos últimos 3 anos não podem exceder os 50% da média total.

MANUAL TEÓRICO-PRÁTICO DE IRC

Sociedade de Profissionais		
Sociedade que exerce uma atividade da lista do art 151 do CIRS, em que todos os sócios são pessoas singulares e profissionais dessa atividade	Sociedade cujos rendimentos que durante mais de 183 dias provenham em mais de 75% do exercício conjunto ou isolado de atividades da lista do artº 151 do CIRS, desde que cumulativamente:	
	O número de sócios não seja superior a cinco	Nenhum dos sócios seja pessoa coletiva	Pelo menos 75% do capital seja detido por profissionais que exercam, através da sociedade, a referida atividade

EXEMPLO ELUCIDATIVO DA TRANSPARÊNCIA FISCAL NAS SOCIEDADES DE PRO-FISSIONAIS:

Cinco pessoas, 3 economistas e 2 advogados decidem, no ano *t,* constituir uma sociedade comercial por quotas, a XXX, LDA., com capital social de € 5.000 (€ 1.000 cada), que se dedica à elaboração de estudos económicos e aconselhamento jurídico.

Qual o enquadramento desta sociedade em sede de IRC?

De acordo com a alínea a) do nº 1 do artigo 2º, é um sujeito passivo de IRC que não é, porém, tributado em sede de IRC, sendo a matéria coletável apurada imputada aos sócios, de acordo com a subalínea 2) da alínea a) do nº 4 do artigo 6º e com o artigo 12º do Código do IRC.

Agora imagine-se que, tendo por base os dados do exemplo anterior, um dos sócios (advogado), em março do ano *t+1,* decide alienar a sua quota a outra sociedade, a YYY, SA. Qual o enquadramento da sociedade, em sede de IRC, após esta alteração?

Como o sócio YYY, SA. não detém 25% ou mais do capital, a sociedade continua abrangida pelo regime de transparência fiscal, nos termos da subalínea 2) da alínea a) do nº 4 do artigo 6º do Código do IRC.

Mas imaginemos agora que o sócio, em vez de ter alienado a sua quota de 20% à sociedade YYY, SA, tinha antes alienado, na mesma data, a dois só-cios, ambos advogados, passando, portanto, o capital da sociedade a ser detido por 6 sócios. Esta alteração altera o enquadramento efetuado da sociedade?

A resposta tem de ser positiva dado que a sociedade, durante mais 183 dias, foi detida por mais de 5 sócios, ficando, por isso, excluída do regime de neutralidade fiscal. Assim sendo, a sociedade passa a ser tributada de acordo com o regime geral de IRC.

CONCEITOS BASE DO IMPOSTO

Exemplos de aplicação do regime de transparência fiscal:

Um Professor e um consultor constituem uma sociedade, com uma quota de 50% cada um, para o exercício das respetivas atividades que constam da tabela a que se refere o artigo 151º do Código do IRS.

Defina qual o enquadramento fiscal desta sociedade.

Como, pelo menos, 75% do capital é detido por profissionais que exercem a uma atividade a que se refere o artigo 151º do Código do IRS, a sociedade enquadra-se no regime de transparência fiscal, sendo irrelevante o exercício de atividades diferentes.

Dois irmãos constituem uma sociedade, com uma quota de 50% cada um, para o exercício da atividade de arquitetura, atividade que se encontra elencada na lista a que se refere o artigo 151º do Código do IRS, embora apenas um deles exerça essa atividade.

Qual o enquadramento em sede de IRC?

Como apenas 50% do capital é detido por um profissional que exerce a atividade através da sociedade, esta não será abrangida pelo regime de transparência fiscal.

Um casal constituiu uma sociedade em que um deles, com uma quota de 25%, será apenas sócio de capital. O outro sócio, com uma quota de 75%, irá exercer a atividade de auditoria. O volume de negócios da empresa diz apenas respeito à atividade de auditoria.

Definir o enquadramento em sede de IRC.

Como o sócio que exerce a atividade através da sociedade detém, pelo menos, 75% do capital social e mais de 75% dos rendimentos derivam dessa atividade, a sociedade ficará enquadrada no regime de transparência fiscal.

No ano *t*, dois técnicos oficiais de contas constituíram uma sociedade, em partes iguais, para o exercício, através da sociedade, da respetiva atividade (prevista na lista a que se refere o artigo 151º do Código do IRS), ficando, portanto, enquadrada no regime de transparência fiscal.

Neste período tributação, a sociedade apresentou um prejuízo fiscal de € 10.200,00 e, no ano seguinte, a sociedade teve um lucro tributável de € 35.000,00.

Qual seria o valor a imputar aos sócios em cada ano?

No período de tributação ano *t*, a sociedade apresentou um prejuízo fiscal, logo não há nada a imputar aos sócios, devendo o prejuízo fiscal ser reportado dentro do prazo definido para o efeito.

MANUAL TEÓRICO-PRÁTICO DE IRC

Já no período de tributação ano *t+1*, a empresa poderá deduzir ao lucro tributável o prejuízo do ano *t*, ficando com uma matéria coletável de € 24.800,00. A matéria coletável a imputar a cada sócio seria, pois, de € 12.400,00.

Um casal de médicos constituiu, no ano *t*, uma sociedade para o exercício, através da sociedade, da sua atividade.

No ano *t*, a sociedade teve um prejuízo fiscal de € 40.000,00 e, no ano *t+1*, um lucro tributável de € 65.000,00, tendo contabilizado, a título de despesas não documentadas, o valor de € 22.000,00.

Terá a empresa, no ano *t+1*, que pagar imposto?

O artigo 12º do Código do IRC dá-nos a resposta, ao estabelecer que as sociedades transparentes não são tributadas em IRC, exceto quanto ao pagamento da tributação autónoma. Como, de acordo com o artigo 88º do Código do IRC, as despesas confidenciais ficam sujeitas ao pagamento de uma tributação autónoma à taxa de 50%, a empresa tem a pagar o valor de € 11.000,00.

EXEMPLO DE UM ACE:

Suponha que uma empresa é membro de um ACE, do qual, no período de tributação no ano *t*, recebeu o montante de 15.000€, contabilizando na sua conta de rendimentos (classe 7). No mesmo período, o ACE, com 10 membros, teve um lucro tributável de 100 mil €.

Do ponto de vista fiscal temos:

Acréscimo de 10 mil (quota-parte dos 100 mil€)

Dedução dos 15 mil (como forma de eliminar a dupla tributação)

Por último, refira-se que as sociedades de transparência fiscal estão obrigadas ao cumprimento das seguintes obrigações declarativas:
- Contabilidade regularmente organizada;
- Apresentação da declaração Modelo 22 e da IES (incluindo anexo G);
- Elaboração do dossier fiscal;
- Dispensa dos pagamentos por conta e do pagamento especial por conta (PEC);
- Obrigatoriedade de efetuar retenções na fonte.

RENDIMENTOS E GANHOS:

Do ponto de vista contabilístico, o reconhecimento dos rendimentos e ganhos depende da verificação cumulativa de determinadas condições. Para efeitos

CONCEITOS BASE DO IMPOSTO

de mensuração dos rendimentos, considera-se, em sede de SNC, o justo valor[15] da retribuição devida, líquida de eventuais descontos (como os comerciais ou de quantidade). Em caso de diferimento do rédito, e sendo o justo valor menor que a quantia nominal devida, a diferença deve ser reconhecida como rédito de juros.

Do ponto de vista do IRC, as regras para reconhecimento dos rendimentos estão previstas no artigo 18º do Código regulador do imposto, sendo que a mensuração do rédito de vendas e prestações de serviços é feita pela quantia nominal da contraprestação (valor bruto) e não pelo valor presente ou atual da retribuição a receber.

Vendas e prestações de serviços com pagamentos diferidos: diferença entre a quantia nominal da contraprestação e o justo valor (artigo 18,º nº 5).

Em regra, a quantia do rédito é a quantia em dinheiro (ou equivalente) recebido e a receber. Porém, se o fluxo for diferido, o justo valor da retri-

---

[15] Em 2004, através de uma transposição de uma diretiva europeia que vem dar origem ao Decreto-Lei nº 88/2004 de 20 de abril, ponto 1, faz referência ao princípio do justo valor e define-o como: "*o justo valor referido no artigo 2º do presente diploma é determinado por referência: a) A um valor de mercado, relativamente aos instrumentos financeiros para os quais possa ser facilmente identificado um mercado fiável; b) Aos componentes dos instrumentos financeiros ou a um instrumento semelhante, quando o valor de mercado não puder ser identificado facilmente; ou c) A um valor resultante de modelos e técnicas de avaliação geralmente aceites, para os instrumentos financeiros para os quais não possa ser facilmente identificado um mercado fiável, devendo esses modelos ou técnicas de avaliação assegurar uma aproximação razoável ao valor de mercado.*" Este conceito tal como o próprio nome indica, define o justo valor de um ativo ou passivo registado na estrutura conceptual, ou seja, é a mensuração pelo qual o ativo pode ser trocado e um passivo pode ser liquidado, por duas entidades conhecedoras e dispostas a negociar, resultante da lei da oferta e da procura ao qual é acordado o valor de troca definido entre o comprador e o vendedor. (Rodrigues, 2011). Inicialmente o método usado era o custo histórico, que o valor registado era através do custo histórico de aquisição, o que por sua vez levava a uma discrepância da realidade, visto os valores dos ativos não serem constantes ao longo dos anos. (Fernandes 2003) alertou para o facto de "o custo histórico não perderá utilidade para avaliar atividades de exploração que apresentam ativos corpóreos relativamente estáticos, mas fornece informação pobre quando estamos na presença do tempo, facto que retira utilidade à informação prestada com referência ao seu custo inicial de aquisição ou custo histórico". Ou seja, sentiu-se a necessidade de mensurar os ativos de forma mais fiável e realista. Apesar de ser um conceito muito usado no SNC, este não é totalmente novidade, pois a Diretriz Contabilística 1 (DC1) de 1991 com o título "Tratamento Contabilístico de Concentrações de Atividades Empresariais" dizia o seguinte no item 3.2.3, "Justo valor é a quantia pela qual um bem (ou serviço) poderia ser trocado, entre um comprador conhecedor e interessado e um vendedor nas mesmas condições, numa transação ao seu alcance" (Guimarães 2012).

MANUAL TEÓRICO-PRÁTICO DE IRC

buição pode ser menor que a quantia nominal a receber. Nestes casos, quer a Norma Contabilística e de Relato Financeiro (NCRF) 20, quer a IAS 18, preveem que a diferença entre o justo valor e a quantia nominal da retribuição seja reconhecida como rédito de juros. Em sede de IRC, estes réditos são imputáveis ao período de tributação a que respeita a quantia nominal da contraprestação. O Quadro 7 da Modelo 22 destina-se a corrigir a diferença entre o justo valor e a quantia nominal da retribuição a receber.

Assim, temos como rendimentos e ganhos, nomeadamente:
- Vendas ou prestações de serviços, descontos, bónus e abatimentos, comissões e corretagens;
- Rendimentos de imóveis;
- Rendimentos de aplicações financeiras;
- Rendimentos de propriedade industrial;
- Ganhos por aumentos de justo valor em instrumentos financeiros;
- Ganhos por aumentos de justo valor em ativos biológicos[16] consumíveis que não sejam explorações silvícolas plurianuais;
- Mais-valias realizadas;
- Indemnizações auferidas, seja a que título for;
- Subsídios à exploração;
- Outros rendimentos e ganhos.

Sempre que as vendas e prestações de serviços tenham o seu fluxo de recebimento (pago pelos clientes) diferido, nos termos da norma contabilística, a mensuração deve ser efetuada pelo justo valor da retribuição, líquida de eventuais descontos (comerciais e de quantidade). A mensuração é, assim feita ao justo valor, sendo que este pode ser inferior à quantia nominal. Neste caso, essa diferença é tratada como juros. Deve ser reconhecida à medida que os juros são obtidos (exceto nas entidades que aplicam a norma das microentidades e nas entidade que aplicam a norma das pequenas entidades). O mesmo tratamento fiscal será dado aos gastos cujo fluxo de pagamento seja diferido.

Para efeitos de IRC, mantem-se as regras de reconhecimento de réditos e gastos do artigo 18º, havendo um campo a acrescer ("réditos por diferenças de vendas e prestações de serviços") e um campo a deduzir ("gastos por diferença de inventários e FSE"), para estas diferenças de juros.

---

[16] Ativo biológico: o que estiver para ser colhido como produto agrícola ou vendido como ativo biológico; ativo biológico consumível: o que não seja ativo biológico não consumível; ativo biológico de produção: o produto colhido dos ativos biológicos da entidade.

EXEMPLO:

Imagine que uma empresa vende um bem do seu inventário por 20 mil €, com um pagamento a 24 meses. Admita ainda que o justo valor é calculado em 19 mil € e que a empresa reconhece como rédito de vendas 19 mil € e como rédito de juros 500€, em cada ano.

No quadro 7, da Modelo 22, teríamos:

- No ano n, acréscimo de 1000 € (20 mil € – 19 mil €) e dedução de 500€.
- No ano n+1, dedução de 500€.

GASTOS E PERDAS:

Para efeitos fiscais, nos termos do artigo 23º do Código do IRC, apenas se considera como gastos ou perdas os que comprovadamente foram incorridos ou suportados pelo sujeito passivo para obter ou garantir os rendimentos sujeitos a IRC. Do ponto de vista do IRC, há a ressalvar que se considera como gastos:

- Os gastos resultantes da aplicação do método de juro efetivo aos instrumentos financeiros, valorizados pelo custo amortizado.
- Os gastos resultados da cessação de empregos e outros benefícios pós-emprego ou a longo prazo dos empregados.
- Os gastos resultantes da aplicação do justo valor em instrumentos financeiros; bem como os gastos resultantes da aplicação do justo valor em ativos biológicos consumíveis que não sejam explorações silvícolas plurianuais.

Assim, temos como gastos e perdas:

- Gastos relativos à produção ou aquisição de quaisquer bens ou serviços;
- Gastos de distribuição e venda;
- Gastos de natureza financeira;
- Gastos de natureza administrativa;
- Gastos com análises, racionalização, investigação e consulta e projetos de desenvolvimento;
- Gastos fiscais e parafiscais;
- Depreciações e amortizações;
- Ajustamentos em inventários, perdas por imparidade e provisões;
- Perdas por reduções de justo valor em instrumentos financeiros e em ativos biológicos consumíveis que não sejam explorações silvícolas plurianuais;

MANUAL TEÓRICO-PRÁTICO DE IRC

- Menos – valias realizadas;
- Indemnizações resultantes de eventos cujo risco não seja segurável;
- Gastos respeitantes a ações preferenciais sem voto;
- Outros gastos comprovadamente necessários à atividade.

ISENÇÕES:

O regime das isenções encontra-se previsto nos artigos 9º a 14º do Código do IRC e ainda em algumas normas que se encontram dispersas no Estatuto dos Benefícios Fiscais (EBF).

No essencial, uma isenção traduz-se num benefício fiscal (nº 2 do artigo 2º do EBF) que impede que determinado facto previsto nas normas de incidência tributária fique sujeito ao pagamento de imposto, constituindo, assim, uma exceção às regras de incidência.

Em primeiro lugar, devemos chamar à atenção que uma isenção não se confunde com uma situação de não sujeição a imposto ou de exclusão tributária, pois que enquanto estas caem fora das normas de incidência tributária, como, por exemplo, no caso dos partidos políticos[17] e das entidades sujeitas a imposto especial sobre o jogo[18], as isenções têm uma previsão normativa de incidência, embora a própria lei confine que estas não produzam qualquer efeito.

Tal como as normas de incidência que se distinguem em pessoais ou reais, consoante esteja em causa o tipo de entidades ou o tipo de rendimentos auferidos, também as normas de isenção seguem este critério. De facto, no caso das normas de isenção pessoal, o benefício fiscal irá ter em conta a natureza da entidade que aufere os rendimentos, como é, por exemplo, o caso do artigo 9º do Código do IRC que isenta deste imposto o Estado, as regiões autónomas, as autarquias locais e da alínea a) do nº 1 do artigo 10º que consagra a mesma isenção para as pessoas coletivas de utilidade pública administrativa. A amplitude destas isenções pessoais abrange a totalidade dos rendimentos auferidos, nalguns casos com exceção dos rendimentos de capitais.

Por outro lado, nas normas que consagram as isenções ditas reais, encontramos benefícios fiscais que atendem apenas à natureza dos rendimentos auferidos. Neste caso, podemos dar como exemplo o artigo 11º do Código do IRC, o qual consagra a isenção de IRC para os rendimentos das asso-

---

[17] A Lei nº 19/03, de 20 de junho, estipula, no seu artigo 10º, a não sujeição a IRC dos partidos políticos.

[18] *Vd.*, o artigo 7º do Código do IRC.

CONCEITOS BASE DO IMPOSTO

ciações desportivas, recreativas e culturais, mas apenas quanto aos provenientes da atividade prevista nos respetivos estatutos. Outro exemplo de uma isenção com caráter real é a conferida às entidades não residentes que exercem a atividade de aviação e navegação marítima, no artigo 13º do Código do IRC, quanto aos lucros realizados por estas entidades relativamente à exploração de navios e aeronaves.

As normas de isenção dividem-se, ainda, em automáticas ou dependentes de reconhecimento. Quanto às primeiras, a isenção decorre diretamente da lei, não sendo necessária qualquer intervenção administrativa, como é o caso, já referido supra, das entidades que se encontram abrangidas pelo artigo 9º do Código do IRC – Estado, Regiões Autónomas, Autarquias Locais – e pelo artigo 10º, nº 1, alíneas a) e b) – Pessoas Coletivas de Utilidade Pública Administrativa e Instituições Particulares de Solidariedade Social.

Já as isenções dependentes de reconhecimento necessitam do respetivo ato de reconhecimento do Ministério das Finanças após solicitação dos interessados, ficando condicionada à observância continuada dos seguintes requisitos:

- Exercício efetivo, a título exclusivo ou predominante, de atividades para prossecução dos fins que justificaram o reconhecimento da qualidade de utilidade pública ou dos fins que justificaram a isenção;
- Afetação aos fins de 50% (pelo menos) do rendimento global líquido (que seria sujeito a tributação nos termos gerais) até ao 4º período de tributação posterior àquele em que foi obtido, exceto se for provado justo impedimento;
- Inexistência de interesse direto ou indireto dos membros dos órgãos estatutários, por si ou interposta pessoa, nos resultados de exploração.

EXEMPLO 1:
Determinada Associação Recreativa auferiu, relativamente ao ano t, os seguintes rendimentos:
- Quotas dos associados – 2.500 €
- Exploração do bar: 8.000 €
- Donativos relacionados com os fins estatutários: 3.000 €
- Subsídios relacionados com os seus fins estatutários: 5.000 €
Teve ainda os seguintes gastos:
- Exploração do bar: 6.500 €
- Relacionados com a atividade isenta: 1.100 €
Qual o tratamento fiscal dos referidos rendimentos?

MANUAL TEÓRICO-PRÁTICO DE IRC

As quotas e os subsídios relacionados com os fins estatutários não são sujeitos a tributação (nº 3 do artigo 54º do Código do IRC). Por outro lado, os donativos relacionados com a atividade das associações culturais, recreativas e desportivas gozam de isenção de IRC (artº 11). Assim, apenas ficarão sujeitos a imposto os rendimentos provenientes da exploração do bar, ou seja, 1.500 € (8.000€ – 6.500€). Como os rendimentos sujeitos a tributação ascendem a 8 mil € não se aplica a exclusão de tributação do artigo 54º do EBF[19].

EXEMPLO 2:

Uma Associação Cultural auferiu, no ano *t*, os seguintes rendimentos:
 – Quotas dos associados: 5.200 €
 – Donativos relacionados com os fins estatutários: € 10.000 €
 –Venda da revista da Associação, não prevista nos estatutos – 2.300 €
 – Subsídios relacionados com a atividade – 5.500 €
No mesmo ano, suportou os seguintes gastos:
 – Relacionados com a atividade isenta: 2.500 €
 – Com a revista: 2.000 €
Qual o tratamento fiscal dos referidos rendimentos?

Os rendimentos provenientes das quotas e dos subsídios não se encontram sujeitos a IRC, conforme o disposto no nº 3 do artigo 54º do Código do IRC. Já, os donativos como são relacionados com a atividade ficam isentos de IRC.

Assim, apenas os rendimentos provenientes da venda da revista ficam sujeitos a tributação (2.000€). Contudo, como o seu valor é inferior a 7.500 € também gozam de isenção, nos termos do artigo 54º do EBF.

EXEMPLO 3:

Uma IPSS adquiriu, por doação, 2 imóveis, um em Lisboa e outro em Coimbra. O imóvel situado em Lisboa irá ser utilizado na prossecução da atividade da entidade beneficiária. Quanto ao de Coimbra, irá ser arrendado para assim produzir algum rendimento. Os valores patrimoniais tributá-

---

[19] Artigo 54º Coletividades desportivas, de cultura e recreio: 1 – Ficam isentos de IRC os rendimentos das coletividades desportivas, de cultura e recreio, abrangidas pelo artigo 11º do Código do IRC, desde que a totalidade dos seus rendimentos brutos sujeitos a tributação, e não isentos nos termos do mesmo Código, não exceda o montante de € 7.500. (Redação dada pela Lei nº 64–B/2011, de 30 de dezembro)

CONCEITOS BASE DO IMPOSTO

rios que constavam, na respetiva matriz, no momento da aquisição, eram de 750.00 € e 500.000 €, respetivamente quanto ao prédio de Lisboa e Coimbra. Qual o impacto desta operação em termos fiscais?

Quanto ao prédio que a IPSS irá usar no âmbito da sua atividade, o mesmo não terá qualquer impacto a nível fiscal. Trata-se, portando, de um incremento patrimonial que goza de isenção de IRC.

Já quanto ao prédio que a IPSS irá destinar a arrendamento, ficará sujeito a tributação, sendo o valor tributável o valor patrimonial tributário no momento de aquisição, ou seja, 500.000 € (n° 2 do artigo 21° do Código do IRC).

Síntese das isenções em IRC:

Artigo do CIRC	Entidades abrangidas	Isenção real / pessoal	Isenção completa /Parcial	Isenção automática/dependente de reconhecimento.
Artigo 9°	Estado, regiões autónomas; municípios e equiparados; Instituições de Segurança Social (1)	ISENÇÃO PESSOAL	ISENÇÃO COMPLETA	ISENÇÃO AUTOMÁTICA
Artigo 10°	Pessoas coletivas de utilidade pública administrativa. Instituições particulares de solidariedade social Pessoas Coletivas de Mera Utilidade Pública	ISENÇÃO PESSOAL	ISENÇÃO COMPLETA	ISENÇÃO POR RECONHECIMENTO (2)
Artigo 11°	Rendimentos diretamente derivados de atividades culturais, recreativas ou desportivas (3)	ISENÇÃO REAL	ISENÇÃO PARCIAL (4)	ISENÇÃO AUTOMÁTICA

(1) – Excetuam-se nas Instituições de Segurança Social os rendimentos de capital, embora os rendimentos derivados de operações SWAP e operações cambiais a prazo obtidos pelo Estado (através do IGCP), estejam isentos.

(2) – O beneficio nasce com a verificação dos pressupostos, mas está dependente de reconhecimento. A isenção tem de ser requerida ao Ministro das Finanças, que emite um despacho de aprovação publicado em Diário da República. O despacho tem uma eficácia retroativa (o SP pode solicitar o reembolso do imposto que tenha suportado). Contudo, esta isenção não pode ser concedida a quem tenha dívidas de impostos ou à Segurança Social, exceto as que tenham sido objeto de reclamação/ /impugnação e tenha sido prestada garantia.
Nota: apenas a alínea c tem isenção por reconhecimento. A alínea a) e b) tem isenção automática.

(3) – As atividades têm de ser exercidas por uma associação legalmente constituída, e que 1) não distribua resultados; 2) Não haja interesse direto ou indireto dos membros dos órgãos sociais nos resultados e 3) Disponha de contabilidade que abranja todas as atividades.

(4) – A isenção não abrange os rendimentos de atividades comerciais, industriais ou agrícolas, ainda que sejam a título acessório e tenham uma ligação às atividades isentas.
A isenção – Artigo 54° do EBF – estende-se a todos os rendimentos, quando estes não ultrapassem o limite previsto nesse artigo (7.500 €)

OUTRAS ISENÇÕES – ARTIGO 14º:

- Acordos celebrados com o Estado.
- Empreiteiros e arrematantes – Obras da NATO em Portugal.
- Lucros em que a entidade que recebe seja residente noutro Estado Membro, num EM do Espaço Económico Europeu; num Estado com o qual exista um Acordo de Dupla Ttributação; esteja sujeita e não isenta de um imposto referido no artigo 2º da Diretiva nº 2011/96/EU, de 30 de novembro ou similar ao IRC e não seja inferior a 60% da taxa; detenha ininterruptamente durante o ano anterior à distribuição dos lucros, direta ou indiretamente uma participação não inferior a 10%[20].

---

[20] O disposto nos nºs 3, 6 e 8 do artigo 14º do Código do IRC não é aplicável aos lucros e reservas distribuídos quando exista uma construção ou série de construções que, tendo sido realizada com a finalidade principal ou uma das finalidades principais de obter uma vantagem fiscal que fruste o objeto e finalidade de eliminar a dupla tributação sobre tais rendimentos, não seja considerada genuína, tendo em conta todos os factos e circunstâncias relevantes. Para efeitos do número anterior, considera-se que uma construção ou série de construções não é genuína na medida em que não seja realizada por razões económicas válidas e não reflita substância económica.

CONCEITOS BASE DO IMPOSTO

OUTRAS ISENÇÕES – EBF E LEGISLAÇÃO COMPLEMENTAR

TIPO DE ISENÇÃO	ÂMBITO DA ISENÇÃO	LEGISLAÇÃO
AUTOMÁTICA E COMPLETA	Rendimentos de Fundos de Investimento Mobiliário e Imobiliário e Sociedades de Investimento Imobiliário	Artigo 22°, n° 3 do EBF
	Rendimentos de Fundos de Pensões e equiparáveis	Artigo 16° do EBF
	Rendimentos de Fundos Poupança Reforma; Educação e Reforma/Educação	Artigo 21° do EBF
	Rendimentos de Fundos de Capital de Risco	Artigo 23° do EBF
	Rendimentos de Investimento Imobiliário em Recursos Florestais	Artigo 24° do EBF
	Rendimentos dos Fundos de Poupança em Ações	Artigo 26°, n° 1 do EBF
	Mais-valias de não residentes sem estabelecimento estável por transmissão de partes sociais e outros valores mobiliários, warrants e instrumentos financeiros derivados	Artigo 27° do EBF – com condições.
	Juros de depósitos a prazo em instituições de crédito não residente legalmente autorizada para o efeito	Artigo 30° do EBF
	Rendimento de Comissões Vitivinícolas Regionais	Artigo 52° do EBF – com exceções.
	Rendimentos obtidos pelas associações sindicais em ações de formação aos seus associados	Artigo 55°, n° 2 do EBF
	Os resultados reinvestidos ou utilizados pelas entidades gestoras de sistemas de embalagem e resíduos	Artigo 53° do EBF
	Rendimentos derivados de baldios	Artigo 59° do EBF
AUTOMÁTICA E PARCIAL	Redução de 20% os rendimentos de obrigações, títulos de participação e outros emitidos em 1989	Artigo 4° do Decreto-Lei n° 215/89, de 1 de julho – com condições: exclui a dívida pública
	Lucros resultantes de exclusivamente atividade de transporte marítimo são considerados em apenas 30%	Artigo 51° do EBF
A REQUERIMENTO DO INTERESSADO	Juros de empréstimos externos e rendas de locação de equipamentos importados	Artigo 28° do EBF
	Direitos adquiridos	Artigo 2° do Decreto-Lei n° 215/89, de 1 de julho
	Cooperativas	Artigo 66°-A do EBF

3. Método de funcionamento do imposto

A determinação do lucro tributável das pessoas coletivas e outras entidades sujeitas a IRC tem como ponto de partida a contabilidade[21], conforme se retira do exposto no n° 1 do artigo 17° do Código do IRC: *"O lucro tributável das pessoas coletivas e outras entidades mencionadas na alínea a) do n° 1 do artigo 3° é constituído pela soma algébrica do resultado líquido do período e das variações patrimoniais positivas e negativas verificadas no mesmo período e não refletidas naquele resultado, determinados com base na contabilidade e eventualmente corrigidos nos termos deste Código"*.

Isto significa que o lucro é definido como a diferença entre os valores do património líquido no fim e no início do período de tributação, com as correção estabelecidas pelo código. Trata-se do conceito de rendimento acréscimo, o qual tem em conta os incrementos patrimoniais não refletidos naquele resultado.

O apuramento do lucro/prejuízo tributável faz-se através do preenchimento do Quadro 7 da Modelo 22. Este quadro, a preencher apenas pelas entidades que exerçam a título principal uma atividade de natureza comercial, industrial ou agrícola, quando sujeitas ao regime geral de determinação do lucro tributável bem como pelas entidades não residentes com estabelecimento estável em território português, destina-se ao apuramento do lucro

---

[21] Desta forma, todas as entidades que exerçam a título principal uma atividade comercial (sejam residentes ou não residentes com estabelecimento estável) estão obrigadas a terem contabilidade organizada de acordo com o SNC.

MANUAL TEÓRICO-PRÁTICO DE IRC

tributável, o qual é constituído pela soma algébrica do Resultado Líquido do Período (RLP) (conta 88 do SNC e demonstrado no Anexo A da declaração anual a que se refere a alínea c) do nº 1 do artigo 117º do Código do IRC) e das variações patrimoniais positivas e negativas verificadas no mesmo período e não refletidas naquele resultado, mas que concorrem para a determinação do lucro tributável, determinados com base na contabilidade e eventualmente corrigidos nos termos do Código do IRC e demais disposições legais aplicáveis (artigo 17º do Código do IRC).

Os ajustamentos a efetuar poderão ser:

- Positivos, pelo aumento da base tributável: gastos ou perdas não reconhecidos para efeitos fiscais naquele período, variações patrimoniais positivas não refletidas no resultado contabilístico ou rendimentos imputáveis fiscalmente àquele período não incluídos no resultado líquido;
- Negativos, pela diminuição da base tributável: rendimentos ou ganhos não reconhecidos para efeitos fiscais naquele período, variações patrimoniais negativas não refletidas no resultado contabilístico ou gastos imputáveis fiscalmente àquele período não incluídos no resultado líquido, assim como majoração de custos para efeitos fiscais.

Regra geral, será a declaração apresentada pelo contribuinte, controlada pela Administração Fiscal, constituindo esta base para a determinação da matéria coletável, admitindo-se nalguns casos (excecionais), como adiante se verá, a determinação por métodos indiretos.

A influenciar a base tributável, há que ter em conta não só o local da sede ou direção efetiva, mas também o exercício, ou não, a título principal, de uma atividade de natureza comercial, industrial ou agrícola e ainda os prejuízos fiscais de anos anteriores (de acordo com as regras do reporte de prejuízos), caso se apure lucro tributável.

A Figura 4 sintetiza o funcionamento do imposto.

MÉTODO DE FUNCIONAMENTO DO IMPOSTO

Figura 4 – Apuramento do imposto

Resultado Líquido do Exercício (Contabilístico)

+ VPP e – VPN

+/- Correções fiscais

= Lucro Tributável

- Reporte prejuízos fiscais

= Matéria Coletável

x Taxa

= Coleta

(com prejuízos = 0)

+ Derrama estadual (se aplicável)

- PEC

= Imposto apurado (> 0)

- Deduções à coleta

- Pagamentos por conta

+ Tributação Autónoma

+ Derrama municipal (se aplicável)

= Imposto a pagar (-) / Imposto a receber (+)

PERIODIZAÇÃO DO LUCRO TRIBUTÁVEL (artigo 18° n°s 3 e 5):
BENS: Os réditos relativos a vendas consideram-se, em geral, realizados e os correspondentes gastos suportados na data da entrega ou expedição dos bens ou, se anterior, na data da transferência da propriedade. São imputáveis, ao período de tributação, pela quantia nominal da contraprestação.

PRESTAÇÕES DE SERVIÇOS: Os réditos relativos a prestações de serviços e os correspondentes gastos suportados consideram-se, em geral, realizados na data em que o serviço é terminado. São imputáveis, ao período de tributação, pela quantia nominal da contraprestação. Os réditos e gastos relativos a prestações de serviços continuadas ou sucessivas são levados a resultados proporcionalmente à sua execução.

INVENTÁRIOS E FORNECIMENTOS E SERVIÇOS EXTERNOS (FSE): Os respetivos gastos são imputáveis ao período de tributação a que respeitam pela quantia nominal da contraprestação.

MANUAL TEÓRICO-PRÁTICO DE IRC

Os ajustamentos decorrentes da aplicação do justo valor não concorrem para a formação do lucro tributável, sendo imputados como rendimentos ou gastos no período de tributação em que os elementos ou direitos que lhes deram origem sejam alienados, exercidos, extintos ou liquidados, exceto se disserem respeito a instrumentos financeiros reconhecidos pelo justo valor através de resultados, desde que, quando se trate de instrumentos do capital próprio, tenham um preço formado num mercado regulamentado e o sujeito passivo não detenha, direta ou indiretamente, uma participação no capital igual ou superior a 5% do respetivo capital social.

EXEMPLO:

A sociedade Gama adquiriu, no ano *t*, por € 1.500.000,00, uma participação de 25% no capital social da sociedade Alfa.

Em 31 de dezembro do ano *t*, a sociedade apurou um lucro de € 100.000,00.

Em assembleia geral de aprovação de contas, realizada em março do ano *t+1*, os sócios Da sociedade Alfa decidiram distribuir 50% dos lucros apurados no ano *t-2*.

Quais as consequências da situação descrita na esfera jurídica da sociedade Gama, com referência ao ano *t* e *t+1*.

No ano *t*:

Como a sociedade Gama contabilizou o investimento efetuado na sociedade Alfa através do método de equivalência patrimonial (MEP), para além do valor relativo à aquisição da participação (€ 1.500.000), teve que considerar o valor relativo à imputação dos lucros, ou seja, € 25.000 (25% de € 100.000). No final do ano *t*, a sua participação já se encontrava valorizada em € 1.525.000.

Como, em termos fiscais, os rendimentos e gastos apurados em consequência da adoção do MEP não concorrem para a formação do lucro tributável, a sociedade Gama terá que deduzir o montante de € 25.000 no quadro 07 da declaração de rendimentos Modelo 22.

No ano t+1:

A sociedade Gama terá que registar os lucros que lhe foram efetivamente atribuídos, assim como a parte dos lucros que ficou retida:

Distribuição de lucros (€ 25.000 x 50% = € 12.500);

Lucros retidos (€25.000 x 50% = € 12.500).

Assim, a sociedade Gama apenas deverá considerar o valor dos lucros distribuídos, no valor de € 12.500 (os lucros retidos são uma mera variação patrimonial), que não deverá ser acrescido ao lucro tributável.

Na mensuração das participações de capital em empreendimentos conjuntos (SP de IRC), passou a ser fiscalmente neutro utilizar o método de equivalência patrimonial ou o método de consolidação patrimonial.

CORREÇÕES FISCAIS

4. Contratos de construção

Desenvolvimento do tema

As obras cujo ciclo de produção ou tempo de duração seja superior a um ano, e ainda aquelas cuja duração seja igual ou inferior a um ano mas que o seu início e fim se situem em períodos de tributação diferentes, encontram-se reguladas no artigo 19° do Código do IRC, que estabelece quais os critérios a ter em conta no apuramento dos resultados. No essencial, este normativo institui que deve existir uma correlação temporal entre os gastos e os réditos num determinado período de tributação.

Tendo em conta o âmbito de aplicação deste artigo, enquadram-se no conceito de contratos de construção, nomeadamente, as prestações de serviços de construção civil, tais como a construção de imóveis, a construção de pontes, autoestradas, navios, aeroportos, etc.. Exclui-se, no entanto, da aplicação desta norma legal as obras próprias vendidas fracionadamente pelo construtor, no âmbito do artigo 18° do Código do IRC.

Para efeitos de uma correta mensuração dos réditos provenientes dos contratos de construção civil é necessário proceder a um controlo dos custos incorridos em cada ano do projeto, comparando depois este valor com o total de gastos estimados. O controlo rigoroso sobre os custos incorridos decorre da necessidade de balanceamento dos réditos com os gastos, isto é, como as obras decorrem em mais do que um período, no final de cada período, a entidade poderá ter gastos para os quais poderá ainda não ter os respetivos réditos associados.

Em termos fiscais, a mensuração do rédito e dos gastos nos contratos de construção tem por base o método da percentagem de acabamento, isto é, o

MANUAL TEÓRICO-PRÁTICO DE IRC

valor a reconhecer como rédito é balanceado com os gastos efetivamente incorridos em determinado período de tributação e que são proporcionais ao trabalho concluído.

Assim, deste balanço, a empresa terá que comparar os gastos efetivamente incorridos com os gastos estimados, aplicando a mesma proporção ao valor dos réditos, tenha ou não havido faturação ao cliente.

Refira-se, no entanto, que este método só pode ser aplicado quando o desfecho da obra possa ser estimado com fiabilidade, como é o caso, por exemplo, de uma situação em que exista um orçamento que estime com fiabilidade os custos estimados e o valor do preço a pagar pelo cliente da obra.

Por outro lado, se não for possível determinar o montante dos gastos e dos réditos de acordo com a normalização contabilística e/ou o desfecho de um contrato de construção não possa ser estimado de forma fiável, considera-se que o rédito do contrato corresponde aos gastos totais do contrato. Ou seja, consagra-se que em cada período de tributação se igualem os gastos incorridos com os réditos (independentemente de terem sido faturados ou não) com o objetivo de se obter um resultado nulo. O lucro, neste caso, é totalmente diferido para o período em que ocorrer o fim do contrato.

Podemos afirmar, portanto, que o regime fiscal é muito semelhante ao regime previsto na normalização contabilística, pois em qualquer um deles o princípio básico a ter em conta é a necessidade de balanceamento entre os gastos e réditos.

De salientar, por último que, ainda que os sujeitos passivos contabilizem como gastos as perdas esperadas correspondentes a gastos ainda não suportados, em termos fiscais esses gastos não são aceites.

Vejamos um exemplo:

A empresa A, Lda., tem como atividade principal a construção civil e, no ano de 2014, foi-lhe adjudicada uma obra para a construção de um hotel.

Os réditos da obra, cujo orçamento foi aprovado pelo cliente, e os gastos estimados são os seguintes:

Réditos............................. € 2.000.000
Gastos............................... € 1.500.000

A obra só foi concluída em 2016. A informação financeira relativa aos vários períodos de tributação é a seguinte:

	2014	2015	2016	Total
Serviços faturados	€ 700.000	€ 900.000	€ 400.000	€ 2.000.000
Gastos	€ 610.000	€ 720.000	€ 170.000	€ 1.500.000

CONTRATOS DE CONSTRUÇÃO

Admitindo que o desfecho do contrato é estimado com fiabilidade, qual o resultado fiscal deste contrato de construção?

RESOLUÇÃO:

Como o desfecho do contrato é estimado com fiabilidade, podemos adotar o método da percentagem de acabamento. Assim, temos:

ANO	Gastos do período	Gastos estimados até ao fim	% de acabamento	Serviços faturados	Réditos a reconhecer
2014	610.000	€ 890.000	40,6	700.000	812.000
2015	720.000	€ 170.000	88,6	900.000	960.000
2016	170.000	–	100	400.000	228.000

No ano de 2014 e 2015, a empresa faturou ao seu cliente um montante de serviços prestados abaixo do valor dos réditos que reconheceu. No entanto, em 2016, a empresa faturou serviços de montante superior aos réditos que reconheceu.

Exercícios

A empresa Constrói celebrou um contrato para a construção de um imóvel, no valor de € 1.200.000. O prazo previsto para a construção do imóvel era de 26 meses, iniciando-se em março do ano t e terminando em abril do ano $t+2$.

O custo estimado para a realização da obra no início era de € 1.000.000, tendo sido revisto no fim do ano $t+1$ para os € 950.000.

A faturação acordada com o cliente é a seguinte: 40% no ano t, 40% no ano $t+1$ e 20% no ano $t+2$.

Sabem-se, ainda, os seguintes dados:

(em euros)

	ano t	ano $t+1$	ano $t+2$
Encargos incorridos no ano	350.000	440.000	160.000
Custos estimados até ao final da obra	650.000	160.000	–
Faturação	480.000	480.000	240.000

a) Calcular o resultado fiscal, considerando-se que o desfecho do contrato é estimado com fiabilidade
b) Admita-se agora que o desfecho do contrato não é estimado com fiabilidade. Qual o resultado fiscal?

RESOLUÇÃO:

a) Neste caso, iremos aplicar o método da percentagem de acabamento, dado que é o este o método a adotar quando o desfecho do contrato é estimado com fiabilidade.

Assim temos:

	Ano *t*	Ano *t+1*	Ano *t+2*
Custos incorridos acumulados	350.000	790.000	950.000
Custos totais estimados	1.000.000	950.000	950.000
% Acabamento	35%	83,16%	100%
Faturação emitida no ano	480.000	480.000	240.000
Rédito do período	420.000	577.920	202.080
Diferença	-60.000	97.920	-37.920

De acordo com o método da percentagem de acabamento, a empresa teria que reconhecer como rédito, contabilístico e fiscal, em ano *t, t+1 e t+2*, respetivamente, € 420.000, € 577.920 e € 202.080.

b) Como agora o desfecho do contrato não consegue ser estimado com fiabilidade, iremos considerar que o rédito do contrato corresponde aos gastos totais do contrato. Desta forma, iremos apenas reconhecer os réditos até ao ponto que for provável que os gastos incorridos sejam recuperados. Assim temos:

	Ano *t*	Ano *t+1*	Ano *t+2*
Custos incorridos	350.000	440.000	160.000
Custos incorridos acumulados	350.000	790.000	950.000
Custos totais estimados	1.000.000	950.000	950.000
Faturação emitida no ano	480.000	480.000	240.000
Rédito do período	350.000	440.000	410.000

Neste método, o lucro da obra é totalmente diferido para o final a obra, pelo que é somente no ano de 2016 que a empresa irá reconhecer os ganhos do contrato.

5. Subsídios

Síntese

- Todos os subsídios devem ser reconhecidos como ganhos da empresa, assegurando, assim, a sua neutralidade fiscal.
- Os subsídios à produção/exploração são reconhecidos no ano em que são recebidos.
- Os subsídios à criação de emprego devem ser reconhecidos ao longo dos anos em que os postos de trabalho têm de ser mantidos.
- Um subsídio ao investimento de um bem depreciável é reconhecido durante o período de depreciação do bem.
- Um subsídio de um bem não depreciável, que seja um ativo intangível, é reconhecido como ganho durante 20 anos.
- Um subsídio de um bem não depreciável, que não seja um ativo intangível, é reconhecido como ganho durante o período em que não puder ser vendido, ou durante 10 anos se não existir essa cláusula de não-venda.

Desenvolvimento do tema

O Código do IRC determina que os subsídios[22] devem ser reconhecidos como rendimentos[23]. No entanto, esse reconhecimento depende do tipo de

---

[22] Os métodos de contabilização dos subsídios, segundo o Sistema de Normalização Contabilística (SNC), encontram-se descritos na Norma Contabilística e de Relato Financeiro

MANUAL TEÓRICO-PRÁTICO DE IRC

subsídio em causa, o que pode determinar que o rendimento não seja totalmente reconhecido no ano em que o subsídio é recebido. Contudo, para efeitos do reconhecimento do subsídio, em sede de IRC, o momento relevante é o do recebimento do subsídio.

Assim, temos três tipos de subsídios: para exploração, para criação de postos de trabalho e para investimento. No caso dos subsídios à exploração (de produção), estes devem ser reconhecidos como rendimentos no momento em que são atribuídos à empresa. Já os subsídios à criação de emprego devem ser reconhecidos durante o período em que os postos de trabalho têm de ser mantidos. Por fim, os subsídios ao investimento dividem-se em subsídios para aquisição de ativos depreciáveis e ativos não depreciáveis. No caso dos primeiros, o subsídio deve ser reconhecido como ganho ao longo do período de depreciação previsto no Decreto Regulamentar nº 25/2009, de 14

(NCRF) 22, denominada "Contabilização dos Subsídios do Governo e Divulgação de Apoios do Governo", e que tem por base a IAS 20, designada por "Contabilização de Subsídios do Governo e Divulgação de Assistência Governamental" (Accounting for Government Grants and Disclosure of Government Assistance). Estes subsídios, segundo a NCRF 22, *"são auxílios do Governo na forma de transferência de recursos para uma entidade em troca do cumprimento passado ou futuro de certas condições relacionadas com as atividades operacionais da entidade"* (Rodrigues, 2009, p. 249). Os subsídios ao investimento (que também podem ser designados por subsídios relacionados com ativos) consistem em *"subsídios do Governo cuja condição primordial é a de que a entidade que a eles se propõe deve comprar, construir ou por qualquer forma adquirir ativos a longo prazo"* (Rodrigues, 2009, p. 249). Os subsídios à exploração, ou subsídios relacionados com rendimentos, são, também, subsídios do Governo *"que se destinam a compensar gastos incorridos na exploração"* (Rodrigues, 2009, p. 764). Sendo assim, os subsídios à criação de emprego são atribuídos quando uma *"empresa compromete-se a manter os postos de trabalho por três/quatro anos"* (Rodrigues, 2009, p.764). Por fim, os outros subsídios *"serão todos aqueles que não se encaixem nas definições anteriores"* (Rodrigues, 2009, p.764). A NCRF 22 refere, ainda, que um *"subsídio do Governo não é reconhecido, até que haja segurança razoável de que a entidade cumprirá as condições a ele associadas, e que o subsídio será recebido"* (Rodrigues, 2009, p. 250). Em alguns casos, *"um subsídio do Governo pode ser concedido para a finalidade de dar suporte financeiro imediato a uma entidade e não como um incentivo para levar a cabo dispêndios específicos"* (Rodrigues, 2009, p.250) e, também, *"pode tomar a forma de transferência de um ativo não monetário, tal como terrenos ou outros recursos, para uso da entidade"* (Rodrigues, 2009, p. 251). Após reconhecimento do subsídio, qualquer contingência que se verifique, esta já deve ser tratada tendo em conta a NCRF 21 – Provisões, Passivos Contingentes e Ativos Contingentes.

[23] Considerando que o Código do IRC adotou um conceito de lucro que consiste na diferença entre o património líquido no fim e no início do período de tributação, com as correções estabelecidas no código, os subsídios quer sejam ou não destinados à exploração serão sempre de tributar, quer por via do resultado líquido, quer por via de variações patrimoniais positivas.

de setembro, para cada bem específico. No caso dos ativos não depreciáveis, tratando-se de ativos intangíveis, o subsídio deve ser reconhecido durante 20 anos. Caso não sejam ativos intangíveis, então se existir no contrato de atribuição do subsídio, uma cláusula de não venda do ativo por x anos, o subsídio deve ser reconhecido como ganho durante esse mesmo número de anos. Se essa cláusula não existir, então, deve-se considerar um período de 10 anos para reconhecimento do ganho.

Figura 5 – Esquema de contabilização dos subsídios

MANUAL TEÓRICO-PRÁTICO DE IRC

Desta forma, os subsídios são considerados ganhos em função da sua própria natureza, sendo tributados na totalidade no ano em que são recebidos (caso dos subsídios à exploração) ou ao longo de vários exercícios (subsídio de emprego e de investimento).

Exercícios

EXERCÍCIO 1:
Uma empresa recebe em março do ano t, um subsídio de 50.000€ para a criação de 3 postos de trabalho, com a duração de 18 meses, de 1 de março do ano t a 31 de agosto do ano $t+1$. Como deve o subsídio ser reconhecido como rendimento em sede de IRC?

EXERCÍCIO 2:
No ano t, foi atribuído a uma empresa um subsídio de 100 mil € para aquisição de um edifício industrial no valor de 200 mil € (mensurado ao custo), cujo pagamento foi feito em $t+1$. Qual o montante que concorre para a formação do lucro tributável do período do ano t?

EXERCÍCIO 3:
A empresa Z recebeu, no ano t, um subsídio, no montante de € 20.000,00, com o objetivo de compensar a empresa pela redução de preços ditadas por imposição do Governo.
Qual o tratamento fiscal a dar a este subsídio?

EXERCÍCIO 4:
Uma sociedade recebeu do Estado, no ano t, um subsídio no montante de € 10.000,00 para a criação de dois postos de trabalho sujeitos à condição de os manter por um período mínimo de 5 anos.
Qual o tratamento fiscal a dar ao referido subsídio?

EXERCÍCIO 5:
Em janeiro do ano $t,$ a sociedade Quelhas adquiriu um equipamento por 200.000 €, o qual entrou imediatamente em funcionamento, tendo-lhe sido atribuído um período de vida útil de 5 anos. Para a aquisição deste equipamento, a sociedade tinha-se candidatado a um auxílio do estado para a aquisição desse equipamento.

SUBSÍDIOS

Todavia, a atribuição do subsídio a esse investimento, no montante de 100.000 €, apenas foi contratualizada no ano $t+1$, ficando estipulado que aquele montante seria pago em duas parcelas de € 50.000 cada, a primeira no ano $t+1$ e a segunda em $t+2$.

Como deve ser reconhecido, em termos fiscais, o subsídio recebido?

Exercício 6:

A sociedade Gama recebeu, no ano t, um subsídio no montante de 50.000 €, destinado à compra de um terreno para ser utilizado na sua atividade. Não está estabelecido qualquer período obrigatório de manutenção do ativo.

Como deverá proceder a sociedade?

Exercício 7:

Foi adquirida uma patente (registada no ano t) por um período indefinido, pelo preço de 100.000€, tendo sido recebido, para o efeito, um subsídio no valor de 20.000 €.

Qual o tratamento fiscal a dar ao subsídio?

Soluções:

Exercício 1:

Dado que o período abarca mais de um exercício, a empresa deve reconhecer um proveito em cada ano, em função do número de meses da obrigação de manutenção dos postos de trabalho. Assim, temos 10 meses no ano t, pelo que a empresa deve reconhecer 10/18 do subsídio como rendimento (ou seja, um valor de 27.778€), sendo o restante (8/18), reconhecido como rendimento no ano $t+1$ (22.222€).

Exercício 2:

Antes do reconhecimento do subsídio, há que ter presente a depreciação contabilística do edifício (€ 200.000), a uma taxa de 5%, ou seja:

Parte do edifício não aceite fiscalmente (artigo 10º nº 3 do Dec. Regulamentar nº 25/2009): 200.000 ⋆ 25% = 50.000 €

Depreciação anual: 200.000€ ⋆ 5% = 10.000€

Depreciação não aceite fiscalmente: 10.000€ ⋆ 25% = 2.500€

Reconhecimento do subsídio:

A parte do subsídio correspondente ao valor da depreciação aceite fiscalmente deve ser reconhecida na mesma proporção da depreciação calculada

MANUAL TEÓRICO-PRÁTICO DE IRC

sobre o valor de aquisição, independentemente do seu recebimento. Neste caso, temos 3.750 € correspondente a 5% de 75.000 €.

A parte do subsídio correspondente ao valor do terreno deve ser reconhecida em 10 anos, sendo o primeiro o do seu recebimento. Como a empresa apenas recebeu o subsídio em $t+1$, não deve reconhecer qualquer valor no ano t correspondente ao valor do terreno.

EXERCÍCIO 3:
Trata-se de um auxílio à exploração, cujo enquadramento fiscal se encontra previsto na alínea j) do nº 1 do artigo 20º do Código do IRC. Como não se destina a compensar gastos que a empresa vai suportar no futuro, o seu valor é considerado como rendimento, na íntegra, no ano do recebimento.

EXERCÍCIO 4:
Trata-se de um subsídio à criação de emprego. Como a empresa assumiu o compromisso de manter os postos de trabalho por um período mínimo de 5 anos, o valor que concorre para a formação do lucro tributável do ano t (e seguintes) será de:
€ 10.000,00 : 5 = € 2.000,00

EXERCÍCIO 5:
Depreciação do equipamento a efetuar anualmente:
200.000 x 20% = 40.000 €
Reconhecimento do subsídio:
100.000 x 20% = 20.000 € (mesma proporção da depreciação)
A empresa deverá incluir o valor do subsídio, proporcionalmente, ao valor da depreciação, independentemente do recebimento. Como apenas foi contratualizado no ano $t+1$, será nesse ano que deverá ser incluído no lucro tributável o valor proporcional à depreciação do ano t e $t+1$, ou seja, o valor de 40.000 € (a soma do 1/5 do subsidio relativo ao ano t e $t+1$)

EXERCÍCIO 6:
Não havendo nenhum período em que o ativo seja inalienável, o subsídio deverá ser incluído no lucro tributável por um período de 10 anos. Assim, a sociedade deverá acrescer 2.000 € (20.000/10 anos) ao lucro tributável.

EXERCÍCIO 7:
A patente é registada no ativo intangível, ficando sujeita a amortização nos termos da normalização contabilística aplicável.

SUBSÍDIOS

Assim, a entidade deverá acrescer ao lucro tributável o valor de 1.000 € (20.000 € /20 anos, referente ao subsídio).

Por outro lado, a entidade adquirente da patente poderá deduzir ao seu lucro tributável o valor de 5.000 € (100.000 €/20 anos), nos termos do artigo 45°-A, n° 1, do Código do IRC, correspondente à amortização fiscal e acrescer o valor de € 10.000, correspondente à amortização contabilística.

6. Variações Patrimoniais positivas e negativas

Síntese

- As variações patrimoniais positivas aumentam o resultado líquido do exercício (RLE) (logo aumentam o IRC a pagar pela empresa), exceto as descritas no artigo 21º do Código do IRC.
- As variações patrimoniais negativas diminuem o RLE (logo diminuem o IRC a pagar pela empresa), exceto as descritas no artigo 24º do Código do IRC.

Desenvolvimento do tema

As Variações Patrimoniais correspondem a factos contabilísticos que embora não alterem o resultado líquido, aumentam/diminuem a situação líquida da empresa (aumentando ou diminuindo o valor da classe 5). Como tal, considerando o conceito de rendimento acréscimo atrás referido, terão de ser consideradas para efeito do cálculo do imposto.

Contudo, o legislador optou por excecionar algumas situações, que pela sua natureza, ou não devem aumentar o resultado, ou então não o devem diminuir.

Não afetam o RLE as seguintes Variações Patrimoniais Positivas (VPP):

MANUAL TEÓRICO-PRÁTICO DE IRC

- As entradas de capital, incluindo os prémios de emissão de ações ou quotas, bem como as coberturas de prejuízos, a qualquer título, feitas pelos titulares do capital;[24] [25] [26]
- As mais-valias potenciais ou latentes, ainda que expressas na contabilidade, incluindo as reservas de revalorização legalmente autorizadas; [27] [28]
- As contribuições, incluindo as participações nas perdas, do associado ao associante no âmbito da associação em participação e da associação à quota.[29]

Não afetam o RLE as seguintes Variações Patrimoniais Negativas (VPN):
- As que consistam em liberalidades ou não estejam relacionadas com a atividade do contribuinte sujeita a IRC;
- As menos-valias potenciais ou latentes, ainda que expressas na contabilidade;

---

[24] Exclui-se também a atribuição de instrumentos financeiros derivados que devam ser reconhecidos como instrumento de capital próprio.

[25] A exigibilidade de "prestações suplementares" porque originam movimentos a crédito nos capitais próprios, i.e., constituem variações patrimoniais positivas quantitativas não refletidas no resultado líquido devem, em nossa opinião, ser enquadradas no artigo 21º, alínea a) do Código do IRC, pelo que não devem concorrer para o apuramento do lucro tributável do IRC (Guimarães 2012).

[26] Inclui aumentos de capital decorrentes de operações de fusão e cisão.

[27] Exclui-se também as variações decorrentes da contabilização de impostos diferidos.

[28] Relativamente as mais-valias potenciais e latentes, existe um despacho sobre o tratamento das reavaliações (ou revalorizações) não previstas legalmente (Proc. 1794/89, Despacho de 21/12/89), segundo o qual: "*as reavaliações do ativo imobilizado não enquadráveis em diploma legal são variações patrimoniais, que se encontram excluídas na alínea b) nº 1 do artigo 21º do Código do IRC. Assim sendo, não há lugar à tributação das reservas de reavaliação não constituídas ao abrigo de legislação fiscal. Refira-se, no entanto, que o valor reavaliado não releva, quer para a determinação das reintegrações, quer para apuramento de uma eventual mais-valia realizada*". Contudo, no âmbito dos processos de recuperação de empresas, o nº 2 do artigo 268º do Código da Insolvência e da Recuperação de Empresas (CIRE) refere o seguinte: "*Não entram igualmente para a formação da matéria coletável do devedor as variações patrimoniais positivas resultantes das alterações das suas dívidas previstas em plano de insolvência ou em plano de pagamentos*".

[29] As variações patrimoniais (positivas ou negativas) decorrentes da adoção do método da equivalência patrimonial, não concorrem para a determinação do lucro tributável, por determinação do nº 8 do artigo 18º do Código do IRC, devendo os rendimentos provenientes dos lucros distribuídos ser imputados ao período de tributação em que se adquire o direito aos mesmos.

VARIAÇÕES PATRIMONIAIS POSITIVAS E NEGATIVAS

- As saídas em dinheiro ou em espécie, a favor dos titulares do capital, a título de remuneração ou de redução do mesmo, ou de partilha do património;
- As prestações do associante ao associado, no âmbito da associação em participação.
- Não obstante o disposto na alínea c) do número anterior, concorrem, ainda, para a determinação do lucro tributável, nas mesmas condições referidas para os gastos e perdas, as variações patrimoniais negativas não refletidas no resultado líquido do período de tributação relativas à distribuição de rendimentos de instrumentos de fundos próprios adicionais de nível 1 ou de fundos próprios de nível 2 que cumpram os requisitos previstos no Regulamento (UE) n° 575/2013, do Parlamento Europeu e do Conselho, de 26 de junho de 2013, desde que não atribuam ao respetivo titular o direito a receber dividendos nem direito de voto em assembleia geral de acionistas e não sejam convertíveis em partes sociais.

Apresentam-se alguns exemplos daquilo que aqui poderá ser englobado, para efeitos de tributação:

- Subsídios não destinados à exploração que devam ser incluídos nos resultados (ver capítulo de subsídios);
- Algumas regularizações não frequentes e de grande significado.

Saliente-se que, com a alteração ocorrida em 2010, por via da entrada em vigor do SNC, as remunerações atribuídas a título de participação no lucro passaram a integrar os gastos previstos no artigo 23° do Código do IRC, devendo ser contabilizados no período económico a que respeitam, desde que estejamos perante uma obrigação constitutiva para a empresa (estas gratificações eram anteriormente consideradas variações patrimoniais negativas nos termos do n° 2 do artigo 24° que concorriam para a formação do lucro tributável do período a que respeitava o resultado em que participavam). Mantém-se, contudo, a obrigatoriedade do seu pagamento até ao fim do período de tributação seguinte (artigo 23°-A, n° 1, alínea n) do Código do IRC) e a limitação ao dobro da remuneração mensal os beneficiários que sejam titulares, direta ou indiretamente, de partes representativas de, pelo menos, 1% do capital social, bem como os órgãos sociais.

No caso de a empresa receber uma doação, esse ativo deve ser contabilizado na conta de ativo fixo respetiva, por contrapartida da conta 59.4 de

MANUAL TEÓRICO-PRÁTICO DE IRC

capital próprio. O valor a considerar deve ser o valor patrimonial para efeitos de IMI. Caso esse valor não exista, deve ser usado o valor resultante de uma avaliação.

EXEMPLO:
No ano *t*, uma sociedade adquiriu a título gratuito (doação) um prédio para arrendamento de escritórios com um valor patrimonial tributário de € 800.000. O prédio está avaliado em € 750.000.
Qual o valor a ter em conta para efeitos fiscais deste incremento patrimonial?
A sociedade beneficiária deverá acrescer ao lucro tributável o montante relativo ao valor de mercado do imóvel, o qual não pode ser, no entanto, inferior ao valor patrimonial tributário (VPT) do mesmo, à data da transmissão. Assim, como o VPT é superior ao valor de mercado, esta sociedade deverá acrescer ao lucro tributável, do ano t, o valor de € 800.000.

Exercícios

EXERCÍCIO 1: Distribuição de lucros
Uma sociedade atribuiu em assembleia geral, realizada no ano *t*, e pagou no ano *t*, a título de participação nos lucros do ano *t-1*, um prémio de 50 mil € ao seu sócio-gerente e de 100 mil € aos trabalhadores. A remuneração mensal do sócio-gerente (14 meses) é de 2.000€.

EXERCÍCIO 2: Prémios de emissão de ações
A sociedade X, com o capital social de € 100.000, representado por 100.000 ações de 1 euro cada, decidiu adquirir, no ano *t*, 5.000 ações próprias, representativas de 5% do seu capital social. O preço de aquisição será de € 1,5, cada, o que equivale a um total de € 7.500. Durante o ano *t+2*, alienou esse lote ações pelo valor total de € 8.250.
Para efeitos fiscais como deve ser tratada esta operação?

RESOLUÇÃO:
EXERCÍCIO 1:
Os 100 mil € são aceites como custo fiscal (artigo 23º, nº 2, alínea d)), sendo que do sócio-gerente é aceite 2 vezes o valor da remuneração média mensal.

Como tal, a remuneração aceite como custo fiscal é de: (2000 ★ 14 / 12) ★ 2 = 4.667 €

O valor de € 45.333 (diferença entre os € 50.000 pagos e os 4.667 € aceites fiscalmente), não é aceite fiscalmente, pelo que, este valor acresce à matéria coletável.

Exercício 2:

A sociedade X alienou por € 8.250 um lote de ações que lhe havia custado € 7.500. Logo teve um ganho de € 750.

A aquisição de quotas ou ações próprias determina uma redução no capital próprio, mas não do capital social, sendo ainda necessário, para poder efetuar a compra que a empresa disponha de reservas livres em dobro do contravalor a prestar. De acordo com o SNC, esta redução é inscrita a débito numa subconta de capital próprio. Na alienação, a empresa não deve reconhecer qualquer ganho ou perda na demonstração de resultados porque se trata de uma operação no âmbito dos capitais próprios, o que quer dizer que os eventuais ganhos deverão afetar uma conta de reservas.

Esta operação, para efeitos fiscais, enquadra-se na alínea a) do nº 1 do artigo 21º do Código do IRC, logo, não concorre para a formação do lucro tributável.

7. Encargos não dedutíveis

Síntese

- Os encargos não dedutíveis são aqueles que sendo aceites como custo contabilístico, não o são enquanto gasto fiscal.
- Estes encargos devem ser acrescidos à matéria coletável, no Quadro 7, da Declaração Modelo 22.

Desenvolvimento do tema

Existem diversos campos da Modelo 22[30], que devem ser preenchidos com os custos que não são aceites fiscalmente, nos termos do artigo 23º-A do Código do IRC:

Campo Q7	Comentário
724 e 725	**IRC, incluindo as tributações autónomas e os impostos diferidos, e outros impostos que direta ou indiretamente incidam sobre os lucros [artigo 23º-A, nº 1, alínea a)]** Deve-se considerar o valor de estimativa de IRC, incluindo a derrama estadual e municipal, bem como os impostos diferidos.
726	**Encargos evidenciados em documentos emitidos por sujeitos passivos com NIF inexistente ou inválido ou por sujeitos passivos cessados oficiosamente [artigo 23º-A nº 1, alínea c)]** Neste campo devem ser incluídas as importâncias constantes de documentos emitidos por sujeitos passivos com nº de identificação fiscal inexistente ou inválido, ou cessados oficiosamente pelos serviços nos termos do nº 6 do artigo 8º do Código do IRC.

[30] Atualizada com o Despacho nº 948/2018 do Gabinete do Secretário de Estado dos Assuntos Fiscais, publicado em Diário da República a 26 de janeiro de 2018.

MANUAL TEÓRICO-PRÁTICO DE IRC

727	**Impostos, taxas e outros tributos que incidam sobre terceiros que o sujeito passivo não esteja legalmente obrigado a suportar [artigo 23°-A, n° 1, alínea f)]** Quaisquer impostos e outros encargos que incidam sobre terceiros (por exemplo as retenções na fonte de IRS e IRC, bem como o imposto de selo a ser liquidado por terceiros), que o sujeito passivo não esteja legalmente autorizado a suportar. Também não é aceite o IVA suportado em resultado de não ser exercido o direito à sua restituição, conferido pela 8ª Diretiva do Conselho (79/1072/CEE), de 6 de dezembro, por entender que não se verifica o requisito de indispensabilidade exigido pelo n° 1 do artigo 23° do Código do IRC (Circular n° 14/2008).
728	**Multas, coimas, juros compensatórios, juros moratórios e demais encargos pela prática de infrações [artigo 23°-A, n° 1, alínea e)]** Trata-se contudo de encargos de natureza não contratual, procurando-se desta forma não beneficiar infrações.
729	**Indemnizações por eventos seguráveis [artigo 23°-A, n° 1, alínea g)]** Esta norma tem como objetivo evitar certas formas de evasão ou abuso fiscal. Contudo, é apenas aplicável a indemnizações pagas a terceiros. Ou seja, os danos próprios, independentemente do risco ser ou não segurável, são aceites como custos fiscais. Por exemplo, no caso da existência de uma franquia, esse valor concorre para o lucro tributável, não sendo considerado neste campo. De acordo com a Informação Vinculativa no Processo 609/96 com despacho de 1996--04-30, os gastos suportados voluntariamente pela entidade, com o objetivo de evitar acréscimos em gastos futuros, serão fiscalmente aceites por enquadramento no artigo 23° do Código do IRC, desde que o aumento dos gastos que esta suportaria pelo agravamento dos prémios de seguro seja, efetivamente, superior ao valor das indemnizações por si pagas diretamente.
730	**Ajudas de custo e encargos com compensação pela deslocação em viatura própria do trabalhador [artigo 23°-A, n° 1, alínea h)]** Refira-se que uma viatura é considerada como própria do trabalhador, se não fizer parte do ativo da empresa, nem provocar qualquer tipo de gastos na mesma. É irrelevante se a viatura é propriedade do trabalhador, desde que seja utilizada por ele, e não seja propriedade da empresa. Estes gastos são aceites fiscalmente, se faturados a clientes, ou sempre que sujeitos a tributação em sede de IRS na esfera do trabalhador beneficiário. Só deverão ser incluídos neste campo, se a entidade patronal não dispuser de mapas que permitam controlar as deslocações a que esses gastos se referem, os conhecidos boletins itinerários. Contudo, caso a empresa não disponha de mapas, mas os rendimentos sejam tributados em categoria A na esfera dos trabalhadores, não terão de ser considerados neste campo do Quadro 7 (sendo sujeita a retenção na fonte em IRS, conforme o n° 4 do artigo 103° do Código do IRS). Esta norma aplica-se também a sócios-gerentes, gerentes e administradores, nas mesmas condições que aos trabalhadores. Assim temos que: Despesas faturadas a clientes, despesas não faturadas a clientes mas tributadas em sede de IRS do colaborador da empresa e despesas não faturadas a clientes nem tributadas em sede de IRS do colaborador mas com mapas justificativos são aceites como custo fiscal em sede de IRC, e sujeitas a tributação autónoma. Apenas as despesas não faturadas a clientes nem tributadas em sede de IRS do colaborador e sem mapas justificativos não são aceites como custo fiscal em IRC. Ver: Circular n° 12, de 29/04/1991; Decreto-Lei n° 106/98, de 24 de abril; e Decreto--Lei n° 137/2010, de 28 de dezembro
716	**Despesas não documentadas [artigo 23°-A, n° 1, alínea b)]** Existe uma diferença entre encargos não devidamente documentados e gastos não documentados. Embora ambos não sejam aceites fiscalmente, os segundos são também

ENCARGOS NÃO DEDUTÍVEIS

716	sujeitos a tributação autónoma. Assim, desincentiva-se, através de uma penalização forte, aquilo que antes era designado por "despesas confidenciais". Um encargo deve entender-se como não documentado, quando não apoiado em documento externo que permita conhecer fácil, clara e precisamente a operação que lhe está subjacente, nem permita evidenciar a causa e a natureza do mesmo. Deve incluir todos os gastos não documentados que foram reconhecidos na contabilidade.
731	**Encargos não devidamente documentados**
732	**Encargos com o aluguer de viaturas sem condutor [artigo 23°-A, n° 1, alínea i)]** São acrescidos neste campo os gastos com o aluguer de condutor de viaturas ligeiras de passageiros ou mistas, na parte correspondente ao valor das depreciações dessas viaturas, que não sejam aceites fiscalmente (artigo 34°, n° 1, alíneas c) e e)). Ver também Circular n° 24/91, de 19 de dezembro. Exemplo: se uma empresa tiver um contrato de aluguer de longa duração sem condutor, e um valor de viatura de 40 mil €, tendo uma amortização financeira de 10 mil€ (25% desse valor), o limite das depreciações seria de 6.250€ (25.000*25%). Acréscimo no campo 732 : 3.750 € Correção no campo 365, acréscimo de 3.500 € (35% desse valor), como tributação autónoma
783	**Despesas ilícitas [artigo 23°-A, n° 1, alínea d)]**
733	**Encargos com combustíveis [artigo 23°-A, n° 1, alínea j)]** Apenas será de acrescer na parte em que o SP não faça prova de que os mesmos respeitam a bens pertencentes ao seu ativo ou por ele utilizados em regime de locação financeira e de que não são ultrapassados os consumos normais.
784	**Encargos relativos a barcos de recreio e aeronaves de passageiros [artigo 23°-A, n° 1, alínea k)]**
734	**Juros e outras formas de remuneração de suprimentos e empréstimos feitos pelos sócios à sociedade [artigo 23°-A, n° 1, alínea m)]** Neste caso apenas será de acrescer ao lucro tributável o valor dos suprimentos e outros empréstimos dos sócios à sociedades, na parte em que excedam a taxa definida na Portaria n° 279/2014, de 30 de dezembro. De acordo com a referida portaria, o valor limite da remuneração dos suprimentos e empréstimos feitos pelos sócios à sociedade aceite como gastos, tem por base a taxa EURIBOR a 12 de meses acrescida de um *spread* de 2%. No caso de se tratar de uma PME, tal como definidas no Decreto-Lei n° 372/2007, de 6 de novembro, o *spread* a acrescer àquela taxa é, por seu turno, de 6%. Na base desta norma está a tentativa de se evitar que as sociedades distribuam lucros encobertos aos seus acionistas.
735	**Gastos não dedutíveis referentes à participação nos lucros por membros dos órgãos sociais [artigo 23°-A, n° 1, alínea o)]** Passou, a partir de 1 de janeiro de 2014, a constar deste artigo. Até essa data, constava no artigo 24° do Código do IRC, considerando-se uma variação patrimonial negativa que não concorria para o lucro tributável. Refira-se, no entanto, que estes gastos apenas serão de acrescer ao lucro tributável quando as respetivas importâncias não sejam pagas aos beneficiários até ao fim do período de tributação seguinte. Acresce à matéria coletável as gratificações aos órgãos sociais que sejam detentores de mais de 1% do capital social da empresa, na parte que excede 2 vezes a remuneração média mensal.
780	**Contribuição sobre o setor bancário [artigo 23°-A, n° 1, alínea p)]** Esta contribuição foi criada com o propósito de assegurar que todos os agentes participam no esforço de consolidação orçamental, principalmente aqueles que têm maior capacidade contributiva. Esta taxa foi criada com o Orçamento do Estado para 2011 e tem vindo a ser renovada sucessivamente. A taxa varia entre 0.0003% e 0.07% e incide sobre o passivo apurado e aprovado pelos sujeitos passivos deduzido dos fundos próprios de base (tier 1) e complementares (tier 2) e dos depósitos abrangidos pelo

MANUAL TEÓRICO-PRÁTICO DE IRC

780	Fundo de Garantia de Depósitos e sobre o valor nocional dos instrumentos financeiros derivados fora do balanço apurado pelos sujeitos passivos.
785	**Contribuição extraordinária sobre o setor energético [art. 23-A°, n° 1, al. q)]** À imagem de outros setores, o Orçamento de Estado para 2014 (Lei n° 83-C, de 31 de dezembro) criou uma contribuição sobre o setor energético, o qual tem como objetivo arrecadar receita para o Fundo para a Sustentabilidade Sistémica do Setor Energético.
746	**Importâncias pagas ou devidas a entidades não residentes sujeitas a um regime fiscal privilegiado [artigo 23°-A, n° 1, alínea r) e n° 7]** Trata-se de uma norma anti abuso que visa impedir que as importâncias pagas ou devidas, a qualquer título, a pessoas singulares ou coletivas residentes fora do território português e aí submetidas a um regime fiscal a que se referem os n°s 1 ou 5 do artigo 63°-D da Lei Geral Tributária (LGT), ou cujo pagamento seja efetuado em contas abertas em instituições financeiras aí residentes ou domiciliadas, salvo se o sujeito passivo provar que tais encargos correspondem a operações efetivamente realizadas e não têm um caráter anormal ou um montante exagerado, sem que essas transferências respeitem a verdadeiras operações comerciais[31]. Refira-se que, para além destes encargos não serem dedutíveis para efeitos fiscais ainda se encontram sujeitos a tributação autónoma, salvo se, em ambos os casos, os sujeitos passivos comprovarem que tais encargos correspondem a operações efetivamente realizadas e não têm um carácter anormal ou um montante exagerado.
786	**Outras perdas relativas a instrumentos de capital próprio e gastos suportados com a transmissão onerosa de instrumentos de capital próprio de entidades não residentes sujeitas a um regime fiscal privilegiado [artigo 23°-A, n°s 2 e 3)]** Não são aceites como gasto as menos-valias e outras perdas relativas a instrumentos de capital próprio, na parte do valor que corresponda à distribuição de lucros e reservas ou mais-valias realizadas, relativamente à mesma entidade que tenha beneficiado, no próprio período de tributação ou nos 4 anteriores, do regime da *participation exemption*. Por outro lado, também não são aceites como gastos, as despesas incorridas com a alienação de instrumentos de entidades com residência em *off shores*.
710 756	**Correções relativas a períodos de tributação anteriores** De acordo com o princípio da periodização económica, os rendimentos e os gastos, bem como outras componentes positivas ou negativas do lucro tributável, devem ser imputados ao período de tributação a que digam respeito. Podem, no entanto, ser deduzidos noutro período se no período a que deviam ser imputados eram totalmente desconhecidos ou manifestamente imprevisíveis. Não sendo este o caso, tratando-se de gastos relativos a período de tributação anteriores devem ser acrescidos ao LT no campo 710. Por outro lado, tratando-se de réditos de outros períodos devem ser deduzidos ao LT no campo 756.
715	**Gastos de benefícios de cessação de emprego, benefícios de reforma e outros benefícios pós emprego ou a longo prazo dos empregados** Estes gastos, se não forem considerados rendimentos de trabalho e não forem enquadrados no artigo 43°, não são dedutíveis. Apenas serão considerados como gastos no período de tributação em que sejam colocados à disposição dos funcionários, sendo deduzidos no campo 761.

[31] O disposto na alínea r) do n° 1 aplica-se igualmente às importâncias indiretamente pagas ou devidas, a qualquer título, às pessoas singulares ou coletivas residentes fora do território português e aí submetidas a um regime fiscal claramente mais favorável a que se referem os n°s 1 ou 5 do artigo 63°-D da LGT, quando o sujeito passivo tenha ou devesse ter conhecimento do seu destino, presumindo-se esse conhecimento quando existam relações especiais, nos termos do n° 4 do artigo 63°, entre o sujeito passivo e as referidas pessoas singulares ou coletivas, ou

ENCARGOS NÃO DEDUTÍVEIS

Para efeito da alínea h) do nº 1 do artigo 23º-A, as ajudas de custo se faturadas a clientes são aceites como custo fiscal. Se não forem faturadas a clientes, podem ser ou não aceites fiscalmente. Assim, se forem tributadas em IRS serão aceites como custo fiscal em IRC. Se não forem tributadas em IRS, só serão aceites no caso de existir uma justificação para a deslocação (observando os limites em vigor para a administração pública).

Para efeitos dos limites de aplicação e de valores, temos (considerando todo o percurso do colaborador)[32]:

- Até 20 km, não tem direito a ajudas de custo;
- Entre 20 e 50 km, têm direito a 25% das deslocações diárias;
- A partir de 50 km, tem direito a 100% das deslocações diárias.

Por fim, pela Lei do Orçamento de Estado para 2018, foi introduzida a alínea s), a qual prevê a não dedutibilidade dos encargos com a contribuição extraordinária sobre a indústria farmacêutica.

Exercícios

EXERCÍCIO 1:

A empresa X pagou juros (Euribor a 12 meses + spread de 10%) durante o ano t, no valor de € 30.000, ao seu sócio único, resultante dos suprimentos que este fez à empresa, no valor de € 300.000. Esta empresa, de acordo com o certificado emitido pelo IAPMEI, é considerada uma PME, nos termos do Decreto-Lei nº 372/2007, de 6 de novembro. Os juros pagos são ou não considerados gasto fiscal na totalidade?

---

entre o sujeito passivo e o mandatário, fiduciário ou interposta pessoa que procede ao pagamento às pessoas singulares ou coletivas.

[32] O Acórdão do Tribunal Central Administrativo Norte, datado de 08-11-2007, com referência ao processo nº 01006/04.6BEBRG, indica que só são devidas ajudas de custo quando o trabalhador é deslocado do seu local habitual de trabalho. Se for contratado especificamente para trabalhar em um local fora da sede da entidade patronal, já não serão devidas ajudas de custo. Assim, são devidas ajudas de custo quando houve mudança do local de trabalho contratualmente previsto ou deslocações, por força da prestação ocasional do trabalho fora do local habitual ou por força da transferência das instalações da sua entidade patronal. Quando não verificada aquela circunstância, a respetiva retribuição constituirá um complemento de remuneração sujeita a tributação, em sede de IRS, na esfera do beneficiário.

MANUAL TEÓRICO-PRÁTICO DE IRC

EXERCÍCIO 2:

No ano t, foi celebrado um contrato de ALD relativamente a uma viatura ligeira de passageiros. O valor da viatura é de 55.000 €. A amortização financeira no ano t foi de 12.000€.

Qual o montante que não é aceite como gasto fiscal?

EXERCÍCIO 3:

Uma dada empresa pretende reconhecer como gasto do período, no ano t, e com base numa estimativa fiável, a sua obrigação construtiva relativa aos benefícios dos empregados, a título de participação nos lucros, fundamentando-se na prática passada.

Com base nos cálculos efetuados, a empresa estimou em 5% as gratificações a atribuir, cabendo ao gerente o valor de € 7.500,00, auferindo uma remuneração mensal de € 3.000,00.

O seu filho é sócio da empresa com uma participação de 20%.

Quais as correções fiscais a efetuar?

EXERCÍCIO 4:

No final do ano t, a empresa R reconheceu como gastos dedutíveis em gratificações o valor de € 150.000, correspondente a 20% do resultado líquido do período. Ao gerente foi atribuído o montante de € 18.000, sendo o restante repartido pelos restantes empregados.

Sabendo que:

- O vencimento anual (14 meses) do gerente, no ano t, foi de € 60.000;
- O gerente detém 10% da empresa;
- As gratificações não vieram a ser pagas durante o ano $t+1$.

Qual o valor que a empresa pode considerar como gasto fiscal, respetivamente, no ano t e no ano $t+1$?

SOLUÇÕES:

EXERCÍCIO 1:

Nos termos da alínea m) do nº 1 do artigo 23º-A do Código do IRC e da Portaria nº 279/2014, de 30 de dezembro, no caso das PME'S é considerado como gasto aceite fiscalmente o valor dos juros à taxa EURIBOR a 12 meses acrescida de um *spread* de 6%. Como a empresa acordou com o sócio o pagamento de uma taxa de juro indexada à EURIBOR a 12 meses, acrescida de um *spread* de 10%, terá que acrescer ao lucro tributável o valor correspondente à diferença.

EXERCÍCIO 2:

Nestes casos, o valor aceite fiscalmente é aquele que seria aceite caso a empresa optasse por adquirir o carro. Assim teríamos 12.000 − 6.250★ = 5.750 €

★ Valor aquisição: € 25.000,00 (valor máximo aceite fiscalmente) x 25% (Taxa prevista no Decreto Regulamentar nº 25/2009, de 14 de setembro) = € 6.250,00

EXERCÍCIO 3:

Embora o gerente não seja detentor direto de nenhuma participação na sociedade, considera-se que seja, a título indireto, por via do seu filho (cf. nº 6 do artigo 23º-A do Código do IRC).

Valor da gratificação a atribuir ao gerente: € 7.500 (a ser pago ou colocado a disposição ate ao fim do ano $t+1$)

Remuneração mensal média do gerente: 3.000 X 14 : 12 = € 3.500

Limite: 3.500 x 2 = € 7.000

Valor não aceite como gasto fiscal (acresce no Quadro 07 da modelo 22): € 500 (7.500 − 7.000).

EXERCÍCIO 4:

Sendo o gerente titular de 10% do capital da sociedade, a gratificação que lhe foi atribuída fica sujeita ao limite previsto no artigo 23º-A, nº 1, alínea o).

Ordenado médio mensal: 60.000 : 12 = 5.000

Limite do gasto dedutível: 5.000 x 2 = 10.000

Gasto não dedutível para efeitos fiscais (valor a acrescer no quadro 07): € 8.000 (€ 18.000 − € 10.000).

No ano t:

A empresa só podia considerar como gasto fiscal o valor de € 10.000 (60.000 / 12 x 2).

Na declaração de rendimentos do ano $t+1$, a sociedade tinha de acrescer o IRC que deixou de ser liquidado no ano $t+1$, acrescido dos juros compensatórios por não ter pago as gratificações.

8. Imparidades de inventários e imparidades de ativos não correntes

Desenvolvimento do tema

Os inventários integram o ativo corrente das empresas, onde devem permanecer até ao reconhecimento do rédito, ou seja, até que os inventários sejam vendidos, salvo quando sejam consumidos no decurso normal da atividade ou o seu destino for o abate. O valor atribuído pelas empresas aos seus inventários tem uma importante influência nos seus resultados, sendo que o seu correto tratamento contabilístico revela-se, naturalmente, de uma grande relevância.

Assim, os inventários, dependendo da atividade exercida pela empresa, podem ser divididos como se segue:

- Mercadorias;
- Matérias-primas e subsidiárias;
- Produtos e trabalhos em curso;
- Subprodutos e resíduos;
- Produtos acabados.

O custo dos inventários deve incluir todos os custos de compra, os custos de conversão (produção transformação) e outros custos incorridos para colocar os inventários no seu local e nas suas condições atuais.

Por seu lado, os custos de compra dos inventários devem incluir o valor dos direitos de importação e outros impostos, custos de transporte, manuseamento bem como o valor dos descontos comerciais e abatimentos.

MANUAL TEÓRICO-PRÁTICO DE IRC

Já como custos de conversão consideram-se os materiais incorporados, os gastos gerais de fabrico e a mão-de-obra utilizada.

Podem ainda ser incluídos outro tipo de gastos, como por exemplo, encargos financeiros relativamente a inventários que requeiram um período alargado de tempo e quantias avultadas de dinheiro para serem construídos.

O Sistema de inventário permanente é obrigatório, desde 2016, para todas as entidades que apliquem o SNC ou as IFRS, exceto para as microentidades, empresas do setor primário e entidades que predominantemente prestem serviços e com um CMVMC (custo das mercadorias vendidas e das matérias consumidas) inferior a 300 mil € ou em que tal CMVMV seja mais de 20% dos custos operacionais[33].

Quanto às fórmulas de custeio de saída, temos:

- A identificação específica que se traduz na incorporação de custos específicos a elementos identificados de inventário. Este método é aconselhável no uso de itens segregados para um projeto específico;
- A fórmula "*first in first out*" (FIFO), a qual nos indica que o custo das mercadorias vendidas tem por base os primeiros itens dos inventários a serem comprados, de maneira a que os itens que permaneçam em armazém no fim do período sejam aqueles que foram comprados em último;
- E o custo médio ponderado, em que o custo de cada item é determinado a partir da média ponderada do custo de itens semelhantes no começo de um período e do custo de itens semelhantes comprados ou produzidos durante o período.

Por sua vez, considera-se como valor realizável líquido a quantia líquida que uma entidade espera vir a realizar com as vendas e que é igual ao preço de venda estimado no decurso ordinário da atividade da empresa, menos os custos estimados de acabamento e os necessários para realizar a venda.

No que respeita à sua mensuração, os inventários são inicialmente reconhecidos pelo custo de aquisição ou de produção, podendo, posteriormente, vir a ser mensurados ou ao custo ou ao valor realizável líquido, dos dois o que for mais baixo. Ou seja, inicialmente a mensuração dos inventários deverá ser feita ao custo de aquisição, mas se a empresa estimar que o valor de venda menos os custos estimados de acabamento e os necessários para

---

[33] Ofício-circulado n° 20193, de 27 de junho de 2016, do Gabinete da Subdiretora-Geral do IR e das Relações Internacionais.

IMPARIDADES DE INVENTÁRIOS E IMPARIDADES DE ATIVOS NÃO CORRENTES

realizar a venda são inferiores ao valor de custo deverá reduzir o valor dos inventários para o valor realizável líquido.

Em termos fiscais, a matéria referente aos inventários encontra-se prevista nos artigos 26° a 28° do Código do IRC e é muito semelhante às regras utilizadas na normalização contabilística.

O artigo 26° do Código do IRC estabelece que, para efeitos de determinação do lucro tributável, os rendimentos e gastos dos inventários são os que resultam da aplicação dos critérios de mensuração previstos no SNC que utilizem:

- Custos de aquisição ou de produção;
- Custos padrão apurados de acordo com técnicas contabilísticas que podem, no entanto ser corrigidas pela Administração Fiscal em caso de desvios significativos;
- Preços de venda deduzidos da margem normal de lucro, utilizado em setores em que é muito difícil apurar o custo de aquisição ou de produção;
- Preços de venda dos produtos colhidos de ativos biológicos no momento da colheita, deduzidos dos custos estimados no ponto de venda, excluindo os de transporte e outros necessários para colocar os produtos no mercado.

Podem, no entanto, ser utilizados outros critérios de mensuração, desde que seja solicitada autorização à Administração Fiscal até ao termo do período de tributação, indicando o critério a adotar e a justificação para a sua utilização.

A entidade deve, na data do balanço, testar o valor dos inventários para aferir se o valor pelo qual os inventários foram inicialmente mensurados (valor de custo) é superior ao seu valor realizável líquido. Se assim for, a entidade deve considerar uma perda por imparidade e reduzir o valor dos inventários para o seu valor realizável líquido, dado que os bens do ativo não devem ser registados por quantias superiores em relação à quantia que se estima vir a receber com a sua venda. O valor da imparidade corresponde, assim, à diferença entre o custo dos inventários e o seu valor realizável líquido.

Para a determinação da estimativa do valor realizável líquido dever-se-ão criar condições para a existência de provas, as mais fiáveis possíveis, que de facto demonstrem que as quantias a recuperar com a venda dos inventários são inferiores ao custo dos inventários.

Porém, quando a circunstância que ditou o ajustamento deixar de se verificar, a imparidade deve ser revertida, devendo os inventários voltar a refletir o valor mais baixo entre o custo de aquisição o seu valor realizável líquido.

Se, e quando, a circunstância que ditou o registo da imparidade deixar de se verificar a entidade deve reverter o ajustamento e voltar a mesurar os inventários pelo seu valor inicial, sendo essa reversão considerada como um rendimento para efeitos de determinação do lucro tributável.

Vejamos um exemplo:

Uma marca de telefones tem, a 31 de dezembro do ano *t*, um *stock* elevado de aparelhos que sabe que ficarão ultrapassados assim que lançar no mercado a sua mais recente criação. Admite, para escoar esse *stock*, vir a lançar, uma campanha de venda desses telefones a um preço de saldo, preço esse que será inferior ao seu preço de produção. Pela informação disponível o número de aparelhos é de 2.500 unidades a que corresponde um valor (custo de produção) de 120 € a unidade. O preço de venda estimado será de 80 € a unidade.

Indique qual o valor da perda por imparidade a criar?

Resolução:
Custo de produção total: 2.500 x 120 = 300.000 €
Preço de venda estimado: 2.500 x 80 = 200.000 €
Perda por imparidade aceite fiscalmente: 100.000 €

Exercícios

Exercício 1:
No ano *t*, a sociedade X adquiriu, por € 100.000, uma máquina para a sua atividade, que mensurou pelo custo de aquisição. A taxa de depreciação daquele equipamento, nos termos do Decreto Regulamentar nº 25/2009, é de 25% ao ano.

No ano *t+1*, a empresa registou uma perda por imparidade, não aceite fiscalmente, no valor de € 10.000.

Qual o tratamento fiscal destes acontecimentos, admitindo que o valor residual da máquina é zero?

Exercício 2:
Uma empresa adquiriu no ano *t* um equipamento, por € 50.000 que afetou ao seu ativo não corrente pelo seu valor de aquisição. A vida útil do ativo é de 5 anos, nos termos do Decreto Regulamentar nº 25/2009, de 14 de setembro.

IMPARIDADES DE INVENTÁRIOS E IMPARIDADES DE ATIVOS NÃO CORRENTES

No ano *t+2* a empresa contabilizou uma perda por imparidade não aceite fiscalmente, no valor de € 5.000.

No ano *t+4* a empresa alienou a máquina pelo valor de € 15.000.

Qual o tratamento fiscal destes acontecimentos, admitindo que o valor residual da máquina é zero e que o coeficiente de correção monetária é 1?

EXERCÍCIO 3:

A sociedade X dedica-se ao comércio a retalho de roupa. Este setor caracteriza-se, em regra, pela distinção das suas coleções em dois: outono/ /inverno e primavera/verão. O período da primeira situa-se entre os meses de setembro e janeiro e, o da segunda entre os meses de fevereiro a agosto. O que a empresa X não consegue vender da coleção de uma estação no período normal da estação, vende em período de saldos (com uma redução de 50% sobre o preço de venda ao público), antes da entrada da outra estação.

Normalmente a empresa aplica uma margem de lucro de 30% sobre o valor de compra. São os seguintes os dados relativos ao ano *t*:

Custo de aquisição da coleção de primavera/verão: 220 mil €

Vendas em época normal: 260 mil €.

Pretende-se a análise da situação da empresa relativamente aos saldos dos ativos para se aferir os eventuais ajustamentos a realizar.

EXERCÍCIO 4:

Uma empresa que se dedica ao fabrico de calças de ganga verificou, no fim do período do ano *t*, que um lote de 500 peças do seu produto estava com defeito. O custo de produção foi de € 15.000 e a empresa estima que apenas consiga vender aquele lote por € 10.000.

Qual o valor da perda por imparidade?

SOLUÇÕES:

EXERCÍCIO 1:

Ano *t*

Valor da depreciação: € 100.000 x 25% = € 25.000

Esta depreciação é aceite na totalidade para efeitos fiscais.

Ano *t+1*

Valor da depreciação: € 100.000 x 25% = € 25.000

Perda por imparidade: € 10.000

Apenas é aceite como gasto fiscal o valor da depreciação. Acresce ao lucro tributável o valor de € 10.000, relativo à perda por imparidade.

MANUAL TEÓRICO-PRÁTICO DE IRC

Ano *t+2*

Quantia depreciável: € 100.000-€ 50.000-€10.000 = € 40.000

Depreciação: € 40.000/2 = € 20.000

Valor da perda por imparidade não aceite em 2015 a dividir pelo nº de anos de vida útil que faltam − € 10.000/2 = € 5.000

A empresa pode deduzir o valor da depreciação e ainda deduzir € 5.000, referente a parte da perda por imparidade

Ano *t+3*

Depreciação: € 40.000/2 = € 20.000

A empresa pode deduzir o valor da depreciação e ainda deduzir € 5.000, referente a parte da perda por imparidade

Exercício 2:

Ano *t*

Depreciação: € 50.000/5 = € 10.000

Esta depreciação é aceite na totalidade para efeitos fiscais.

Ano *t+1*

Depreciação: € 50.000/5 = € 10.000

Esta depreciação é aceite na totalidade para efeitos fiscais.

Ano *t+2*

Depreciação: € 50.000/5 = € 10.000

Perda por imparidade: 5.000

Apenas é aceite como gasto fiscal o valor da depreciação. Acresce ao lucro tributável o valor de € 5.000, relativo à perda por imparidade

Ano *t+3*

Quantia depreciável: € 50.000-€ 30.000-€ 5.000 = € 15.000

Depreciação: € 15.000/2 = € 7.500

Valor da perda por imparidade não aceite no ano *t+2* a dividir pelo nº de anos de vida útil que faltam − € 5.000/2 = € 2.500

A empresa pode deduzir o valor da depreciação e ainda deduzir € 2.500, referente a parte da perda por imparidade. Deduz esse valor dado que o abateu no cálculo da depreciação.

Ano *t+4*

Mais-valia contabilística = 15.000 − (50.000 − 37.500 − 5.000) = 7.500

Mais-valia fiscal = 15.000 − (50.000 − 40.000) x 1 = € 5.000

Neste ano a empresa deduz o valor de € 7.500, relativo à mais-valia contabilística e acresce o valor da mais-valia fiscal, no montante de € 5.000.

IMPARIDADES DE INVENTÁRIOS E IMPARIDADES DE ATIVOS NÃO CORRENTES

EXERCÍCIO 3:

Coleção de outono/inverno:

Custo de aquisição total da coleção........ € 220.000

Vendas............................ € 260.000 (corresponde a um custo de aquisição de € 200.000)

O que restou da coleção de outono/inverno (€ 20.000), se fosse vendida no período normal, resultaria num rédito de vendas de € 26.000. Assim, o rédito das vendas será de apenas € 13.000, ou seja, resulta numa imparidade de € 7.000, que deve ser reconhecida contabilisticamente a 31 de dezembro de *t+1*. Esta perda por imparidade é aceite fiscalmente.

EXERCÍCIO 4:

A empresa pode criar uma perda por imparidade no valor de € 5.000.

9. Imparidades de créditos

Síntese

- Se a dívida de um cliente é considerada de cobrança duvidosa (em mora), a empresa pode realizar imparidades de créditos, que serão aceites como gastos fiscais se realizadas de acordo com as regras do IRC.
- Apenas serão aceites imparidades de créditos que resultem da atividade normal da empresa, incluindo os juros pelo atraso no pagamento.
- Em função do tempo de mora (a 31 de dezembro de cada período de tributação ou no final deste se for diferente do ano civil), a empresa pode realizar as seguintes imparidades:]6-12 meses]: 25%;]12-18 meses]: 50%;]18-24 meses]: 75%; mais de 24 meses: 100%. Note-se que estes valores são o limite da imparidade.
- Em cada período de tributação, a empresa apenas pode considerar como imparidade do exercício (para efeitos fiscais), o limite menos o valor já realizado em imparidades em anos anteriores (relativo a cada dívida, naturalmente).
- Dívidas sobre o Estado, créditos cobertos por seguros, créditos sobre pessoas singulares ou coletivas em "relação especial" com a empresa não podem ser sujeitos a imparidades fiscais, independentemente do tempo de mora da dívida.
- Dívidas em processo de insolvência ou dívidas reclamadas em tribunal podem ser objeto de imparidade a 100%, independentemente do tempo de mora.
- Se a Imparidade contabilística > Imparidade Fiscal, a diferença acresce à Matéria Coletável.

MANUAL TEÓRICO-PRÁTICO DE IRC

- Se a Imparidade contabilística < Imparidade Fiscal, não há correção fiscal mas perde o benefício nos anos seguintes.
- Se a dívida for paga, a imparidade é anulada, devendo ser considerada como ganho.

Desenvolvimento do tema

Independentemente dos ajustamentos que sejam feitos à luz da NCRF 18 (Inventários) ou NCRF 12 (Imparidade de ativos), para efeitos fiscais, nos termos da alínea a) do n° 1 do artigo 28°-A e do n° 1 do artigo 28°-B do Código do IRC, apenas são aceites as perdas por imparidade de créditos, com referência ao fim do período de tributação e que preencham, simultaneamente, três requisitos:

- Respeitem a créditos resultantes da atividade normal, ou seja, aquele que resulta das atividades principais e recorrentes da empresa[34];
- O risco de incobrabilidade se considere justificado; [35]
- Estejam evidenciados na contabilidade como créditos de cobrança duvidosa[36].

As imparidades para cobrança duvidosa são realizadas em função do tempo da dívida. Contudo, a mora conta-se a partir da data em que a dívida está em vencimento e não a partir da data da fatura (sendo obrigatório a empresa elaborar um balancete de saldo de clientes).

Período em mora	Valor do limite da imparidade
]0, 6 meses]	0%
]6, 12 meses]	25%
]12, 18 meses]	50%
]18, 24 meses]	75%
Mais de 24 meses	100%

[34] Excluem-se as operações financeiras, tais como adiantamentos, rendimentos de imóveis ou de participações de capital. Desde 2014, os juros de mora passaram a estar incluídos no montante de dívida a considerar para efeitos de imparidades.

[35] O risco de incobrabilidade, refere o n° 1 do artigo 28-B° do Código do IRC, que tal risco se considera verificado nos seguintes casos: *"a) O devedor tenha pendente processo de insolvência e de recuperação de empresas ou processo de execução; b) Os créditos tenham sido reclamados judicialmente; c) Os créditos estejam em mora há mais de seis meses desde a data do respectivo vencimento e existam provas objectivas de imparidade e de terem sido efectuadas diligências para o seu recebimento".*

[36] Embora a Comissão de Normalização Contabilística não considere obrigatório, o normal é que se evidencie estas dívidas numa conta específica, de *"créditos de cobrança difícil ou duvidosa".*

IMPARIDADES DE CRÉDITOS

Saliente-se que, no que respeita a dívidas em que exista processo especial de revitalização (PER) quando for celebrado e depositado, na Conservatória do Registo Comercial, acordo sujeito ao Regime Extrajudicial de Recuperação de Empresas (RERE)[37] ou processo de execução, de falência ou insolvência sobre o devedor, bem como créditos reclamados judicialmente ou em tribunal, a empresa pode registar uma imparidade de 100%, independentemente do tempo de mora decorrido (artigo 41º).

Não são contudo aceites as seguintes dívidas, nos termos do nº 3 do mesmo artigo 28º-B:

"a) Os créditos sobre o Estado, Regiões Autónomas e autarquias locais ou aqueles em que estas entidades tenham prestado aval;

b) Os créditos cobertos por seguro, com exceção da importância correspondente à percentagem de descoberto obrigatório, ou por qualquer espécie de garantia real;

c) Os créditos sobre pessoas singulares ou coletivas que detenham mais de 10% do capital da empresa ou sobre membros dos seus órgãos sociais, salvo nos casos previstos nas alíneas a) e b) do nº 1;

d) Os créditos sobre empresas participadas em mais de 10% do capital, salvo nos casos previstos nas alíneas a) e b) do nº 1".

Nota: as últimas duas alíneas são designadas por "relações especiais".

O Código de IRC refere, contudo, que devem existir elementos objetivos de diligências no sentido de cobrar a dívida, tais como cartas, *faxes* ou emails. Adicionalmente, as empresas têm de elaborar um balancete de antiguidade dos saldos por cliente a 31 de dezembro de cada ano.

Assim, tomemos o seguinte exemplo de apuramento das imparidades aceites fiscalmente:

Dívida de 1.000€, considerada em mora a 1 de junho do ano *t*.

– A 31/12/ ano *t*, teremos 7 meses em mora, pelo que o limite é de 25%. A empresa pode registar uma imparidade de 250€.

---

[37] O acordo sujeito ao RERE tem de cumprir com o disposto no nº 3 do artigo 27º do RERE e do mesmo resulte o não pagamento definitivo do crédito. O RERE (ou Regime Extrajudicial de Recuperação de Empresas) foi criado pela Lei nº 8/2018, de 2 de março, com vista a "regular os termos e os efeitos das negociações e do acordo de reestruturação que seja alcançado entre um devedor e um ou mais dos seus credores, na medida em que os participantes manifestem, expressa e unanimemente, a vontade de submeter as negociações ou o acordo de reestruturação ao regime previsto na presente lei".

MANUAL TEÓRICO-PRÁTICO DE IRC

- A 31/12/ ano *t+1*, teremos 19 meses, pelo que o limite é de 75%. Contudo, isso não significa que a empresa possa registar de imparidades 750€. Esse valor é o limite máximo da conta de imparidades, mas como a empresa já registou, ano *t*, um valor de 250€, agora apenas pode registar a diferença desse valor para o limite, ou seja, pode registar 500€ (ou seja, o limite é o stock da conta, sendo o valor da imparidade aceite fiscalmente em cada ano o fluxo).
- A 31/12/ ano *t+2*, temos 31 meses, pelo que o limite é de 100%. Tal como em *t+1*, a empresa apenas pode registar a diferença do saldo acumulado na conta de imparidades (que agora é de 1.000€) e o limite, podendo assim registar como custo fiscal no ano *t+2* o valor de 250€.

Assim, para efeitos de apuramento do lucro tributável, temos [38]:

- Se a Imparidade contabilística> Imparidade Fiscal – A diferença acresce à Matéria Coletável, mas é recuperável nos anos seguintes.
- Se a Imparidade contabilística <Imparidade Fiscal – Não há correção, mas perde a possibilidade de no futuro registar a diferença como imparidades fiscais.

---

[38] Sempre que se verificar a inclusão neste campo de valores reconhecidos no resultado contabilístico do período não aceites para efeitos fiscais, a administração fiscal permite que, nesses casos, à medida que forem sendo fiscalmente aceites valores superiores, não aceites nos períodos em que foram reconhecidos na contabilidade, o sejam posteriormente, mediante a dedução no quadro 07 da declaração modelo 22. Trata-se mais uma vez de uma diferença temporária, cujo efeito fiscal acaba por ser anulado em períodos fiscais posteriores. Nos casos inversos, em que não tenham sido reconhecidas perdas por imparidade, ou ajustamentos até aos limites que seriam fiscalmente aceites, nada impede que o sejam mais tarde, sem prejuízo de a administração fiscal poder proceder às correções que entender adequadas, quando fundamentadamente demonstrar que tal procedimento visou apenas intenção de evasão fiscal. É neste sentido que aponta o Oficio nº 2248, da Direção de Serviços do IRC, de 19 de janeiro de 1998, o qual poderá manter atualidade.

IMPARIDADES DE CRÉDITOS

Exercícios

EXERCÍCIO 1:
Caso Prático de Imparidades

Entidade	Valor dívida	Data Mora	Imparidades 2016	Imparidades 2017	Imparidades 2018	Imparidades aceites fiscalmente 2018	Correção 2018
Empresa X	10.000	1-4-2017	0	2.500	7.500		
Empresa Y	5.000	1-3-2017	0	0	2.500		
Empresa Z	20.000	1-8-2018	0	0	5.000		
Ministério da Economia	10.000	1-4-2016	0	0	10.000		
Sócio com 5% capital	5.000	1-4-2016	0	0	5.000		

EXERCÍCIO 2:
Uma empresa que em 2018 tenha na conta de imparidades um valor de 200.000€, quanto poderá considerar como aceite fiscalmente, considerando a seguinte estrutura das dívidas:
Cliente A, em mora há 13 meses: 50 mil
Cliente B (participado em 11% pela empresa): 40 mil
Cliente C, em mora há mais de 24 meses: 100 mil
Empréstimo a um ex-colaborador, em mora há 8 meses: 50 mil

EXERCÍCIO 3:
Na contabilidade da sociedade X foram contabilizadas, no ano t, as seguintes perdas por imparidade:
Dividas a receber (Clientes evidenciados como de cobrança duvidosa e que comprovadamente foram feitas diligências pela empresa para recuperar a dívida):
Sociedade ABC (participada em 50% pela sociedade X), em mora há 25 meses: 120.000,00
– Sociedade XYZ, em mora há 17 meses: 60.000,00
Outros devedores e credores (empréstimo concedido):
Administrador da empresa, em mora há 10 meses: 40.000,00 €
Aplicações Financeiras (Ações Banco TTT): 80.000,00€
Qual o montante que pode ser aceite como gasto fiscal a título de perdas por imparidade?

Soluções:

Exercício 1

Entidade	Valor dívida	Data Mora	Imparidades 2016	Imparidades 2017	Imparidades 2018	Imparidades aceites fiscalmente 2018	Correção 2018
Empresa X	10.000	1-4-2017	0	2.500	7.500	5.000	2.500
Empresa Y	5.000	1-3-2017	0	0	2.500	2.500	0
Empresa Z	20.000	1-8-2018	0	0	5.000	0	5.000
Ministério da Economia	10.000	1-4-2016	0	0	10.000	0	10.000
Sócio com 5% capital	5.000	1-4-2016	0	0	5.000	1.250	3.750

Exercício 2:

Pode realizar imparidades de 50% do cliente A e 100% do cliente C, pelo que o valor aceite fiscalmente é de 125 mil €. Não pode realizar imparidades fiscais relativas ao Cliente B (dado que a participação é superior a 10%) e não pode fazer a imparidade da dívida do ex-colaborador, dado que não resulta da atividade normal da empresa.

Acresce 75 mil € no Q7 da Modelo 22.

Exercício 3:

Perdas por imparidade não aceites:
- Crédito sobre a sociedade ABC: empresa participada em mais de 10%.
- Crédito sobre Administrador: por não resultar da atividade normal.
- Perdas por imparidade de investimentos financeiros: não aceite em termos fiscais por não estar prevista na alínea a) do nº 1 do artigo 28º-A.

A empresa terá que acrescer, ao lucro tributável do ano t, o valor de € 240.000.
- Crédito sobre XYZ: considera-se como gasto o valor correspondente a 50% de € 60.000,00, ou seja, € 30.000,00, se no ano anterior não existiam provas objetivas de imparidade e diligências para o seu recebimento.

Montante aceite como gasto fiscal = € 30.000,00

10. Depreciações

Síntese

- Apenas para elementos do ativo não corrente (fixo) sujeitos a depreciação.
- Métodos de cálculo: método da linha reta (outrora designado por quotas constantes), método das quotas decrescentes ou outro aceite pela AT.
- O método das Quotas decrescentes não é aplicável a: bens adquiridos em estado de uso; edifícios; viaturas ligeiras de passageiros ou mistas; mobiliário e equipamentos sociais.
- Taxas de depreciação: Decreto Regulamentar nº 25/2009, de 14 de setembro.
- Elementos de valor inferior a 1.000€ podem ser depreciados num só ano.
- As despesas em I&D também podem ser depreciadas num ano, exceto se efetuadas por terceiros mediante contrato
- Mensuração: Pelo preço de aquisição/produção, valor de revalorização ou valor de mercado, se não houver outro.
- Atenção ao artigo 33º, nº 1: Depreciações não aceites como custo.
- Para cada bem é obrigatório o uso do mesmo método desde o início do funcionamento até ao final.
- Pode variar-se entre a quota mínima e a quota máxima no método da linha reta (antes designado por método das quotas constantes).
- Se a Depreciação contabilística > Depreciação Fiscal: a diferença acresce à Matéria Coletável, mas é recuperável nos anos seguintes.
- Se a Depreciação contabilística < Depreciação Fiscal: não há qualquer correção, mas perde a possibilidade de no futuro amortizar a diferença.

- Podem ser feitas desvalorizações excecionais por causas anormais, se comprovadas e aceites pela DGCI.

Desenvolvimento do tema

Para efeitos fiscais, a utilização das depreciações obriga a conjugar o disposto no Código do IRC (subsecção III, artigos 29° a 34 do Código do IRC), com o Decreto Regulamentar n° 25/2009, de 14 de setembro, alterado pelo Decreto Regulamentar n° 4/2015, de 22 de abril.

Nos termos do n° 1 do artigo 1° deste decreto regulamentar, *"podem ser objeto de depreciação ou amortização os elementos do ativo sujeitos a deperecimento, considerando-se como tais os ativos fixos tangíveis, os ativos intangíveis e as propriedades de investimento contabilizadas ao custo histórico que, com carácter sistemático, sofrerem perdas de valor resultantes da sua utilização ou do decurso do tempo"*.

As depreciações ou amortizações irão incidir sobre o custo de produção ou de aquisição do ativo. Enquanto este último é o respetivo preço de compra, acrescido dos gastos acessórios suportados até à sua entrada em funcionamento ou utilização, o custo de produção de um ativo obtém-se adicionando ao custo de aquisição das matérias-primas, de consumo e da mão-de-obra direta, os outros custos diretamente imputáveis ao produto considerado, assim como a parte dos custos indiretos respeitantes ao período de construção ou produção que, de acordo com o sistema de custeio utilizado, lhe seja atribuível.

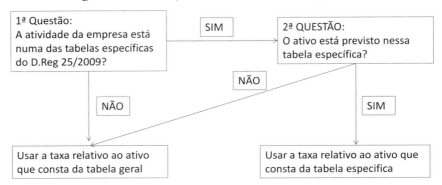

Figura 6 – Utilização das tabelas do D.Reg 25/2009

DEPRECIAÇÕES

São também considerados no custo de aquisição/produção os custos dos empréstimos obtidos (incluindo as diferenças de câmbios) se relativos ao período anterior à entrada em funcionamento do ativo (se superior a 1 ano).

Nos termos do Código do IRC estão previstos dois métodos para depreciação dos ativos: método da linha reta e o método das quotas decrescentes.

O método regra é, conforme dispõe o nº 1 do artigo 30º, o método da linha reta, em que o valor da depreciação anual é calculado multiplicando o valor a depreciar (valor de aquisição / produção − valor residual) pela taxa de depreciação.

As taxas utilizadas deverão ser iguais ou inferiores às taxas previstas nas tabelas anexas ao Decreto Regulamentar para o respetivo ativo, com o limite de metade daquela taxa (embora possa ser aceite uma depreciação inferior a metade, desde que comunicado e justificado à AT). Note-se que as quotas perdidas devem ser evidenciadas na Modelo 32, sendo consideradas, como veremos mais à frente neste livro, no cálculo das mais e menos valias.

Ainda quanto à determinação da taxa, deverá recorrer-se preferencialmente às taxas específicas previstas nas tabelas anexas ao Decreto Regulamentar, em função da atividade desenvolvida (Tabela 1) e só subsidiariamente, às taxas genéricas (Tabela II). Ou seja, na utilização das tabelas deve seguir-se o método ilustrado na Figura 6.

Contudo, existe a possibilidade de aplicação do regime intensivo de utilização dos ativos depreciáveis. Ou seja, a possibilidade de aplicação de um acréscimo às taxas normais de amortização, de 25% no caso de laboração em dois turnos e de 50% no caso de ser superior a dois turnos. Também de salientar que, relativamente aos bens adquiridos em estado de uso, as taxas de reintegração são calculadas com base no correspondente período de utilidade esperada, suscetível de correção quando inferior ao que objetivamente deveria ter sido estimado, sendo certo que é necessário conhecer o ano em que pela primeira vez tiverem entrado em funcionamento e o número de anos já decorrido.

Exemplo de depreciações pelo método da linha reta:

Se um equipamento é adquirido por 1.000€, sem valor residual, e com uma taxa de depreciação de 20%, a depreciação anual aceite fiscalmente é de 200 € (1.000*20%). O mesmo bem, se tiver um valor residual de 100€, terá uma depreciação anual de 180€ [(1.000-100) * 20%].

Como método alternativo, prevê-se a utilização do método das quotas decrescentes, que pode ser aplicável aos ativos fixos tangíveis novos, adqui-

MANUAL TEÓRICO-PRÁTICO DE IRC

ridos a terceiros ou construídos ou produzidos pela própria empresa, e que não sejam: a) Edifícios, b) Viaturas ligeiras de passageiros ou mistas, exceto quando afetas à exploração de serviço público de transportes ou destinadas a ser alugadas no exercício da atividade normal do sujeito passivo, c) Mobiliário e equipamentos sociais.

No caso da utilização do método das quotas decrescentes, aplicam-se os seguintes coeficientes:
- Se a amortização ocorrer entre 1 e 4 anos (inclusive): 1,5;
- Se a amortização ocorrer entre 5 e 6 anos: 2;
- Se a amortização ocorrer durante mais de 6 anos: 2,5.

EXEMPLO DE DEPRECIAÇÕES PELO MÉTODO DAS QUOTAS DECRESCENTES:

Se uma empresa adquirir, no ano *t,* um equipamento por 100.000€, sujeito a depreciação por um período de 5 anos (taxa de 20%), como proceder à amortização, utilizando o método das quotas decrescentes?

SOLUÇÃO:

Aplicando o coeficiente de 2, temos uma taxa de amortização anual de 40%

ANO	CÁLCULO	QUOTA ANUAL	VALOR LÍQUIDO CONTABILÍSTICO
Ano *t*	100.000*40%	40.000 €	60.000 €
Ano *t+1*	60.000*40%	24.000 €	36.000 €
Ano *t+2*	36.000*40%	14.400 €	21.600 €
Ano *t+3*	21.600*40%	8.640 €	12.960 €
Ano *t+4*	12.960*40%	5.184 €	7.776 €

Todavia, quando o valor da depreciação, pelo método das quotas decrescentes, for inferior ao valor da depreciação pelo número de anos que falta para depreciar totalmente o ativo, aplica-se a regra da divisão do valor residual pelo número de anos que falta depreciar:

ANO	CÁLCULO	QUOTA ANUAL	VALOR LÍQUIDO CONTABILÍSTICO
Ano *t*	100.000*40%	40.000 €	60.000 €
Ano *t+1*	60.000*40%	24.000 €	36.000 €
Ano *t+2*	36.000*40%	14.400 €	21.600 €
Ano *t+3*	21.600:2	10.800 €	10.800 €
Ano *t+4*	10.800 €	10.800 €	0.00 €

Como se pode observar, as quotas a considerar no ano *t+3* e no ano *t+4* serão de 10.800€ em cada ano.

DEPRECIAÇÕES

Admite-se, ainda, a possibilidade de utilização de outros métodos de depreciação e amortização para efeitos fiscais, que não o método da linha reta ou das quotas decrescentes, sempre que a natureza do deperecimento ou a atividade económica o justifiquem e sejam aceites pela Autoridade Tributária e Aduaneira, mediante requerimento prévio apresentado para o efeito. Este requerimento só é obrigatório no caso de o método em causa conduzir a quotas de depreciação / amortização que excedam as quotas utilizadas no método de linha reta ou no método das quotas decrescentes, de acordo com o disposto no artigo 31º do Código do IRC.

Exemplo:

Uma empresa adquiriu uma máquina para a sua fábrica, no ano t, pelo valor de 100 000 €. A taxa de amortização é de 20%, pelo que o período mínimo de vida útil é de 5 anos e o período máximo de vida útil de 10 anos correspondendo a este uma quota mínima de 10%.

Suponhamos que a empresa tinha procedido à amortização da máquina do seguinte modo:
- Ano t 100 000 € X 20% = 20 000 €
- Ano $t+1$ 100 000 € X 15% = 15 000 €
- Ano $t+2$ 100 000 € X 8% = 8 000 €
- Ano $t+3$ 100 000 € X 20% = 20 000 €
- Ano $t+4$ 100 000 € X 20% = 20 000 €
- Ano $t+5$ 100 000 € X 17% = 17 000 €

Ora, verifica-se que, no ano $t+2$, a empresa utilizou uma quota de depreciação que é inferior à quota mínima, perdendo, por isso, a possibilidade de considerar como custo, para efeitos fiscais, em exercícios futuros, o valor de 2 000 € correspondente a 2% (10% − 8%), que, neste caso, seria corrigido no ano $t+5$. (É neste exercício que a empresa ultrapassa os 100% de amortização, sendo de proceder à respetiva correção, uma vez que, em $t+2$, apesar de ter considerado a taxa de 8% é como tivesse amortizado a 10%).

Assim, para efeitos de apuramento do lucro tributável[39]:
- Se a Depreciação contabilística > Depreciação Fiscal: a diferença acresce à Matéria Coletável, mas é recuperável nos anos seguintes.

---

[39] As taxas perdidas acumuladas de um ativo devem ser indicadas na coluna 14 do mapa de depreciações e amortizações modelo 32. Saliente-se, como veremos mais à frente, que no cálculo das mais e menos valias estas quotas perdidas não podem ser recuperadas, pelo que não devem ser usadas no cálculo das mais e menos valias.

MANUAL TEÓRICO-PRÁTICO DE IRC

- Se a Depreciação contabilística < Depreciação Fiscal: não há correção, mas perde a possibilidade de no futuro amortizar a diferença.

Contudo, devemos ainda atender a algumas regras específicas relativamente às depreciações necessárias para efeitos do imposto em análise:

- Elementos de reduzido valor: os elementos do ativo sujeitos a deperecimento, cujos custos unitários de aquisição ou de produção não ultrapassem 1.000,00 euros, podem ser totalmente depreciados ou amortizados num só período de tributação, devendo constar dos mapas das depreciações e amortizações pelo seu valor global, numa linha própria para os elementos adquiridos ou produzidos em cada período de tributação, com esta designação, elementos estes cujo período máximo de vida útil se considera, para efeitos fiscais, de um ano.
- Projetos de desenvolvimento: as despesas com projetos de desenvolvimento podem ser consideradas como gasto fiscal no período de tributação em que sejam suportadas.
- Edifícios: relativamente à depreciação dos edifícios, caso o valor do mesmo não esteja separado entre a conta de terrenos e a conta de edifícios, uma vez que apenas os últimos podem ser objeto de depreciação fiscal, deve-se acrescer 25% do valor da depreciação contabilística no Quadro 7 da Modelo 22. Contudo, o Decreto Regulamentar nº 25/2009, de 14 de setembro, eliminou a exigência de evidenciar separadamente na contabilidade a parte do valor dos imóveis correspondentes ao terreno, transferindo-se essa exigência para o processo de documentação fiscal.
- Viaturas ligeiras de passageiros: a não-aceitação como gasto das depreciações de viaturas ligeiras de passageiros e mistas cujo custo de aquisição ultrapasse o montante definido na Portaria nº 467/2010, de 7 de julho, por imposição da alínea e) do nº 1 do artigo 34º do Código do IRC.

Descrição	Período de tributação anterior a 1-1-2010	Período de tributação iniciado em, ou a partir de 1-1-2010	Período de tributação iniciado em, ou a partir de 1-1-2011	Período de tributação iniciado em, ou a partir de 1-1-2012
Viaturas ligeiras de passageiros ou mistas convencionais	29.927,87	40.000,00	30.000,00	25.000,00
Viaturas ligeiras de passageiros ou mistas exclusivamente elétricas	29.927,87	40.000,00	45.000,00	50.000,00

DEPRECIAÇÕES

Para 2018, mantêm-se em vigor os atuais limites à dedutibilidade dos gastos com depreciações de viaturas ligeiras de passageiros ou mistas adquiridas até 31 de dezembro de 2014, tendo sido estabelecidos novos limites relativamente às viaturas adquiridas nos períodos de tributação que se iniciem em ou após 1 de janeiro de 2015, com as seguintes particularidades:

- Viaturas movidas exclusivamente a energia elétrica: € 62.500;
- Viaturas híbridas *plug-in*: € 50.000;
- Viaturas movidas a GPL ou GNV: € 37.500; e
- Restantes viaturas: € 25.000.

Salienta-se, ainda, a alteração, em 2012, do artigo 29° do Código do IRC (Elementos depreciáveis ou amortizáveis) e do artigo 1° do Decreto Regulamentar n° 25/2009, de 14 de setembro (Condições gerais de aceitação das depreciações e amortizações), segundo os quais passaram a ser aceites como gastos as depreciações e amortizações praticadas sobre os ativos biológicos que não sejam consumíveis (de produção), contabilizados ao custo histórico que, com caráter sistemático, sofram perdas de valor resultantes da sua utilização ou do decurso do tempo.

Por sua vez, não são aceites para efeitos do apuramento do lucro tributável, as seguintes depreciações:

- Que sejam praticadas em anos posteriores ao tempo máximo de vida útil do bem.
- De barcos de recreio e aviões de turismo, exceto se a empresa tiver como atividade o serviço público de passageiros ou de aluguer.

RELOCAÇÃO FINANCEIRA:

Nos termos do artigo 25° do Código do IRC, as operações de relocação financeira não tem qualquer impacto no apuramento do lucro fiscal, nem no apuramento das depreciações fiscais, conforme quadro abaixo:

TIPO DE OPERAÇÃO	CONSEQUENCIAS AO NÍVEL FISCAL
RELOCAÇÃO FINANCEIRA	O locatário não apura qualquer resultado para efeitos fiscais Mantém-se para o bem o mesmo regime de depreciações
VENDA COM LOCAÇÃO DE RETOMA – LEASEBACK ATIVOS NÃO CORRENTES	O locatário não apura qualquer resultado para efeitos fiscais Mantém-se para o bem o mesmo regime de depreciações

MANUAL TEÓRICO-PRÁTICO DE IRC

Exercícios

1) Caso prático de depreciações – ano 2018, usando o método da linha reta

Equipamento	Ano aquisição	Valor aquisição	Valor residual	Depreciação 2018	Taxa Depreciação	Deprec. Fiscal	Correção MC
Automóvel (não é elétrico)	2015	65.000	0	16.250	25%		
Edifício industrial	2012	1.000.000	100.000	50.000	5%		
Computadores	2016	50.000	0	16.665	33.3%		
Equipamentos formação profissional	2012	30.000	0	4.998	16.66%		
Avião particular	2014	500.000	50.000	100.000	20%		

2) Caso prático de depreciações (nota: ano de 2018 para depreciações do exercício. Depreciações acumuladas são até 2018, inclusive). Use a tabela de "bebidas alcoólicas" e o método da linha reta

Equipamento	Ano Aquisição	Valor Aquisição	Valor Residual	Taxa Depreciação	Depreciação Exercício	Depreciação Acumulada
Automóvel	2015				5.000	20.000
Cuba de vinho em madeira	2005	10.000			571,2	
Cuba de vinho metálica		15.000	3.000		799,2	8.791,2
Computadores	2016	3.000	0			
Ferramentas e utensílios	2016	5.000			1.250	**3.750**
Maquinaria específica	2008	20.000	1.000		2.375	26.125
Alambique	2006		0		667	8.658
Edifício industrial	2001	500.000			21.000	378.000
Reservatório de água de superfície	2001	50.000	0		2.500	45.000
Instalações de depósito em betão	2003		5.000		1.250	
Balança	2012	2.000	0	12.5%	250	1.750

DEPRECIAÇÕES

3) Qual o valor da depreciação no último ano de um ativo com Valor de aquisição de 100.000 e Valor Residual de 0 (zero) e taxa de amortização de 25%, utilizando as quotas decrescentes? (construa o quadro para todos os anos)

4) Complete o quadro de depreciações, usando o método da linha reta

Equipamento	Ano aquisição	Valor aquisição	Valor residual	Taxa Depreciação	Depreciação 2018	Depreciação acumulada 2018
A	2011		4.000	10%	1.600	
B		500.000		2%	9.000	324.000
C	2015	10.000	0	25%		10.000
D	2004	30.000	1.000		1.931,4	
E	2012	10.000		5%	500	3.500

5) No encerramento das contas de 2018 (a 31/12), a empresa Quelhas Lda., com atividade de consultoria, tinha o seguinte ativo fixo tangível:

ACTIVO FIXO	Taxa Depreciação	Valor Aquisição	Valor residual	Ano Aquisição
Edifício sede	2%	400.000	50.000	2008
Equipamento escritório	16,66%	20.000	0	2013
Computadores	33,33%	5.000	0	2016
Telemóveis	33,33%	400	0	2017
Automóvel	25%	20.000	0	2015

Sabendo que a empresa usa o método da linha reta para todos os ativos, qual o valor:
a) Das depreciações fiscais do período
b) Das depreciações fiscais acumuladas (incluindo 2018)

6) Construa o quadro de depreciações, seguindo o método das quotas decrescentes, de um equipamento industrial, com um valor aquisição de 50.000 e um valor residual de 4.000 e com uma taxa de amortização de 16,66%.

MANUAL TEÓRICO-PRÁTICO DE IRC

7) O mesmo quadro mas sem valor residual

8) Qual o valor da amortização no último ano de um ativo com Valor de aquisição de 100.000 e Valor Residual de 0 (zero) e taxa de amortização de 20%, utilizando as quotas decrescentes?

Soluções:

1)

Equipamento	Ano aquisição	Valor aquisição	Valor residual	Depreciação 2018	Taxa Depreciação	Depreciação Fiscal	Correção MC
Automóvel	2015	65.000	0	16.250	25%	6.250	10.000
Edifício industrial	2012	1.000.000	100.000	45.000	5%	33.750	16.250
Computadores	2016	50.000	0	16.665	33.3%	16.665	0
Equipamentos formação profissional	2012	30.000	0	4.998	16.66%	0	4.998
Avião particular	2014	500.000	50.000	100.000	20%	0	100.000

2)

Equipamento	Ano Aquisição	Valor Aquisição	Valor Residual	Taxa Depreciação	Depreciação Exercício	Depreciação Acumulada
Automóvel	2015	**20.000**	**0**	25%	5.000	20.000
Cuba de vinho em madeira	2005	10.000	**2.000**	7.14%	571,2	**7.996,8**
Cuba de vinho metálica	**2008**	15.000	3.000	6.66%	799,2	8.791,2
Computadores	2016	3.000	0	33.33%	**999,9**	**2.999,7**
Ferramentas e utensílios	2016	5.000	**0**	25%	1.250	**3.750**
Maquinaria específica	2008	20.000	1.000	12.5%	2.375	26.125
Alambique	2006	**10.000**	0	6.66%	667	8.658
Edifício industrial	2001	500.000	**80.000**	5%	21.000	378.000
Reservatório de água de superfície	2001	50.000	0	5%	2.500	45.000
Instalações de depósito em betão	2003	**30.000**	5.000	5%	1.250	**20.000**
Balança	2012	2.000	0	12.5%	250	1.750

DEPRECIAÇÕES

3)

Ano	VR inicio	Coeficiente	Depreciação	Depreciação Acumulada	VR final
t	100.000	0.38	37.500	37.500	62.500
$t+1$	62.500	0.38	23.437,5	60.937,5	39.062,5
$t+2$	39.062,5	0.50	19.531,25	80.468,75	19.531,25
$t+3$	19.531,25	-----	19.531,25	100.00	0

4)

Equipamento	Ano aquisição	Valor aquisição	Valor residual	Taxa Depreciação	Depreciação 2018	Depreciação acumulada 2018
A	2011	**20.000**	4.000	10%	1.600	**12.800**
B	**1983**	500.000	**50.000**	2%	9.000	324.000
C	2015	10.000	0	25%	**2.500**	10.000
D	2004	30.000	1.000	**6,66%**	1.931,4	**28.971**
E	2012	10.000	**0**	5%	500	3.500

5)
a) Das depreciações do período

Ativo	Depreciação período
Edifício sede	5.250 €
Equipamento escritório	3.332 €
Computadores	1.666 €
Telemóveis	133 €
Automóvel	5.000 €

b) Das depreciações acumuladas

Ativo	Depreciações acumuladas
Edifício sede	57.750 €
Equipamento escritório	20.000 €
Computadores	5.000 €
Telemóveis	266 €
Automóvel	20.000€

MANUAL TEÓRICO-PRÁTICO DE IRC

6)

PERÍODO TRIBUTAÇÃO	VALOR CONTABILÍSTICO	DEPRECIAÇÃO ANUAL	DEPRECIAÇÃO ACUMULADA	VALOR LIQ CONTABILÍSTICO
2011	46.000 €	15.331,80 €	15.331,80 €	30.668,20 €
2012	30.668,20 €	10.221,71 €	25.553,51 €	20.446,49 €
2013	20.446,49 €	6.814,82 €	32.368,33 €	13.631,67 €
2014	13.631,67 €	4.543,43 €	36.911,76 €	9.088,24 €
2015	9.088,24 €	4.544,12 €	41.455,88 €	4.544,12 €
2016	4.544,12 €	4.544,12 €	46.000,00 €	–

7)

PERÍODO TRIBUTAÇÃO	VALOR CONTABILÍSTICO	DEPRECIAÇÃO ANUAL	DEPRECIAÇÃO ACUMULADA	VALOR LIQ CONTABILÍSTICO
2011	50.000,00 €	16.665,00 €	16.665,00 €	33.335,00 €
2012	33.335,00 €	11.110,55 €	27.775,55 €	22.224,45 €
2013	22.224.45 €	7.407,41 €	35.182,96 €	14.817,04 €
2014	14.817.04 €	4.938,52 €	40.121,48 €	9.878,52 €
2015	9.878,52 €	4.939,26 €	45.060,74 €	4939.26 €
2016	4.939.26 €	4.939,26 €	50.000,00 €	–

8)

PERÍODO TRIBUTAÇÃO	VALOR CONTABILÍSTICO	DEPRECIAÇÃO ANUAL	DEPRECIAÇÃO ACUMULADA	VALOR CONTABILÍSTICO
2011	20.000 €	8.000 €	8.000 €	12.000 €
2012	12.000 €	4.800 €	12.800 €	7.200 €
2013	7.200 €	2.880 €	15.680 €	4.320 €
2014	4.320 €	2.160 €	17.840 €	2.160 €
2015	2.160 €	2.160 €	20.000 €	–

11. Realizações de utilidade social

Síntese

- Gastos com benefícios sociais aos trabalhadores são aceites como custo (e em alguns casos com majoração), desde que tenham um caráter universal e não sejam considerados rendimentos de trabalho.
- Despesas com seguros de saúde e vida e contribuições para fundos de pensões são aceites como gasto fiscal, até 15% da despesa com pessoal, ou 25% se os trabalhadores não tiverem direito à Segurança Social.
- Donativos e mecenato, são aceites como custo fiscal, com majoração, dentro de limites estabelecidos no EBF.
- Todos estes gastos são considerados como gastos fiscais desde que, naturalmente, cumpram os requisitos gerais dos artigos 23º e 23º-A do Código do IRC.

Desenvolvimento do tema

Gastos das empresas:

São considerados como gastos os suportados com a manutenção facultativa de apoios sociais aos trabalhadores, familiares e reformados (creches, cantinas, bibliotecas e escolas), desde que tenham carácter geral e não tenham a natureza de rendimentos de trabalho.

No mesmo sentido, são tidos como gastos as depreciações e as rendas de imóveis relativos à manutenção facultativa de creches, lactários, jardim--de-infância, cantinas, bibliotecas e escolas, feitas em benefício do pessoal,

MANUAL TEÓRICO-PRÁTICO DE IRC

reformados ou familiares, bem como outras realizações de utilidade social. Os benefícios devem ser estabelecidos segundo um critério objetivo e idêntico para todos os trabalhadores ainda que não pertencentes à mesma classe profissional, salvo em cumprimento de instrumentos de regulamentação coletiva de trabalho. Estes gastos, incluindo as depreciações e rendas, quando digam respeito a creches, lactários e jardins-de-infância, têm uma majoração de 40% para efeitos do cálculo do lucro tributável, majoração essa que deve ser incluída no Quadro 7 da Modelo 22.

São também aceites como gastos as despesas com seguros (vida, saúde, e acidentes pessoais) e contribuições para Fundos de Pensões, desde que não ultrapassem os 15% das despesas com o pessoal (isto é, todas as remunerações sujeitas a descontos legais) ou 25% se os trabalhadores não tiverem direito a reforma da Segurança Social, e garantam exclusivamente benefícios de reforma/pré-reforma ou saúde/invalidez pós emprego (desde que cumpridos os requisitos cumulativos do nº 4 do artigo 43º).

Também os gastos com os passes sociais atribuídos com caráter geral aos seus trabalhadores são aceites para efeitos de IRC, independentemente de constituírem rendimento em sede de IRS, na esfera do trabalhador, por se encontrarem expressamente excluídos pela alínea d) do nº 8 do artigo 2º do Código do IRS. Adicionalmente, os gastos com "Ticket infância" (vales sociais), através dos quais os empregados pagam a educação dos filhos nos estabelecimentos de ensino aderentes, só são dedutíveis em sede de IRC, sempre que sejam cumpridas as condições deste artigo 43º e nas condições referidas no Decreto-Lei nº 26/99, de 28 de janeiro, ou seja:

- Os atribuídos a todos os trabalhadores que tenham filhos ou equiparados com idade inferior a 7 anos dos quais tenham a responsabilidade pela educação e subsistência;
- Desde que atribuídos aos respetivos utilizadores a título gratuito e sejam insuscetíveis de qualquer outra forma de transmissão;
- Quando não constituam uma substituição, ainda que parcial, da retribuição laboral devida ao trabalhador;
- Apenas podem ser consideradas, em cada período, as importâncias que sejam entendidas como razoáveis, nomeadamente em função da dimensão da empresa e da remuneração do trabalhador.

Nas condições referidas, os valores em causa não constituem rendimento tributável para IRS na esfera dos seus beneficiários, por referência expressa da alínea b), do nº 8 do artigo 2º do Código do IRS.

REALIZAÇÕES DE UTILIDADE SOCIAL

No caso de incumprimento relativo às aplicações em fundos de pensões, há que considerar que o incumprimento das condições estabelecidas nos nºs 2, 3 e 4, à exceção das referidas nas alíneas c) e g) deste último número, leva a que ao valor do IRC liquidado relativamente a esse período de tributação deve ser adicionado o IRC correspondente aos prémios e contribuições considerados como gasto em cada um dos períodos de tributação anteriores, nos termos deste artigo.

Esta correção é majorada (agravada) em 10% do IRC de cada período de tributação (sendo que os 10% são multiplicados pelo número de anos decorridos), a contar do período em que cada um daqueles prémios e contribuições foram considerados como gastos, não sendo, em caso de resgate em benefício da entidade patronal, considerado como rendimento do período de tributação a parte do valor do resgate correspondente ao capital aplicado.

Mecenato:

De acordo com o artigo 61º do EBF, os donativos são, para efeitos fiscais, entregas em dinheiro ou em espécie, concedidos, sem contrapartidas monetárias ou comerciais, a entidades públicas ou privadas, cuja atividade principal se desenvolva nas áreas social, cultural, ambiental, desportiva ou ambiental[40]. No caso de donativos em espécie, o valor a considerar, para efeitos do cálculo da dedução ao lucro tributável, é o valor fiscal que os bens tiverem no exercício em que forem doados, deduzido, quando for caso disso, das depreciações ou provisões efetivamente praticadas e aceites como custo fiscal ao abrigo da legislação aplicável.

---

[40] Uma outra questão prende-se com a associação do nome do doador a iniciativas promovidas pelo beneficiário e a classificação ou não da contribuição do primeiro como donativo, com consequência e benefícios fiscais. Assim, se associado ao donativo constar o nome do doador numa certa iniciativa, tendo como objetivo a busca de uma imagem pessoal ou institucional de responsabilidade cívica, que o identifique junto do público em geral, porque o espírito de liberalidade é preponderante, estar-se-á perante um donativo, desde que se preencham um conjunto de critérios tais como os descritos na Circular nº 2/2004, de 20 de janeiro, da Direção de Serviços do IRC, e que tem como ideia subjacente a inexistência de publicidade a um produto, serviço ou a sua marca.

MANUAL TEÓRICO-PRÁTICO DE IRC

Realizações de utilidade social e mecenato

Apêndice						
Artigo	Gasto aceite	Entidades beneficiárias	Carácter	Majoração	Nº	Alínea
62º	Totalidade	Estado e Fundações privadas	Social	140%	1	a), b), c), d)
			Contratos plurianuais	130%		
			Cultural, ambiental, desportivo, educacional	120%		
	8/1000	Determinadas nº 3, alíneas a), b), c), d), e) e f)	Geral	130%	3,4	
			Infância, 3ª idade, toxico-dependentes e igualdade social e laboral	140%	4	a), b), c)
	8/1000	Idem	Apoio familiar	150%	5	a), b), c), d), e) e f)
	6/1000	Determinadas nº 3, alíneas a), b), c), d), e) e f)	Geral	120%	7	a)
			Contratos plurianuais	130%		b)
			Infantil	140%		c)
	1/1000	Resp organismos associativos do doador	Satisf dos fins estatutários	–	8	
62º-A	Totalidade	Determinados nº 1 e 2	Científico	130%	2	
	80/1000	1 e 3	Científico	130%	3	
		1, 2 e 3	Contratos plurianuais	140%	4	

Nota: existe um limite global de 80/1000 do volume de negócios no que respeita aos donativos com deduções, fazendo com que as deduções, na sua totalidade, não possam ultrapassar esse limite.

Exercícios

EXERCÍCIO 1:

Uma empresa, em que a massa salarial representa 40 mil €, realiza um contrato de seguro de vida aplicável a todos os trabalhadores, com um custo de 10 mil €. Qual seria o valor aceite, se:

- Todos os trabalhadores tiverem direito à segurança social?
- Os trabalhadores não tiverem direito à segurança social?

EXERCÍCIO 2:
Uma entidade efetuou, de 2014 a 2017, aplicações em fundos de pensões ou equiparáveis que beneficiaram da dedução ao lucro tributável, ao abrigo do artigo 43° do Código do IRC.
A dedução ao lucro tributável em cada ano foi a seguinte:
- 2014: 15.000 €
- 2015: 18.000 €
- 2016: 20.000 €
- 2017: 22.000 €

O total do benefício durante os 4 anos ascendeu a 75.000 €.
Porém, no ano de 2018, atendendo às dificuldades de tesouraria, decidiu resgatar em seu benefício a totalidade do valor aplicado. Quais as consequências em sede de IRC?

EXERCÍCIO 3:
A sociedade Y, Lda., com sede em Leiria, atribuiu, no *ano t*, um donativo à Junta de Freguesia no valor de € 10.000. Atendendo a que naquele ano o seu volume de negócios foi € 3.000.000, calcule o valor da majoração.

EXERCÍCIO 4:
A sociedade X, SA atribui, no *ano t*, um donativo em dinheiro no valor de € 25.000 a uma IPSS. Sabendo que o seu volume de negócios naquele ano foi de € 3.500.000, calcule o valor da majoração.

EXERCÍCIO 5:
Uma empresa atribui à generalidade dos seus trabalhadores um seguro de saúde. No *ano t,* as despesas com a apólice de grupo atingiram o montante de € 8.000,00, tendo as despesas com pessoal atingido o valor de € 50.000,00.
Qual o valor fiscalmente aceite como gasto, admitindo que os trabalhadores descontam para a segurança social?

MANUAL TEÓRICO-PRÁTICO DE IRC

SOLUÇÕES

EXERCÍCIO 1:

No caso de terem direito à segurança social, o limite aceite fiscalmente é de 15% da massa salarial, ou seja, 6 mil €, pelo que a empresa terá de acrescer no Quadro 7 da Modelo 22 o valor de 4 mil €. Caso não haja o direito à segurança social, o limite sobe para 25%, o que significa que passa a ser de 10 mil €. Neste caso não há correção fiscal.

EXERCÍCIO 2:

Dado que, em 2015 se verificou o incumprimento das condições (nº 10 artigo 43º do Código do IRC), o valor do Imposto IRC AGRAVADO a colocar no Quadro 10 da modelo 22 de IRC relativa ao período de tributação de 2015, deverá ser o seguinte:

Períodos	IRC que deixou de ser liquidado	Nº de anos decorridos desde a data em que foi deduzido ao LT	Agravamento: Produto de 10% pelo nº de anos decorridos até 2015	IRC agravado
2010	11.000	5	5.500	16.500
2011	13.000	4	5.200	18.200
2012	15.000	3	4.500	19.500
2013	10.000	2	2.000	12.000
2014	9.000	1	900	9.900
Soma	58.000		18.100	76.100
Valor do IRC a inscrever no quadro 10 (IRC de períodos anteriores)				

EXERCÍCIO 3:

Pode majorar 40%, sem qualquer limite (artigo 62º do EBF)

EXERCÍCIO 4:

Cálculo do limite: € 3.500.000 x 8/1000 = € 28.000
Valor do donativo: € 25.000
Cálculo da majoração: € 25.000 x 30% = 7.500
O valor da majoração com o limite (7.500€) deduz no quadro 07.

EXERCÍCIO 5:

O valor fiscalmente aceite é de 50.000 X 15% = 7.500 €
Logo, não é aceite como gasto fiscal o montante de 500 € (acresce no Quadro 07 da modelo 22).

12. Quotizações para associações empresariais

Desenvolvimento do tema

Até ao limite de 2‰ do volume de negócios respetivo, é considerado gasto ou perda do exercício, para efeitos da determinação do lucro tributável, o valor correspondente a 150% do total das quotizações pagas a favor das associações empresariais em conformidade com os estatutos.

Assim, o valor correspondente à majoração de 50% será deduzido no campo 774 do Quadro 07, da respetiva Declaração Modelo 22.

Chama-se a atenção para o facto de que o encargo efetivamente suportado pela empresa ser sempre aceite como gasto na sua totalidade, uma vez que o limite imposto por esta norma apenas põe em causa a dedutibilidade da majoração e não do montante despendido com as quotizações.

EXEMPLO:

Considerando uma empresa cujo volume de negócios ascendeu a € 1 000 000 e que efetuou quotizações para uma associação empresarial, de acordo com os seus estatutos, no valor de € 1 800, o limite ascenderia a € 2 000 (isto é, 2‰ x € 1.000.000)

Já a majoração do gasto seria de € 900 (50% x €1.800). Contudo aplicado o limite, só é considerado, para efeitos de majoração, 200€, que correspondem à diferença entre os € 1.800, já considerados como custo na contabilidade, e os € 2.000 de limite.

Desta forma, deverá deduzir-se € 200 no quadro 07 da Declaração Modelo 22.

13. Ativos intangíveis

Desenvolvimento do tema

Neste capítulo, iremos abordar o regime fiscal dos ativos intangíveis para os quais, de acordo com a normalização contabilística ou com a política da empresa, não tenha sido estimada uma vida útil. A vida útil de um bem é tida como o período durante o qual o bem gera influxos para a entidade e é durante esse período que a empresa reflete, nas suas contas, o desgaste desses bens. Não estando determinado o período durante o qual se espera que o bem gere influxos, diz-se que tem uma vida útil indefinida. Se um bem com vida útil definida é sujeito a depreciações, um bem com vida útil indefinida não o é.

O Código do IRC distingue, portanto, os investimentos efetuados pelas empresas em ativos intangíveis com vida útil definida daqueles que não a têm. Para os primeiros, aplica-se o disposto no artigo 29º do Código do IRC ("Elementos depreciáveis ou amortizáveis"), o qual já foi aqui abordado. Já para os segundos, o tratamento fiscal, desde 1 de janeiro de 2014, encontra-se previsto no artigo 45º-A do Código do IRC.

É importante referir, em primeiro lugar, que como este artigo foi introduzido, no Código do IRC, apenas em janeiro de 2014, apenas se encontram abrangidos os ativos intangíveis que tenham sido reconhecidos contabilisticamente como tal após aquela data.

À data em que aquele dispositivo legal entrou em vigor, o Código do IRC passou a aceitar como gastos dedutíveis, os encargos com amortizações de alguns elementos do ativo não corrente, para os quais não existia reflexo na contabilidade, cuja atualização de valor na contabilidade apenas decorria da eventual imparidade em que se encontrasse face ao seu valor de mercado ou ao seu valor realizável líquido.

Embora, para efeitos fiscais, se possa aceitar como gasto as perdas por imparidade em ativos não correntes, desde que estejam em conformidade com o disposto no artigo 31º-B do Código do IRC, a verdade é que o legislador fiscal foi mais longe, optando pela introdução de uma norma que permitisse a repartição dos gastos de uma forma sistemática, como medida de incentivo ao investimento e de promoção da competitividade da economia portuguesa, pois tratam-se de ativos com elevado potencial e que podem contribuir para o crescimento do país.

Assim, a partir de 1 de janeiro de 2014, passou a ser aceite para efeitos fiscais, em partes iguais, durante os primeiros 20 períodos de tributação, após o reconhecimento inicial, o custo de aquisição de certos ativos intangíveis, nos termos da normalização contabilística, quando esses ativos sejam reconhecidos autonomamente.

Sucede que, no plano contabilístico, foi introduzido, com efeitos a partir de 1 de janeiro de 2016, um conjunto de alterações, por força do Decreto-lei nº 98/2015, de 2 de junho, que transpôs para a ordem jurídica interna a Diretiva nº 2013/34/UE do Parlamento Europeu e do Conselho, de 26 de junho, com vista à redução do peso global da regulamentação existente sobre as pequenas e médias empresas no seio da União Europeia, com enfâse na redução da carga burocrática, potenciando o aumento de competitividade deste tipo de empresas.

Dessas alterações introduzidas ao nível do Sistema de Normalização Contabilística, destacam-se as que se prendem com o tratamento contabilístico dos ativos intangíveis, constante da NCRF 6, que prescreve que os ativos intangíveis sem vida útil definida passaram a ser amortizados num período de 10 anos, sem prejuízo da eventual imparidade sempre que existam indícios de que o item esteja em imparidade.

Continua, portanto, a existir diferenças de tratamento dos ativos intangíveis nos planos contabilístico e fiscal, com impacto ao nível do imposto corrente.

De referir que, a opção por repartir o custo de aquisição por 20 anos após o seu reconhecimento inicial, e não por um período mais longo (ou mais curto), teve na sua base a avaliação de várias experiências tidas a nível internacional, bem como as orientações constantes do Código da Propriedade Industrial, que apontam para um período temporal dessa amplitude.

Por outro lado, sublinha-se que nem todos os ativos classificados pelas entidades como intangíveis podem ser abrangidos para efeitos de aplicação deste novo regime. Ora bem, um ativo intangível pode ser adquirido ou gerado internamente. Se um ativo sem vida útil definida for adquirido, separadamente ou através de uma concentração de atividades (fusão, cisão, entrada de ativos), os custos com a sua aquisição podem ser repartidos por 20 anos nos moldes atrás enunciados. Quando os ativos são adquiridos separadamente, o critério de mensuração é o seu preço de custo. Por sua vez, tratando-se de ativos adquiridos no âmbito de uma concentração de atividades, o critério de mensuração é o justo valor à data da operação, sendo este considerado o preço de custo.

Já se o ativo intangível for gerado internamente, e ainda que reúna os requisitos para que contabilisticamente possa ser refletido nas demonstrações financeiras da empresa, o seu custo já não pode ser repartido por 20 anos. A razão para que não se possa reconhecer, contabilisticamente, o seu custo prende-se com um dos critérios de reconhecimento: o ativo tem de ser mensurado com fiabilidade. Ora, ao não ter sido objeto de transação, ou seja, como o ativo foi gerado internamente, não se admite que a sua mensuração seja feita com fiabilidade.

Terá sido, aliás, por essa razão, a de não se conseguir mensurar com fiabilidade os ativos intangíveis gerados internamente, como, por exemplo, o goodwill gerado internamente, que levou o legislador fiscal a circunscrever a aplicação deste regime inovador, aos ativos intangíveis adquiridos para os quais é possível determinar o seu custo de aquisição, o que quer dizer que os ativos intangíveis gerados internamente são excluídos deste regime fiscal.

Vejamos então, para efeitos fiscais, a lista de ativos em que as empresas podem investir e para os quais será aplicável o presente regime fiscal:

- Elementos da propriedade industrial adquiridos a título oneroso e que não tenham vigência temporal limitada, tais como: marcas, alvarás, processos de produção, modelos ou outros direitos assimilados;
- O goodwill adquirido numa concentração de atividades empresariais.

Por sua vez, fora deste regime ficam os seguintes ativos:
- Ativos intangíveis adquiridos no âmbito de operações de fusão, cisão ou entrada de ativos, quando seja aplicado o regime especial aplicável às fusões, cisões e entradas de ativos;
- Goodwill respeitante a participações sociais;
- Ativos intangíveis adquiridos a entidades residentes em país, território ou região sujeitos a um regime fiscal claramente mais favorável.

MANUAL TEÓRICO-PRÁTICO DE IRC

Vejamos dois exemplos:

EXEMPLO 1:
A empresa Inventa adquiriu uma patente a outra entidade, por € 500.000, tendo sido reconhecido na sua contabilidade de acordo com o seu custo de aquisição.

Qual o tratamento fiscal a dar a este investimento?

Tendo em conta que se trata de um ativo intangível adquirido a título oneroso e que foi reconhecido autonomamente na contabilidade do adquirente, a empresa Inventa poderá considerar como gasto fiscal, durante 20 anos, o valor de € 25.000, que corresponde à vigésima parte do custo de aquisição.

EXEMPLO 2:
Uma empresa investiu € 2.000.000 no desenvolvimento de um motor elétrico para veículos que tem uma autonomia muito superior ao da sua concorrência. Dado que já existem marcas interessadas em usar este motor, a empresa decidiu, no ano de 2018, reconhecer como um ativo intangível nas suas demonstrações financeiras.

Qual o tratamento fiscal a dar a este ativo intangível?

De acordo com o artigo 45°-A, é aceite como gasto o custo de aquisição de um ativo intangível, o que quer dizer que o valor dos intangíveis gerados internamente não pode ser dedutível no âmbito desta norma. Neste caso, tratando-se de um projeto de desenvolvimento, pode ser considerado como gasto na totalidade, nos termos do artigo 32° do Código do IRC.

Já vimos que os intangíveis sem vida útil definida podem, por um lado, ver o seu custo de aquisição, para efeitos fiscais, ser aceites fiscalmente durante 20 anos, como se de uma depreciação se tratasse, embora não o seja concetualmente e, por outro, ver o valor de aquisição ajustado, para efeitos contabilísticos, por via do reconhecimento de uma perda por imparidade. Estas perdas por imparidade podem, na eventualidade de ocorrerem situações anormais com efeito adversos nos ativos, e desde que previstas no artigo 31°-B do Código do IRC, ter igualmente reflexos ao nível fiscal. São exemplos de causa anormais os fenómenos naturais, inovações técnicas excecionalmente rápidas ou alterações significativas.

Sempre que estas perdas por imparidade tiverem reflexo fiscal, o custo de aquisição que ainda não tenha sido imputado para efeitos fiscais, deverá ser

ATIVOS INTANGÍVEIS

ajustado da perda por imparidade, sendo o custo de aquisição corrigido repartido pelo número de anos que faltam até perfazer os 20.

Vejamos um exemplo:

No ano *t*, a sociedade X adquiriu, por € 500.000, um *software* desenvolvido especificamente para a sua atividade, que mensurou pelo custo de aquisição. No ano *t+2*, a empresa reconheceu uma perda por imparidade por um motivo devidamente justificado e aceite pela Autoridade Tributária e Aduaneira, no valor de € 54.000.

Qual o tratamento fiscal destes acontecimentos?

Dado que o intangível cumpre os requisitos para que seja aceite como gasto 1/20 do seu valor de aquisição, temos:

No ano *t e t+1*

Gasto aceite fiscalmente em cada ano: € 500.000/20 = € 25.000

Ano *t +2*

Perda por imparidade: € 54.000 (aceite como gasto fiscal)

Valor corrigido: (Valor de aquisição- gasto aceite em 2014 e 2015-perda por imparidade) a dividir pelo número de anos que faltam (18)

(€ 500.000 − € 50.000 − € 54.000) / 18 = € 22.000

Gasto aceite fiscalmente em 2016: € 22.000

Exercícios

A sociedade X adquiriu, no âmbito de uma fusão por incorporação ocorrida em dezembro de ano t, a totalidade do património da sociedade Z. Em troca, os sócios de Z irão receber ações de X no valor de € 500.000, tendo sido aumentado o capital social desta em € 400.000 e o restante é considerado (€ 100.000) como prémio de emissão.

Informação adicional:

– Valor dos capitais próprios de Z na data da fusão: € 350.000

– Justo valor dos ativos: € 2.450.000

– Justo valor dos passivos: € 1.980.000

Determinar, caso exista, o valor do goodwill e qual o tratamento fiscal a dar ao mesmo?

Resolução:

Cálculo do goodwill:

Custo da concentração: € 500.000

Justo valor dos ativos – justo valor dos passivos: €470.000

Estamos perante um pagamento em excesso, uma vez que o custo da concentração excede o justo valor da empresa adquirida, pelo que a diferença será considerada como goodwill.

Goodwill: € 500.000 – €470.000 = €30.000

Como o goodwill (€ 30.000) foi adquirido no âmbito de uma concentração de atividades, a empresa poderá repartir, durante 20 anos, em partes iguais o valor do seu custo de aquisição, a partir do momento do seu reconhecimento.

Assim, a empresa X poderá deduzir ao lucro tributável o valor de: (€ 30.000 7/ 20) € 1.500.

14. Mais e menos valias de ativos tangíveis e intangíveis

Síntese

- Sempre que a empresa vende um ativo fixo (tangível ou intangível), apura, contabilisticamente, no momento da alienação, uma mais-valia (ou menos-valia) contabilística. A mais-valia contabilística é um ganho contabilístico e a menos valia contabilística é um gasto.
- No encerramento do período de tributação, deve apurar a mais ou menos valia fiscal, eliminando-se, no Quadro 7 da Modelo 22, o efeito da mais ou menos valia contabilística (a mais valia contabilística será colocada a deduzir e a menos valia contabilistica a acrescer).
- Simultaneamente, deve considerar o efeito da mais ou menos valia fiscal (a mais valia fiscal será colocada a acrescer e a menos valia fiscal a deduzir).
- Caso haja reinvestimento (nas condições previstas no Código do IRC), há lugar apenas à tributação de 50% da mais-valia fiscal.

Desenvolvimento do tema

O Código do IRC define um regime de tributação de mais-valias e de reinvestimento, que, desde 2002, se tem mantido estável. São consideradas mais ou menos valias os ganhos ou as perdas obtidos voluntariamente ou as perdas sofridas relativamente a elementos do ativo fixo tangível, intangível, ativos biológicos consumíveis e propriedades de investimento mediante transmissão onerosa, qualquer que seja o título por que se opere e, bem assim, num conceito mais alargado, os derivados de sinistros e os resultantes da afetação permanente dos mesmos elementos a fins alheios à atividade exercida.

Ou seja, vejamos o que ocorre na contabilidade, caso a empresa decida vender 2 ativos fixos:

Ativo 1	Ativo 2
Valor venda: 1.000 Valor aquisição: 2.000 Depreciações acumuladas: 800	Valor venda: 3.000 Valor aquisição: 4.000 Depreciações acumuladas: 1.200

No caso do ativo 1, temos o seguinte registo contabilístico:

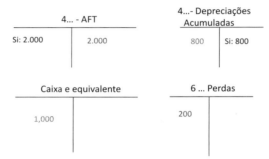

Verifica-se que o valor recebido (1.000) é inferior ao valor do bem (2.000) menos as depreciações acumuladas (800). Pelo que, o valor em falta deve ser registado como uma perda, dado que a empresa vendeu por 1.000, um ativo cujo valor contabilístico era de 1.200. Estamos, assim, perante uma menos-valia contabilística.

No caso do ativo 2, temos o seguinte registo contabilístico:

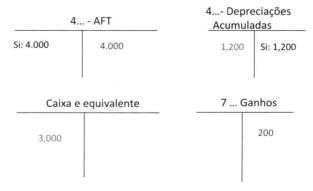

MAIS E MENOS VALIAS DE ATIVOS TANGÍVEIS E INTANGÍVEIS

Verifica-se que o valor recebido (3.000) é superior ao valor do bem (4.000) menos as depreciações acumuladas (1.200). Pelo que o valor em falta deve ser registado como um ganho, dado que a empresa vendeu por 3.000, um ativo cujo valor contabilístico era de 2.800. Estamos, assim, perante uma mais-valia contabilística.

A forma de apurar a mais-valia / menos – valia contabilística é feita a partir da seguinte fórmula:

$$\textbf{MVc / mvc} = \textbf{VR} - \textbf{(Vaq.} - \textbf{AAc)}$$

Em que:
MVc / mvc – Mais-valia contabilística /menos-valia contabilística
VR............... Valor de realização
Vaq.............. Valor de aquisição
AAc.............. Depreciações acumuladas na contabilidade

A mais-valia / menos – valia fiscal é obtida a partir da seguinte fórmula:

$$\textbf{MVf / mvf} = \textbf{VR} - \textbf{(Vaq} - \textbf{Aac) x Coef.}$$

Em que:
MVf /mvf...... Mais-valia/menos-valia fiscal
VR............... Valor de realização
VAq.............. Valor de aquisição / produção
Aac............... Depreciações acumuladas aceites fiscalmente
Coef.............. Coeficiente de desvalorização monetária

DIFERENÇAS ENTRE A MAIS-VALIA CONTABILÍSTICA E A FISCAL:
- Na mais-valia fiscal, é utilizado um coeficiente para compensar a desvalorização monetária (inflação), o que não acontece na mais-valia contabilística.
- Enquanto, na mais-valia contabilística, as depreciações são as praticadas na contabilidade, na mais-valia fiscal, as depreciações são as aceites fiscalmente. No apuramento da mais/menos valia fiscal, deve verificar-se se as depreciações acumuladas são as fiscalmente aceites (através do ano de aquisição, ano de venda e taxa de depreciação). Se não forem as fiscalmente aceites, deve ser efetuada uma correção das depreciações acumuladas no cálculo da mais-valia fiscal.

MANUAL TEÓRICO-PRÁTICO DE IRC

Assim, na Modelo 22, há que expurgar o valor das mais e menos valias contabilísticas (que estão a afetar o resultado contabilístico) e passar a incluir as mais e menos valias fiscais. O racional da operação é o seguinte:

	RL contabilístico	IRC	Modelo 22
Mais-valia Contabilística	Aumenta	–	A deduzir
Menos Valia Contabilística	Reduz	+	A acrescer
Mais-valia Fiscal	n.a	+	A acrescer
Menos Valia Fiscal	n.a	–	A deduzir

Na prática, uma empresa pode ter 4 situações:

Mais-valia Contabilística	A deduzir
Mais-valia Fiscal	A acrescer
Mais-valia Contabilística	A deduzir
Menos Valia Fiscal	A deduzir
Menos Valia Contabilística	A acrescer
Mais-valia Fiscal	A acrescer
Menos Valia Contabilística	A acrescer
Menos Valia Fiscal	A deduzir

REGRAS ESPECÍFICAS A OBSERVAR NAS MAIS E MENOS VALIAS FISCAIS:

Para efeito do cálculo das menos-valias de veículos ligeiros de passageiros, barcos e aeronaves, aos quais antes se aplicava o regime geral, desde a entrada em vigor do SNC, tal cálculo passa a ser considerado para efeitos de lucro tributável apenas no valor que seja fiscalmente dedutível.

Ou seja, relativamente aos barcos de recreio e aviões de turismo (que não sejam afetos à exploração de serviço público de transportes, nem se destinem a ser alugados no exercício da atividade normal do sujeito passivo), não são aceites as menos-valias apuradas, uma vez que, nos termos da alínea e) do nº 1 do artigo 34º, não são fiscalmente depreciáveis.

Já quanto às viaturas ligeiras de passageiros ou mistas (que igualmente não estejam afetas à exploração de serviço público de transportes, nem se destinem a ser alugadas no exercício da atividade normal do sujeito passivo), não são dedutíveis as menos-valias na parte que corresponderem aos limites definidos como máximo de depreciações aceite fiscalmente, em cada período de tributação. Ou seja, caso se apure uma menos valia fiscal na alienação de viaturas ligeiras de passageiros, no cálculo da mesma deve se considerar, nas depreciações acumuladas, apenas o valor aceite fiscalmente, tendo em consideração os limites atrás referidos.

No entanto, se for apurada uma mais-valia fiscal, o cálculo deve considerar, nas depreciações acumuladas, o valor aceite fiscalmente (de acordo com a taxa de depreciação em vigor), mas sem considerar os limites previstos.

Dois exemplos:

a) Considere a venda no *ano t* de uma viatura ligeira de passageiros, por 15.000€, cujo valor de aquisição, no *ano t-2,* foi de 50.000€. Para efeitos fiscais, apenas foram aceites, em *t-2* e *t-1*, uma depreciação de 6.250€ por ano, num total de 12.500€. Como esta venda apura uma menos valia fiscal, o seu cálculo usa como depreciações acumuladas os 12.500€ (considerando assim o limite de 25.000€ em vigor a partir de 1-1-2012) e não o valor de 25.000€, caso não se considerasse esse limite.

b) Considere o exemplo anterior, mas com um valor de venda de 30.000€. Nesse caso, usando o valor de 25.000€ de depreciações acumuladas, sem considerar o limite, temos uma mais-valia fiscal de 5.000€.

REINVESTIMENTO DAS MAIS-VALIAS FISCAIS:

O Código do IRC dispõe de um regime que permite o reinvestimento do valor de realização, não tributando metade das mais-valias, desde que:

- O reinvestimento seja efetuado em bens do ativo fixo tangível, ativos intangíveis e ativos biológicos não consumíveis;
- O período de reinvestimento seja de 4 anos, decomposto da seguinte forma: o ano anterior à alienação, o próprio ano e os dois anos seguintes.

Existe, porém, a exclusão deste regime de reinvestimento em bens adquiridos em estado de uso a sujeitos passivos de IRS ou IRC com os quais existam relações especiais.

No entanto, não são suscetíveis de beneficiar deste regime as propriedades de investimento, ainda que reconhecidas na contabilidade como ativo fixo tangível.

Se não for concretizada a intenção de reinvestimento (total ou parcial), no 2º exercício ao do ano da alienação, considera-se como proveito a diferença não incluída no lucro, majorada de 15%.

CASO PRÁTICO:

Venda no ano t, pelo valor de 8.000 €, um bem adquirido no ano t-3 por 5.000 €, com depreciações acumuladas de 2.000 e assuma um coeficiente de 1,03.

Mais-valia fiscal: 8.000 − (5.000 − 2.000) *1,03

$$= 4.910$$

HIPÓTESE 1 – Reinvestimento total:
Se a empresa reinvestiu 8.000 € num bem ativo fixo tangível, deve inscrever o valor de 2.455 (50%*4.910) no Quadro 7.

HIPÓTESE 2: Não reinvestimento.
Deve ser tributada pelos 4.910€, inscrevendo no Quadro 7 esse valor.

HIPÓTESE 3: Reinvestimento parcial.
Neste caso, passado 2 anos, deverá inscrever no Quadro 07:
% do valor não reinvestido * 50% da mais valia apurada * majoração 15%.

Exercícios

Nota: coeficientes são usados a título exemplificativo, não sendo os que resultam da portaria em vigor

EXERCÍCIO 1:
Apure a mais/menos valia contabilística e fiscal (considerando a venda dos ativos em 2018)

Automóvel			Máquina	
Valor realização	20.000		Valor realização	140.000
Valor aquisição	60.000		Valor aquisição	200.000
Ano aquisição	2016		Ano aquisição	2013
Taxa depreciação	25%		Taxa depreciação	10%
Coeficiente (fictício)	1,1		Coeficiente (fictício)	1,2

EXERCÍCIO 2:
Em janeiro de 2018, a empresa Quelhas Lda. classificou um ativo fixo tangível, que se encontrava registado pelo modelo do custo, como ANCDV (ativo não corrente detido para venda), tendo sido mensurado pela quantia escriturada.

O ativo foi adquirido, no ano 2015, por 80.000. Estimou-se um período de vida útil de 8 anos (taxa 12,5%), coincidente com taxa prevista legalmente.

No final de 2018, o justo valor, deduzido dos custos de venda, era de € 48.500. O ANCDV foi alienado, em 2019, por € 60.000. Qual será o resultado contabilístico e fiscal resultante da alienação do ativo, assumindo um coeficiente de 1,0?

Exercício 3:

Um AFT adquirido, em 2008, por € 30.000, foi depreciado na contabilidade pelo método da linha reta, à taxa de 10%. Contudo, a taxa prevista no Decreto Regulamentar nº 25/2009, de 14 de setembro, é de 25%. Este ativo foi vendido após os 10 anos (2018) por € 10.000. Qual a consequência fiscal?

Exercício 4:

Determinada empresa obteve uma mais-valia fiscal com a alienação de uma máquina, em 2013, no valor de 2.000 €. Tendo em conta que:
- O valor de realização foi de 15.000 €
- Foi declarada a intenção de reinvestimento da totalidade do valor de realização;
- A empresa acresceu ao seu lucro tributável o valor de 1.000 €
- Em 2015 apenas foi reinvestido, na compra de outra máquina, o valor 7.500 €

Quais as correções a efetuar, dado que a empresa apenas reinvestiu parcialmente o valor de realização?

Soluções:

Exercício 1:
Veículo:

Mais ou menos-valia contabilística: Mvc = VR − (Vaq − Aac)

Aac= 60.000 x (25% x 2)= 30.000

mvc= 20.000 − (60.000 − 30.000)= -10.000

mvf= 20.000 − (60.000 − 30.000) x 1,1= -13.000

mvf não dedutível (acresce no Quadro 07) = 20.000 − (20.000 ⋆ 25.000 / 60.000) = € 8.333 a acrescer

Máquina:

Aac= 200.000 x (10% x 5)= 100.000

Mvc= 140.000 − (200.000 − 100.000)= 40.000
Mvf= 140.000 − (200.000 − 100.000) x 1,2= +20.000

Exercício 2:

Considerando que o bem tem, em 2018, um valor contabilístico de € 50.000 (80.000 − 80.000 $\star$ 12,5% $\star$ 3), o facto de ser registado como ANCDV pelo valor de € 48.500, obriga ao reconhecimento, em 2018, de uma imparidade de 1.500.

Em 2019, teremos uma mais-valia contabilística de € 11.500, que resulta de: Mvc= 60.000 − 48.500 (o valor do registo como ANCDV, que a partir de 2015 deixa de ter depreciações). A mais-valia fiscal é de € 8.000, que resulta de: Mvf = 60.000 − 50.000$\star$1.04 (sendo os 50 mil resultado do valor contabilístico apurado até 2018, pelas depreciações fiscais).

Exercício 3:

Ao decidir depreciar pela taxa de 10%, a empresa depreciou sempre abaixo do mínimo legal (quota mínima seria metade da quota de 25%, logo 12,5%). Como tal, se tivesse usado a taxa de 12,5%, faria depreciações durante 8 anos. Desta forma, as depreciações do 9º e 10º ano não são aceites fiscalmente (essas depreciações são de 3.000/ano, totalizando 6.000 não aceites fiscalmente).

Logo, a Mvc = 10.000 − (30.000 − 30.000)= 10.000
Mvf = 10.000 − (30.000 − 30.000 + 6.000) $\star$ 1,18 = 2.920

Exercício 4:

Em 2015, a empresa terá que acrescer ao lucro tributável a parte proporcional não incluída, acrescida de 15%: 7.500/15.000,00 X 1.000 X 1,15 = 575 €

15. Patentes

Desenvolvimento do tema

A Lei nº 2/2014, de 16 de janeiro, que procedeu à Reforma do IRC, introduziu, no diploma que regula este imposto, um regime que confere um tratamento fiscal benéfico para os rendimentos provenientes de patentes e outros direitos de propriedade industrial, com o intuito de promover e incentivar as atividades de investigação e desenvolvimento, na área da tecnologia, as quais são de vital importância para uma economia moderna e para a criação de emprego. Nesse contexto, desde 1 de janeiro de 2014, os rendimentos de patentes e outros direitos de propriedade industrial são considerados apenas em 50% do seu valor bruto, para efeitos de determinação do lucro tributável.

Para ser possível beneficiar deste regime, a empresa tem de ser proprietária da patente, ter desenvolvido a invenção patenteada e ter utilizado o conhecimento técnico em produtos ou processos. Consideram-se incluídos no regime de "patent box", os rendimentos provenientes de contratos que tenham por objeto a cessão ou utilização temporária de patentes, desenhos ou modelos industriais sujeitos a registo, incluindo os decorrentes da sua violação.

Para beneficiar desta isenção, a qual é apenas aplicável aos ativos registados a partir de 1 de janeiro de 2014, devem ser preenchidos os seguintes requisitos: (i) o cessionário utilize os direitos de propriedade industrial na prossecução de uma atividade de natureza comercial, industrial ou agrícola, (ii) os resultados da utilização dos direitos de propriedade industrial pelo cessionário não se materializem na entrega de bens ou prestações de serviços

MANUAL TEÓRICO-PRÁTICO DE IRC

que originem gastos fiscalmente dedutíveis na entidade cedente, ou em sociedade que com esta esteja integrada num grupo de sociedades ao qual se aplique o RETGS, sempre que entre uma ou outra e o cessionário existam relações especiais e (iii) o cessionário não seja uma entidade residente num paraíso fiscal.

Este regime sofreu, no entanto, com o Decreto-Lei nº 47/2016, de 22 de agosto, algumas alterações por forma a assegurar a conformidade do regime aplicável aos rendimentos desta natureza com o estipulado no âmbito dos acordos internacionais, ao nível da União Europeia e da Organização para a Cooperação e Desenvolvimento Económico, a que Portugal se vem vinculando conjuntamente com um leque alargado de países, no quadro do combate à evasão fiscal, como é o caso da erosão da base tributária e transferência de lucros entre países, projeto, designado por Projeto BEPS (Base Erosion Project Shifting), embora estas alterações se tenham limitado ao estritamente necessário por forma a não desvirtuar os objetivos traçados.

Tais alterações legislativas passaram pela introdução de limites ao benefício, por forma a garantir que, quer os regimes que já se encontravam em vigor, quer aqueles que viessem a ser constituídos no futuro, não promovessem a evasão fiscal nem a competitividade fiscal prejudicial.

A metodologia adotada pelos países que tributavam de forma mais favorável os rendimentos de patentes consiste na implementação de um mecanismo que relaciona o valor das despesas qualificáveis, com o valor total das despesas incorridas pela empresa para desenvolver o ativo protegido, relacionando-o depois com os rendimentos totais derivados desse ativo, metodologia esta designada por "Abordam Nexus Modificada".

Adicionalmente, é introduzida uma majoração de 30% aplicável às despesas qualificáveis incorridas com o desenvolvimento do ativo protegido por propriedade industrial, tendo como limite o total das despesas incorridas com esse ativo.

Uma vez que as alterações introduzidas visam excluir determinados gastos não diretamente relacionados com as atividades de investigação e desenvolvimento, como por exemplo, os juros, os sujeitos passivos devem adotar procedimentos contabilísticos que permitem fazer uma distinção clara entre os rendimentos e gastos, ou perdas, relacionadas com o direito de propriedade dos demais rendimentos e gastos.

Todavia, apesar das alterações introduzidas, com efeitos a partir de 1 de julho de 2016, foi decidido introduzir um regime transitório para salvaguardar os interesses das patentes e dos beneficiários já existentes à data da entrada em vigor destas alterações, garantindo-se as anteriores condições por um período de 5 anos que terminará a 30 de junho de 2021.

O montante da dedução previsto no âmbito da patente box, deve obedecer à seguinte fórmula:

$$\frac{DQ}{DT} \; x \; RT \; x \; 50\%$$

Em que:

DQ, corresponde ao valor das despesas qualificáveis incorridas para desenvolver o ativo protegido pela propriedade industrial;

DT, corresponde ao valor das despesas totais incorridas para desenvolver os ativos protegidos pela propriedade industrial;

RT, corresponde a rendimento total derivado do ativo protegido pela propriedade industrial.

Quando os rendimentos sejam obtidos no estrangeiro e tenham sido sujeitos a retenção na fonte, para efeitos de eliminação da dupla tributação jurídica internacional, também se consideram apenas 50% desses rendimentos para o cálculo do correspondente crédito de imposto.

Exercícios

A sociedade Y, SA. registou uma patente, no ano de 2014, relativamente a um método inovador de tratamento da queda do cabelo.

Este método permitiu-lhe celebrar vários contratos com empresas, onde foi autorizado o uso do tratamento, designadamente com uma entidade com sede nos EUA que irá comercializar o tratamento e de quem foi recebido, como contrapartida por essa cedência, durante o ano de 2015, o valor de € 350.000, sujeito a uma retenção na fonte de € 35.000.

Qual o valor a englobar para efeitos de determinação do lucro tributável?

SOLUÇÃO:

Trata-se, neste caso, de um contrato que tem por objeto a utilização temporária de um direito de propriedade industrial (patente).

Como, de acordo com o artigo 50°-A do Código do IRC, apenas concorrem para a determinação do lucro tributável 50% desses rendimentos, no ano de 2014, a sociedade Y, SA irá apenas refletir no seu lucro tributável o valor de € 175.000 (50% x 350.000). Esta fórmula de cálculo, de acordo com o regime transitório, é válida até 30 de junho de 2021.

16. Participation exemption

Desenvolvimento do tema

A distribuição de lucros e reservas gerados pelas sociedades aos seus detentores de capital, sendo um facto sujeito a IRC, dá origem a uma dupla tributação da mesma realidade, tanto na sociedade que apura esses lucros, como na sociedade que os recebe, na medida em que os irá incluir na sua base tributável.

Porém, o Código do IRC consagra um mecanismo que elimina as tributações sucessivas, ainda que em sujeitos passivos distintos, e que consiste na não consideração, para efeitos da determinação do lucro tributável dos sujeitos passivos de IRC com sede ou direção efetiva em território português, dos lucros e reservas distribuídos, quer esta distribuição seja feita por entidades residentes ou não residentes em território português. Instrumento este que foi profundamente reformulado no âmbito da reforma do IRC, operada pela Lei nº 2/2014, de 16 de janeiro, e que entrou em vigor a 1 de janeiro de 2014, a qual teve por base tornar o sistema fiscal português mais competitivo, através de um regime mais atrativo à internacionalização das empresas portuguesas.

Trata-se de um regime de *participation exemption* de cariz universal, dado que abrange o investimento efetuado pelas empresas portuguesas, independentemente do local onde ele se materializa e, horizontal, na medida em que é aplicável quer à distribuição de lucros, quer às mais-valias apuradas com a alienação de partes de capital e de outros instrumentos de capital próprio (como por exemplo as prestações suplementares).

MANUAL TEÓRICO-PRÁTICO DE IRC

Até à entrada em vigor da reforma do IRC, Portugal era um dos poucos países da Europa que não dispunha de um regime desta natureza, o que o tornava pouco atraente para os investidores, ao mesmo tempo que a sua falta de interesse potenciava a saída das empresas portuguesas para territórios onde a tributação era considerada mais vantajosa, nomeadamente, a Holanda, que em matéria de competitividade fiscal é considerado como um exemplo a seguir. Este regime é acompanhado por um conjunto de requisitos que visam assegurar a substância das operações por ele abrangidas.

Assim, não concorrem para a determinação do lucro tributável da sociedade beneficiária, os lucros e reservas distribuídos (assim como também não concorrem para a determinação do lucro tributável da sociedade beneficiária as mais e menos valias fiscais), desde que se verifiquem, cumulativamente, os seguintes requisitos:

- O sujeito passivo detenha, direta ou indiretamente, uma participação não inferior a 10% do capital social ou dos direitos de voto da entidade que distribui os lucros ou reservas [redação dada pela Lei do Orçamento de Estado para 2016 (Lei nº 7-A/2016, de 30 de março), dado que, no regime inicial de 2014, a participação limite era de 5%];
- A participação tenha sido detida, de modo ininterrupto, durante o ano anterior à distribuição dos lucros ou reservas ou, se detida há menos tempo, seja mantida o tempo necessário para completar aquele período [redação dada pela Lei do Orçamento de Estado para 2016 (Lei nº 7-A/2016, de 30 de março), dado que, no regime inicial de 2014, estava previsto 24 meses];
- O sujeito passivo não seja abrangido pelo regime de transparência fiscal, previsto no artigo 6º do Código do IRC;
- A entidade que distribui os lucros ou reservas esteja sujeita e não isenta de IRC, e a taxa legal aplicável à entidade não seja de valor inferior a 60% da taxa de IRC em vigor, a qual é de 21% para 2018;
- A entidade que distribui os lucros ou reservas não tenha residência ou domicílio em país, território ou região sujeito a um regime fiscal claramente mais favorável, constante da lista aprovada por portaria[41] do membro do Governo responsável pela área das finanças.

---

[41] A lista de países, territórios ou regiões com um regime claramente mais favorável encontra-se prevista na Portaria nº 150/2004, de 13 de fevereiro, atualizada pelas Portarias nº 292/2011, de 8 de novembro, e nº 345-A/2016, de 30 de dezembro.

PARTICIPATION EXEMPTION

Refira-se que o disposto no nº 1 do artigo 51º-C não é aplicável às mais--valias e menos-valias realizadas mediante transmissão onerosa de partes sociais, bem como à transmissão de outros instrumentos de capital próprio associado às partes sociais, designadamente prestações suplementares, quando o valor dos bens imóveis ou dos direitos reais sobre bens imóveis situados em território português, com exceção dos bens imóveis afetos a uma atividade de natureza agrícola, industrial ou comercial que não consista na compra e venda de bens imóveis, represente, direta ou indiretamente, mais de 50% do ativo (aplicável apenas para ativos adquiridos a partir de 2014, sendo que se o imóvel tiver sido adquirido antes de 2014 não há esta limitação da norma antiabuso).

As perdas por imparidade, e outras correções de valor de partes sociais ou de outros instrumentos de capital próprio, que tenham concorrido para a formação do lucro tributável, ao abrigo do estabelecido no nº 2 do artigo 28º-A, consideram-se componentes positivas do lucro tributável no período de tributação em que ocorra a respetiva transmissão onerosa, sempre que seja aplicado o disposto nos nºs 1 a 3 do artigo 51º-C.

Quanto aos requisitos de natureza formal, é de aludir que a prova de acesso ao regime deve ser confirmada através da entrega, à entidade que se encontra obrigada a fazer a retenção na fonte, de declarações ou documentos confirmados e autenticados pelas autoridades públicas do Estado onde a entidade que distribui os lucros ou as reservas tem o seu domicílio[42].

Referencia-se ainda que, tratando-se de rendimentos sob a forma de mais ou menos-valias fiscais provenientes da liquidação e partilha de sociedades[43], a que se refere o artigo 81º do Código do IRC, à imagem do que sucede com as mais e menos-valias fiscais com a alienação de partes sociais, também estas não concorrem para a determinação do lucro tributável desde que, logicamente, se encontrem reunidos todos os requisitos previstos para o acesso ao regime da *participation exemption*. De notar, no entanto, que, em caso de na liquidação ser apurada uma menos-valia, e não obstante a mesma ser dedutível na sua totalidade, àquele valor será abatido o montante de prejuízos

---

[42] Quanto à veracidade das declarações ou documentos referidos e das informações neles constantes há uma repartição do ónus da prova: recai sobre a Administração Fiscal quando se tratam de entidades residentes na União Europeia, no Espaço Económico Europeu e num Estado com o qual Portugal tenha celebrado uma CDT; caso não reúna estes requisitos cabe ao próprio sujeito passivo demonstrar a veracidade do cumprimento dos requisitos.

[43] A partir de 1 de janeiro de 2014, todos os ganhos obtidos com a liquidação e partilha do património de sociedade são havidos como mais-valias.

MANUAL TEÓRICO-PRÁTICO DE IRC

fiscais utilizados durante a aplicação do regime de tributação dos grupos de sociedades ou o montante dos lucros e reservas que usufruíram do regime de eliminação da dupla tributação económica.

Por último, é de mencionar que este regime é igualmente aplicável aos lucros e reservas distribuídos, assim como às mais e menos-valias fiscais obtidas por estabelecimentos estáveis situados em território português de:

- Entidades residentes num Estado-membro da União Europeia, desde que se encontrem reunidos todos os requisitos estabelecidos no artigo 2º da Diretiva nº 2011/96/EU, do Conselho, de 30 de novembro[44];
- Entidades residentes no Espaço Económico Europeu que esteja vinculado a cooperação administrativa equivalente à estabelecida no âmbito da União Europeia;
- Entidades residentes num Estado, que não conste da lista de países, territórios ou regiões sujeitos a um regime fiscal claramente mais favorável, constante da portaria nº 150/2004, de 13 de fevereiro, com o qual tenha sido celebrada convenção para evitar a dupla tributação, que preveja cooperação administrativa, estando nesse Estado sujeita e não isenta de um imposto similar ao IRC.

Caso os sujeitos passivos não reúnam os requisitos para beneficiar do regime da *participation exemption*, relativamente aos lucros e reservas distribuídos provenientes de investimentos efetuados no estrangeiro, podem, ainda assim, beneficiar do crédito de imposto que se encontra previsto nos artigos 91º e 91º-A do Código do IRC.

Por um lado, o artigo 91º do Código do IRC refere-se à aplicação de um crédito de imposto por dupla tributação jurídica internacional, aplicável quando na matéria coletável do sujeito passivo, residente em território português, tenham sido incluídos lucros ou prejuízos obtidos no estrangeiro por um seu estabelecimento estável, o que ocorre quando os sujeitos passivos não fizeram a opção pela tributação desse estabelecimento estável separadamente da sua casa-mãe residente em território português, e que corresponde à menor das seguintes importâncias:

- Imposto sobre o rendimento pago no estrangeiro;

---

[44] O artigo 2º da Diretiva estabelece que são elegíveis as sociedades que: (i) revistam uma das formas societárias previstas no seu anexo A; (ii) sejam consideradas residentes num Estado-membro da EU e que nos termos da CDT não sejam consideradas residentes fora da EU, e; (iii) estejam sujeitas e não isentas, sem possibilidade de opção, a qualquer um dos impostos elencados no seu anexo B.

PARTICIPATION EXEMPTION

- Fração do IRC, calculado antes da dedução, correspondente aos rendimentos que no país em causa possam ser tributados, incluindo o valor do imposto pago no estrangeiro, líquido dos gastos suportados para a sua aquisição. Esta dedução é efetuada pelo país onde os sujeitos passivos possuam estabelecimento estável e, em caso de insuficiência de coleta, o crédito de imposto pode ainda ser deduzido nos cinco períodos de tributação seguintes.

Por outro lado, o artigo 91º-A do Código do IRC refere-se à aplicação de um crédito de imposto por dupla tributação económica internacional, destinado a abranger os lucros e reservas incluídos no lucro tributável dos sujeitos passivos, desde que tais rendimentos não tenha beneficiado do regime de *participation exemption* e desde que o sujeito passivo opte pela aplicação desta dedução, e corresponde à menor das seguintes importâncias:

- Imposto sobre o rendimento pago estrangeiro;
- Fração do IRC, calculado antes desta dedução, correspondente aos lucros e reservas distribuídos, incluindo o valor do imposto pago no estrangeiro, líquido dos gastos suportados para a sua aquisição. Esta dedução é efetuada pelo país onde os sujeitos passivos possuam estabelecimento estável e, em caso de insuficiência de coleta, o crédito de imposto pode ainda ser deduzido nos cinco períodos de tributação seguintes.

Porém, só é aplicável quando o sujeito passivo de IRC possua uma participação, direta ou indireta, na entidade que distribui os lucros ou reservas não inferior a 5% e desde que essa participação seja detida por um período ininterrupto de 24 meses ou, se for detida por um período inferior, que seja mantida durante o tempo necessário para completar aquele período.

Relativamente ao regime fiscal aplicável à exportação de dividendos e reservas, isto é, aos dividendos e reservas pagos por entidades residentes em território português à sua casa-mãe situada fora deste território, encontra-se, igualmente, prevista uma isenção, nos casos em que a participação, direta ou indireta, no capital social de sociedades residentes em território português seja não inferior a 5% e desde que essa participação seja mantida, de forma ininterrupta, por um período mínimo de 24 meses anteriores à distribuição de dividendos. Caso o requisito temporal se venha a verificar posteriormente, o beneficiário dos rendimentos não residente em território português pode solicitar o seu reembolso no prazo de 2 anos contados a partir do

MANUAL TEÓRICO-PRÁTICO DE IRC

momento em que se completou o período de detenção da participação de 24 meses.

Para efeitos de aplicação deste regime de eliminação da dupla tributação na exportação de dividendos e reservas, é ainda necessário que se verifique que o beneficiário desses rendimentos seja residente num Estado-membro da UE, num Estado-membro do EEE que esteja vinculado a cooperação administrativa no domínio da fiscalidade no âmbito da União Europeia ou num Estado com o qual tenha sido celebrada uma CDT, que preveja a cooperação administrativa no domínio da fiscalidade.

Exercícios

EXERCÍCIO 1:

Em 2018, a sociedade XYZ recebeu, da sociedade XTR, lucros no montante de € 500.000.

Ambas as sociedades têm sede em território português e a sociedade XYZ detém a participação de 15% na sociedade XTR, desde 2013.

Qual será o enquadramento, nos termos e para os efeitos do artigo 51º do Código do IRC, tendo em conta que ambas as sociedades são sujeitas e não isentas de imposto?

EXERCÍCIO 2:

Em 2011, a sociedade Y adquiriu 30% da sociedade Z, pelo montante de 1.500.000 €. Em 2018, a sociedade Z distribui resultados, cabendo à Y lucros no valor de 500.000 €.

Qual o valor dos lucros distribuídos a considerar em 2018?

EXERCÍCIO 3:

Admita agora que, em julho de 2019 (ano seguinte ao do exercício anterior), a sociedade Y procede à venda da participação que tem em Z, pelo montante de 400.000 €.

Qual o valor da mais-valia fiscal, tendo em conta o coeficiente de desvalorização da moeda de 1,07 (fictício)?

SOLUÇÕES:

EXERCÍCIO 1:

Tendo em conta que a sociedade XYZ detém, ininterruptamente, uma participação superior a 5% na sociedade XTR há mais de 24 meses, os lucros distribuídos não concorrem para a formação do lucro tributável de XYZ.

EXERCÍCIO 2:

De acordo com o regime previsto no artigo 51º do Código do IRC, a sociedade Y pode deduzir ao lucro tributável a totalidade dos lucros distribuídos por Z

EXERCÍCIO 3:

A menos valia contabilística é de 1.100.000€ (400.000 − 1.500.000). Por outro lado, a menos valia fiscal é de 1.205.000 (400.000 − 1.500.000 x 1,07).

No entanto, apenas é aceite como gasto fiscal, o montante de 705.000 € (1.205.000 − 500.000), pois de acordo com o nº 2 do artigo 23º-A, não são dedutíveis as menos valias e outras perdas relativamente a instrumentos de capital próprio, na parte que diz respeito a lucros ou reservas distribuídos que tenham beneficiado no próprio período ou nos 4 anteriores da eliminação da dupla tributação económica dos lucros e reservas distribuídos.

APURAMENTO DO IMPOSTO

17. Reporte de prejuízos

Síntese

- Ao lucro fiscal (apurado no final do Quadro 7 da Modelo 22), uma empresa pode, de acordo com as regras estabelecidas no Código do IRC, deduzir os prejuízos fiscais de anos anteriores.
- Os limites de anos de reporte de um prejuízo fiscal (contados a partir do ano seguinte ao do apuramento do prejuízo) são:
  a) Prejuízos até 2009 (inclusive): 6 anos de reporte;
  b) Prejuízos de 2010 e 2011: 4 anos de reporte;
  c) Prejuízos de 2012 e 2013: 5 anos de reporte;
  d) Prejuízos de 2014-2016: 12 anos de reporte.
  e) Prejuízos de 2017 e seguintes (exceto para PME´s que mantêm os 12 anos): 5 anos
- Até 2012, podia-se reportar prejuízos até ao montante do lucro do ano. Entre 2012 e 2013, houve um limite de reporte de prejuízos até 75% do lucro desse ano. Após 2014, esse limite passou para 70%.
- A regra até 2016 é que se reportava sempre o prejuízo dos anos mais antigos. A partir de 2017, deixou de ser obrigatório esse reporte pelo prejuízo mais antigo.
- Pode reportar-se vários anos de prejuízo num único ano de lucros ou usar um ano de prejuízos em vários anos de lucros.

Desenvolvimento do tema

A atividade empresarial é exercida, com carácter continuado, ao longo de vários exercícios económicos, observando o princípio contabilístico da

MANUAL TEÓRICO-PRÁTICO DE IRC

continuidade. No entanto, face às necessidades de avaliar o desempenho da empresa, de prestar contas com os acionistas e de dar informação a investidores, Estado, clientes, fornecedores, etc., o desempenho das empresas é medido em ciclos, ciclos esses que, em regra, duram um ano. Durante esse período a atividade tanto pode gerar lucros como prejuízos.

O IRC determina que o apuramento do lucro tributável é feito o princípio da periodização económica (especialização dos exercícios), sendo com base na regra da anuidade, que o carácter contínuo da atividade deixa de existir. Este mecanismo permite que os prejuízos ocorridos em determinado período de tributação possam ser compensados em exercícios posteriores em que se verificassem resultados positivos.

No plano fiscal, a possibilidade de reporte de prejuízos fiscais tem sofrido inúmeras alterações, ora aumentando ou diminuindo os prazos de reporte e os limites, consoantes as necessidades de receita do Estado. Por um lado, aumenta-se o prazo, como ocorreu recentemente com a Reforma de IRC em 2014, no sentido de apoiar as empresas e integrado num plano do Governo de crescimento económico de apoio à internacionalização das empresas e da criação de emprego. Noutros casos, reduz-se o prazo, quando o objetivo se prende com questões políticas ou necessidade de receita por parte do Estado.

A verdade é que as alterações têm sido bastante frequentes como se pode verificar, a título meramente exemplificativo, no que aconteceu nos últimos 10 anos:

Prejuízos até 2009 (inclusive): 6 anos de reporte

Prejuízos de 2010 e 2011: 4 anos de reporte

Prejuízos de 2012 e 2013: 5 anos de reporte

Prejuízos de 2014 e 2016: 12 anos de reporte

Prejuízos de 2017 e seguintes:
- 12 anos no caso de PME (Decreto-Lei nº 372/2007)
- 5 anos nos restantes casos

Ultrapassados estes prazos, o prejuízo deixa de poder ser reportado, perdendo-se, assim, o benefício fiscal respetivo. Note-se, que se houver atividades isentas e tributáveis, os prejuízos das atividades isentas não comunicam aos lucros das atividades tributáveis. Da mesma forma, havendo aplicação de métodos indiretos não há dedução dos prejuízos fiscais.

A partir de 2012 existem os seguintes limites à utilização dos prejuízos: em 2012 e 2013, só podem ser usados prejuízos até 75% do lucro tributável (mantendo, assim, um mínimo de 25% do lucro tributável como matéria co-

REPORTE DE PREJUÍZOS

letável), sendo que, em 2014 e anos seguintes, esse limite passa para 70% do lucro tributável.

Exemplo:

Ano	Lucro/Prejuízo após Q7 da Modelo 22	Valor do reporte de prejuízos	Lucro/prejuízo fiscal	Ano(s) do reporte de prejuízos
2006	-50.000	----------	-50.000	----------
2007	-200.000	----------	-200.000	----------
2008	+60.000	60.000	0	50 mil de 2006 e 10 mil de 2007
2009	+40.000	40.000	0	40 mil de 2007
2010	-30.000	----------	-30.000	----------
2011	-70.000	----------	-70.000	----------
2012	+100.000	75.000 (aplica-se limite de 75% do lucro)	25.000	75 mil de 2007
2013	-50.000	----------	-50.000	----------
2014	-20.000	----------	-20.000	----------
2015	+50.000	35.000 (aplica-se o limite de 70%)	15.000	35 mil de 2011 (1)
2016	+30.000	21.000 aplica-se o limite de 70%)	9.000	21 mil de 2013 (2)
2017	+150.000	49.000 (3)	101.000	29 mil de 2013 20 mil de 2014

(1) – Apesar de só se ter usado 125 mil de 2007 (de um prejuízo de 200 mil), não é possível continuar a usar o prejuízo de 2007 a partir de 2014, dado que passaram os 6 anos de limite de reporte.
(2) – Em 2016 já não é possível continuar a usar o prejuízo de 2011, dado que já passaram 4 anos.
(3) – Em 2017 não se aplica o limite de 70% do lucro, dado que o prejuízo ainda por reportar, de 49 mil, é inferior a esse limite.

Com base neste exemplo, é possível estabelecer algumas regras que devem ser usadas no reporte de prejuízos:
- Até 2016, a utilização dos prejuízos deve seguir o princípio de usar primeiro o prejuízo mais antigo, sendo que esta norma foi revogada com a Lei do Orçamento de Estado para 2017;
- Um ano de prejuízo pode ser usado em vários anos de lucro;
- Da mesma forma, vários anos de prejuízo podem ser usados num único ano de lucro.

Contudo, a regra geral de dedução de prejuízos deixa de ser aplicável quando se verificar, à data do termo do período de tributação em que é efetuada a dedução, que, em relação àquele a que respeitam os prejuízos, se verificou a alteração da titularidade de mais de 50% do capital social ou da

MANUAL TEÓRICO-PRÁTICO DE IRC

maioria dos direitos de voto. O Ministro das Finanças pode autorizar, em casos especiais de reconhecido interesse económico e, mediante requerimento a apresentar nos 30 dias após as alterações referidas, que não seja aplicável esta limitação.

Quando se efetuarem correções aos prejuízos fiscais declarados pelo sujeito passivo, devem alterar-se, em conformidade, as deduções efetuadas, não se procedendo, porém, a qualquer anulação ou liquidação, ainda que adicional, de IRC, se decorrerem mais de quatro anos relativamente àquele a que o lucro tributável respeite (nº 4 do artigo 52º Código do IRC). Quando o reporte de prejuízos for mal preenchido na Declaração Modelo 22 de IRC e já não seja possível apresentar declaração de substituição, o meio adequado para corrigir a situação será o procedimento de revisão dos atos tributários, previsto no artigo 78º da LGT.

Nas sociedades sujeitas ao regime de transparência fiscal, os prejuízos fiscais de sociedades civis não constituídas sob forma comercial, sociedades de profissionais e sociedades de simples administração de bens serão deduzidos unicamente aos lucros tributáveis das mesmas sociedades (nº 7 do artigo 52º do Código do IRC), diferentemente dos agrupamentos complementares de empresas (ACE) ou de agrupamentos europeus de interesse económico (AEIE), em que a imputação dos resultados fiscais (lucros ou prejuízos) é sempre feita aos seus sócios (nº 2 do artigo 6º do Código do IRC).

Caso o apuramento do lucro seja efetuado através de métodos indiretos, não será possível, para esse exercício, a utilização de reporte de prejuízos de anos anteriores. Tal não invalida, naturalmente, que em anos seguintes (em que o lucro tributável seja apurado pelas regras gerais) esses prejuízos não possam ser usados (desde que cumpridos os requisitos atrás enunciados).

Reforça-se, por fim, que, a partir de 2017, deixou de ser obrigatório a utilização em primeiro lugar dos prejuízos mais antigos. Isso resulta da alteração em 2016 do prazo de 12 para 5 anos, o que fez com que os prejuízos de 2014 e 2015 tivessem um período mais longo que os de 2017 em diante.

REPORTE DE PREJUÍZOS

Exercícios

EXERCÍCIO 1:

Caso Prático de reporte de prejuízos

Período	Lucro/prejuízo fiscal	Reporte
2010	-100.000,00	
2011	-20.000,00	
2012	40.000,00	
2013	30.000,00	
2014	-40.000,00	
2015	100.000,00	
2016	150.000,00	

EXERCÍCIO 2:

Complete o quadro de reporte de prejuízos, admitindo que se trata de uma PME, nos termos do Decreto-Lei n° 372/2007, de 6 de novembro:

Período	Lucro/prejuízo fiscal	Prejuízos acumulados	Reporte	Matéria coletável	Último ano para reporte
2007	-200.000,00				
2008	-120.000,00				
2009	30.000,00				
2010	-50.000,00				
2011	20.000,00				
2012	20.000,00				
2013	-30.000,00				
2014	60.000,00				
2015	80.000,00				
2016	50.000,00				
2017	-35.000,00				

EXERCÍCIO 3:

Uma empresa que em 2010 apurou um prejuízo de 60 mil €, que nos anos seguintes apurou lucros, de acordo com a seguinte informação, quanto pode deduzir em cada ano?

- 2011: lucro de 40 mil €
- 2012: lucro de 10 mil €
- 2013: lucro de 6 mil €
- 2014: lucro de 4 mil €

Exercício 4:
Complete o quadro de reporte de prejuízos

Período	Lucro/prejuízo fiscal	Prejuízos acumulados	Reporte	Matéria coletável	Ultimo ano para reporte
2013	-200.000,00				
2014	-120.000,00				
2015	30.000,00				
2016	-50.000,00				
2017	20.000,00				
2018	20.000,00				
2019	-30.000,00				
2020	60.000,00				

Exercício 5:
A agência de viagens Sol e Mar, foi constituída em 2008 com um capital social de € 100.000,00 pelos sócios X, Y, W e Z todos pessoas singulares. Em dezembro de 2017, os sócios Y, W e Z decidiram alienar, por € 60.000,00, as suas quotas ao sócio X, dado que não acreditam na viabilidade da empresa. A escritura de cessão de quotas foi celebrada ainda em dezembro, no dia 20.

A empresa tinha acumulado prejuízos no valor de € 350.000,00, entre 2014 e 2016.

Quais as consequências desta alteração de titularidade?

Soluções

Exercício 1:

Ano	Lucro/prejuízo fiscal	Reporte	Explicação
2010	-100,000.00		4 anos de reporte
2011	-20,000.00		4 anos de reporte
2012	40,000.00	-30,000.00	dedução parcial do prejuízo de 2010. Aplicação do limite de 75%.
2013	30,000.00	-22,500.00	dedução parcial do prejuízo de 2010. Aplicação do limite de 75%.
2014	-40,000.00		12 anos de reporte
2015	100,000.00	-60,000.00	dedução dos prejuízos de 2011 e 2014. Abaixo do limite de 70%
2016	150,000.00		

REPORTE DE PREJUÍZOS

Exercício 2:

Período	Lucro/prejuízo fiscal	Prejuízos acumulados	Reporte	Matéria coletável	Ano de reporte
2007	-200.000,00	-200.000,00		0,00	2013
2008	-120.000,00	-320.000,00		0,00	2014
2009	30.000,00	-290.000,00	30.000,00	0,00	
2010	-50.000,00	-340.000,00		0,00	2014
2011	20.000,00	-320.000,00	20.000,00	0,00	
2012	20.000,00	-305.000,00	15.000,00	5.000,00	
2013	-30.000,00	-205.000,00		0,00	2018
2014	60.000,00	-30.000,00	42.000,00	18.000,00	
2015	80.000,00	-	30.000,00	50.000,00	
2016	50.000,00			50.000,00	
2017	-35.000,00	-35.000,00			2029

Exercício 3:

Pode deduzir 40 mil em 2011 (não há limite percentual); 7.500 em 2012 (limite de 75%); 4.500 em 2013 (limite de 75%) e 2.800 em 2014 (limite de 70%). Refira-se que apenas foram usados 54.800 €, tendo ficado por usar 5.200 €, que pela passagem de 4 anos, ficam sem possibilidade de serem dedutíveis.

Exercício 4:

Período	Lucro/prejuízo fiscal	Prejuízos acumulados	Reporte	Matéria coletável	Ano de reporte
2013	-200.000,00	-200.000,00		0,00	2018
2014	-120.000,00	-320.000,00		0,00	2026
2015	30.000,00	-299.000,00	21.000,00	9.000,00	
2016	-50.000,00	-349.000,00			2028
2017	20.000,00	-335.000,00	14.000,00	6.000,00	
2018	320.000,00	-111.000,00	224.000,00	96.000,00	
2019	-30.000,00	-141.000,00			2024
2020	60.000,00	-99.000,00	42.000,00	18.000,00	

Notas:
- No período de 2015, a empresa deduziu parte dos prejuízos fiscais gerados em 2013, utilizando a regra FIFO, até ao máximo de 70% do lucro tributável;
- No período de 2017, a empresa deduziu parte dos prejuízos fiscais gerados em 2013, utilizando a regra FIFO, até ao máximo de 70% do lucro tributável;
- No período de 2018, a empresa deduziu o remanescente dos prejuízos fiscais de 2013 e parte dos prejuízos fiscais de 2014, utilizando a regra FIFO;
- Por fim, no período de 2020, como deixou de existir a regra FIFO, a empresa deve utilizar primeiro os prejuízos fiscais gerados em 2019 e só depois os prejuízos fiscais gerados em 2014 e 2016.

MANUAL TEÓRICO-PRÁTICO DE IRC

Exercício 5:

O nº 8 do artigo 52º do Código do IRC introduz uma limitação ao direito de reporte de prejuízos fiscais, quando se dê uma alteração de titularidade de mais de 50% do capital social ou dos direitos de voto da sociedade que detém os prejuízos. Neste caso, houve uma alteração de 75% do capital social da sociedade Sol e Mar, no entanto, há que ter em atenção as exceções previstas no nº 9 do artigo 52º do Código do IRC, designadamente, quando o adquirente detenha ininterruptamente, direta ou indiretamente, mais de 20% do capital social ou dos direitos de voto da sociedade desde o início do período de tributação a que respeitam os prejuízos fiscais (alínea e)).

Assim, dado que o adquirente, sócio X, já detinha 25% do capital social da sociedade, a Sol e Mar pode continuar a deduzir os seus prejuízos fiscais aos lucros tributáveis futuros.

18. O procedimento de demonstração do preço efetivo na transmissão de imóveis

Síntese

- A determinação do valor patrimonial tributário (VPT) dos imóveis, obtida através da fórmula prevista nos artigos 38° e seguintes do Código do IMI, tem importantes implicações ao nível da tributação do rendimento, mais precisamente, quando o valor de transação do imóvel diverge do seu VPT.

Desenvolvimento do tema

O artigo 64° do Código do IRC e a correção ao valor de transmissão de direitos reais sobre bens imóveis

Com a epígrafe "correções ao valor de transmissão de direitos reais sobre bens imóveis", encontra-se inserido nas disposições comuns e diversas do Código do IRC.

Corresponde ao anterior artigo 58°-A, tendo sido aditado pelo artigo 5° do Decreto-Lei n° 287/2003, de 12 de novembro, que procedeu à reforma da tributação do património, alterando diversa legislação tributária conexa com essa reforma, designadamente, o Código do IRS e o Código do IRC. Essa alteração deveu-se ao intuito do legislador em introduzir normas antia-

MANUAL TEÓRICO-PRÁTICO DE IRC

buso e de combate à fraude e evasão fiscal, por forma a manter a equidade na tributação do património.

Nesse sentido, dispõe o nº 1 do artigo 64º que os alienantes e os adquirentes de imóveis devem adotar, para efeitos de determinação do lucro tributável, valores normais de mercado que não podem ser inferiores aos valores patrimoniais definitivos. Estes valores patrimoniais são os que serviram de base à liquidação do IMT, ou os que serviriam, no caso de não haver lugar à liquidação deste imposto.

Assim, encontra-se subjacente a esta norma não só a exigência da verificação da existência de transmissões onerosas de direitos reais sobre bens imóveis com reflexo no lucro tributável, mas também que o valor declarado, no âmbito dessas transmissões, seja diferente do valor normal de mercado ou do valor patrimonial tributário. Verificados estes requisitos, entende o legislador que pode haver abuso da forma jurídica.

Ademais, estabelece-se no nº 2 do ainda artigo 64º do Código do IRC que, caso o valor constante do contrato seja inferior ao valor patrimonial tributário definitivo do imóvel, será este o valor a ter em conta para determinação do lucro tributável, impondo-se ao sujeito passivo alienante uma correção, na declaração de rendimentos do período a que respeita a alienação, correspondente à diferença positiva entre o valor patrimonial definitivo do imóvel e o valor constante do contrato.

Impõe-se, assim, o princípio base de que os vendedores e compradores de direitos reais de imóveis devem adotar, nas suas transações, valores de mercado que não poderão ser inferiores aos VPT definitivos que serviram de base à liquidação de IMT.

Daí que, sempre que se verifiquem desvios negativos entre o valor declarado pelas partes e o respetivo VPT, ou seja, sempre que este seja superior àquele, será o VPT o valor relevante para efeitos de determinação do lucro tributável.

A aplicação desta regra implicará a obrigação de os sujeitos passivos de IRC cumprirem as obrigações de natureza contabilística e declarativa, para além da eventual obrigação de entrega de imposto, só sendo suscetível de ser afastada na sequência de um procedimento tributário que possibilite a demonstração, perante a administração tributária, que os valores das transações praticados foram efetivamente inferiores aos valores patrimoniais tributários respetivos.

Razão por que foi instituída a possibilidade de os sujeitos passivos exibirem elementos de prova que comprovem que o valor declarado e registado na contabilidade é o verdadeiro preço de compra (no caso do comprador) e o verdadeiro preço de venda (no caso do alienante), em conformidade com o disposto no artigo 139º do Código do IRC.

Imagine-se uma sociedade, por exemplo, a sociedade "Vendas, Lda.", cuja atividade é a compra e venda de imóveis e que procedeu à venda de um imóvel, em 18 de junho de 2017, pelo preço de € 350.000,00. Este imóvel havia sido objeto de segunda avaliação, tendo-lhe sido fixado o VPT definitivo de € 400.000,00, que foi notificado à sociedade adquirente em 12 de dezembro de 2017. Que correções haveria a efetuar para efeitos do artigo 64º do Código do IRC?

Ora, nos termos do nº 4 do citado artigo 64º e, não tendo o VPT sido determinado até ao final do prazo estabelecido para entrega da declaração Modelo 22 relativa ao período de tributação em que se considera realizado o rendimento relativo à transmissão, a sociedade "Vendas, Lda." tinha que apresentar uma declaração de substituição durante o mês de janeiro do ano de 2018, correspondente à diferença positiva entre o VPT e o preço de venda, isto é, deveria fazer acrescer, no Quadro 07 da Declaração Modelo 22, a importância de € 50.000,00. Já o adquirente do imóvel adotaria o VPT para a determinação de qualquer resultado tributável em IRC relativamente ao imóvel, estando obrigado comprovar o tratamento contabilístico e fiscal dado ao mesmo no seu processo de documentação fiscal.

O procedimento de prova do preço efetivo como garantia impugnatória

Tendo por base o princípio consagrado no artigo 73º da LGT, de que *"as presunções consagradas nas normas de incidência tributária admitem sempre prova em contrário"*, a lei criou um procedimento tributário em ordem a permitir ao sujeito passivo de IRC demonstrar que o preço efetivamente praticado é inferior ao VPT fixado e, assim, afastar a presunção resultante do referido artigo 64º do Código do IRC.

Ora, este procedimento é instaurado mediante requerimento dirigido ao diretor de finanças competente, a apresentar no mês de janeiro do ano seguinte àquele em que ocorreu a transmissão (caso o valor patrimonial tributário já se encontre definitivamente fixado) ou nos 30 dias posteriores à data em que a avaliação se tornou definitiva (nos restantes casos) e rege-se, nos termos do nº 5 da norma transcrita, *"pelo disposto nos artigos 91º e 92º da Lei Geral Tributária, com as necessárias adaptações, sendo igualmente aplicável o disposto no nº 4 do artigo 86º da mesma lei"*.

MANUAL TEÓRICO-PRÁTICO DE IRC

Equipara-se, assim, este procedimento àquele previsto nos artigos 91º e 92º da LGT (pedido de revisão da matéria coletável fixada por métodos indiretos), constituindo tal procedimento uma condição necessária à abertura da via contenciosa (nº 7 do artigo 129º do Código do IRC), sendo conferido ao contribuinte a possibilidade de, na impugnação respetiva, e ao abrigo do princípio da impugnação unitária modelado pelo artigo 54º do CPPT, discutir qualquer ilegalidade, seja do ato consequente, seja do próprio procedimento de prova do preço efetivo.

Do pedido de revisão da matéria coletável como reação à utilização dos métodos indiretos e das adaptações necessárias face ao procedimento de prova do preço efetivo

No nosso sistema fiscal, a matéria coletável é, em regra, determinada com base nas declarações dos contribuintes, nos termos do nº 1 do artigo 75º da LGT, havendo mesmo uma "presunção da verdade"[45] das mesmas. O nº 2 do artigo 59º do CPPT acrescenta ainda que "o apuramento da matéria tributável far-se-á com base nas declarações dos contribuintes, desde que estes as apresentem nos termos previstos na lei e forneçam à A.T. os elementos indispensáveis à verificação da sua situação tributária".

Assim, se a declaração apresentada pelo contribuinte estiver de acordo com os dados constantes da sua contabilidade, estando esta organizada nos termos da lei e não se verificando quaisquer erros, imprecisões ou outros indícios fundados de que ela não corresponde à realidade (situações previstas no nº 2 do artigo 75º da LGT), pressupõe-se que tal declaração é verdadeira e de boa-fé, sendo a matéria coletável declarada considerada a real.

Contudo, a AT pode, em determinadas situações, ser chamada a apurar o lucro tributável, o que faz através de duas formas distintas:

- Avaliação direta: determinação do valor real dos rendimentos ou bens sujeitos a tributação segundo os critérios próprios de cada tributo (artigos 81º, nº 1 e 83º, nº 1);
- Avaliação indireta[46]: determinação do valor dos rendimentos ou bens tributáveis a partir de indícios, presunções ou outros elementos de que a A.T. disponha e apenas nos casos e condições expressamente previstos

---

[45] GUERREIRO, António Lima, *Lei Geral Tributária Anotada*, Editora Rei dos Livros, pág. 331.

[46] Como ensina José Xavier de BASTO em "O princípio da tributação do rendimento real e a Lei Geral Tributária", *Fiscalidade*, nº 5, Janeiro 2001, pág. 15, "*a avaliação indireta (…) é própria das situações em que se rompeu a confiança na qualidade das informações do contribuinte, sendo então a administração chamada a reconstituir a verdade material por apelo a outros elementos disponíveis*".

na lei (n°s 2 dos citados artigos). O Código do IRS (artigo 39°), o Código do IRC (artigo 52°) e o Código do IVA (artigo 90°) preveem a possibilidade da aplicação de métodos indiretos nos termos da LGT.

Se o primeiro critério não oferece dúvidas, na medida em que a partir dele a matéria coletável e, consequentemente, a prestação tributária são determinadas com base no valor real dos rendimentos ou bens sujeitos a tributação, o mesmo não sucede com a avaliação indireta, com os chamados métodos indiretos.

O recurso a estes métodos está legitimado por força do princípio da capacidade contributiva que admite à A.T. a faculdade de conhecer o rendimento tributável de forma indireta, quando comprove que não pode fazê-lo, por via direta.

A avaliação com base em métodos indiretos subentende, pois, a impossibilidade do apuramento do valor real efetivo dos bens ou rendimentos sujeitos a tributação que, por isso, e para não descurar a descoberta da verdade material, tem de ser determinado com recurso a indícios, presunções ou outros elementos a que a A.T. tenha acesso, conduzindo a uma quantificação presuntiva com base em indicadores legais.

A sua utilização *"traduz-se no recurso por banda da A.T., a elementos de facto conhecidos que, utilizados segundo as regras da experiência, pautados por critérios de razoabilidade e normalidade, conduzem à extrapolação de outros desconhecidos que servem de suporte ao juízo valorativo extraído pela mesma"*[47].

Ou seja, *"o valor real dos bens ou rendimentos determinados pela avaliação indireta só pode ser, pois, o presumido e jamais o efetivo"*[48]. Porém, o apuramento por métodos indiretos deve conduzir a juízos razoavelmente fortes, assentarem em razões sólidas, pois só estas são de molde a criarem uma convicção de verdade.

Antes de mais, a determinação do lucro tributável por métodos indiretos tem um carácter subsidiário da avaliação direta, sendo de lhe aplicar, ao abrigo do artigo 85° da LGT, sempre que possível e a lei não prescrever em sentido diferente, as regras da avaliação direta.

Por outro lado, a aplicação de métodos indiretos é, ainda, de ordem excecional, só sendo opção quando for a única forma de cálculo da matéria

---

[47] Cf. Acórdão do Tribunal Central Administrativo do Sul, datado de 20/05/2008, com referência ao processo n° 2270/08, disponível em www.dgsi.pt.

[48] GUERREIRO, António Lima, ob. cit., pág. 360.

MANUAL TEÓRICO-PRÁTICO DE IRC

coletável. Ou seja, *"só na impossibilidade de comprovação e quantificação direta e dos elementos indispensáveis à determinação da matéria coletável é que pode ser feito com recurso a métodos indiretos ou indiciários"*[49].

"Ora, é desta natureza da avaliação que necessariamente decorrem alguns dos pressupostos básicos da sua legitimidade. O primeiro é que a avaliação tem o claro recorte de uma medida excecional. É um método indispensável, mas apenas perante a existência de declarações fraudulentas. O segundo é que o recurso a métodos indiciários constitui sempre uma sanção pela violação, que deverá ter existido, de deveres de cooperação do contribuinte, sobremaneira a violação das obrigações legais acessórias de declaração, de facturação e de escrituração"[50].

Pois bem:

Perante a aplicação pela AT de métodos indiretos, e salvo os casos de aplicação do regime simplificado de tributação e de correções meramente aritméticas da matéria tributável resultantes de imposição legal[51], de acordo com o nº 14 do artigo 91º da LGT, o sujeito passivo pode requerer, de forma fundamentada, a revisão da matéria tributável fixada por métodos indiretos através de requerimento fundamentado dirigido ao órgão da AT da área do seu domicílio fiscal ou sede. O sujeito passivo goza de um prazo de 30 dias contados a partir da data da notificação da decisão para apresentação desse requerimento, devendo o mesmo conter a indicação do perito[52] que o representa.

O pedido de revisão da matéria coletável tem, nos termos do nº 2 do artigo 91º da LGT, efeito suspensivo. Ao ser recebido o pedido de revisão e estando reunidos os requisitos legais da sua admissão, o órgão da A.T. designará também, e no prazo de 8 dias, um perito desta e marcará uma reunião entre ele e o perito indicado pelo contribuinte, a realizar no prazo máximo de 15 dias.

Tanto ao sujeito passivo, como ao órgão da A.T., cabe a faculdade de requererem a nomeação de um perito independente até à marcação da reunião referida no nº 3.

---

[49] Cf. Acórdão do Tribunal Central Administrativo do Sul, datado de 16/03/2005, com referência ao processo nº 01024/03, disponível em www.dgsi.pt.

[50] SANCHES, José Luís Saldanha, "As Avaliações do IVA e os Deveres de Cooperação dos Retalhistas", Fisco, nº 2 de 15/11/1988, pág. 8.

[51] Nestes casos, e como refere António Lima GUERREIRO (ob. cit., p. 385) os meios próprios de reação serão a impugnação judicial ou a reclamação graciosa.

[52] Em caso de falta do perito designado pelo contribuinte, o órgão da A.T. marcará para o 5º dia subsequente a realização de nova reunião, sendo aquele advertido para apresentar justificação da falta e ainda que a não justificação da falta ou a não comparência à segunda reunião implica desistência da reclamação.

O PROCEDIMENTO DE DEMONSTRAÇÃO DO PREÇO EFETIVO NA TRANSMISSÃO DE IMÓVEIS

O sujeito passivo ao apresentar pedido de revisão da matéria tributável não está sujeito a qualquer encargo em caso de indeferimento do pedido, salvo nos casos em que se verifiquem cumulativamente as circunstâncias do n° 9, já que eles conduzirão a um agravamento até 5% da coleta reclamada.

Visa-se, assim, a obtenção de um acordo quanto ao valor da matéria tributável a considerar para efeitos de tributação.

Da derrogação do sigilo bancário no procedimento de prova efetivo

Face à sua inserção, do ponto de vista jurídico, no âmbito da proteção da intimidade e da reserva de vida privada, as restrições ao segredo bancário operam somente nos casos legalmente previstos e no respeito pelo princípio da proporcionalidade.

Na sua redação inicial, o n° 6 do artigo 139° do Código do IRC (anterior artigo 129°) dispunha nos seguintes termos: *"em caso de apresentação do pedido de demonstração previsto no presente artigo, a administração fiscal pode aceder à informação bancaria do requerente e dos respetivos administradores ou gerentes, referente ao exercício em que ocorreu a transmissão e ao exercício anterior"*. Esta redação veio a ser alterada pelo artigo 52° da Lei n° 53-A/2006, de 29/12 (Lei do Orçamento de Estado para 2007), tendo sido acrescentada a obrigação de anexar os correspondentes documentos de autorização[53].

Ora, esta norma prevê também uma derrogação ao dever do sigilo bancário, como a que prevê o artigo 63°-B da LGT, mas aquela mediante autorização dos visados, revestindo, pois, natureza de lei especial.

Ao conferir à Administração Tributária a prerrogativa de aceder à informação bancária dos administradores ou gerentes da sociedade, o n° 6 do artigo 139° do Código do IRC reveste a natureza de cláusula antiabuso num determinado contexto específico (a transmissão de imóveis com preço efetivamente inferior ao valor patrimonial tributário que serviu de base à liquidação do IMT).

Com esta norma, pretendeu o legislador reunir um conjunto de garantias credíveis e minimamente sólidas que permitam concluir que aquele foi efetivamente o preço praticado numa determinada transação de imóveis, pelo que o levantamento do sigilo bancário representa um meio de prova essencial.

Na verdade, a lei faz recair o ónus da prova sobre o contribuinte e estipula que essa prova terá de ser feita obrigatoriamente, entre outros recursos, através da informação bancária. Não o sendo, se não for dada a autorização

---

[53] Sublinhado nosso.

MANUAL TEÓRICO-PRÁTICO DE IRC

para a derrogação do sigilo, parece que a consequência será o impedimento do acesso ao procedimento previsto no artigo 139º do Código do IRC.

É, pois, sobre o contribuinte que recai a opção de escolher entre a possibilidade de afastar a norma do artigo 64º do Código do IRC, autorizando o acesso à sua informação bancária e obter dos administradores ou gerentes autorização similar, ou não.

Sendo que a possibilidade de obter as autorizações dos gerentes ou administradores é matéria que deve ser tratada na esfera da relação existente entre esses órgãos e as respetivas entidades onde prestam ou prestaram serviços.

Só que dada a massificação das relações tributárias, assentes no princípio declarativo e a concomitante massificação das relações bancárias, cujos registos servem de suporte aos lançamentos contabilísticos, dir-se-á que o acesso aos dados bancários do contribuinte constitui o meio de prova, por excelência, da veracidade das declarações e dos registos contabilísticos. De forma que o cumprimento eficaz do ónus da demonstração da efetividade de certa operação económica e do valor implicado depende muito mais dos registos bancários do que apenas dos registos contabilísticos.

O acesso aos dados referidos coloca-se, pois, como medida idónea e necessária ao fim em vista, porquanto estando em causa a demonstração de que o preço efetivo foi inferior ao preço de mercado, importa garantir o acesso aos dados bancários do impugnante e dos seus administradores, tendo em vista assegurar a veracidade do declarado.

Importa, por último, notar que o objetivo do procedimento é chegar a um acordo, o qual só tem consequências no âmbito dele, não estando em causa a avaliação da situação tributária dos intervenientes, pelo que a informação bancária só pode ser utilizada nesse âmbito.

19. Dedutibilidade dos gastos de financiamento (juros)

Síntese

- Apenas é aceite como custo fiscal os gastos com juros de financiamentos até um máximo de 1 milhão € ou até 30% do EBITDA (será considerado o maior dos dois valores).
- Contudo, o limite de 30% do EBITDA apenas se verificou em 2017. Até 2017, houve um período de transição, em que os limites foram: 2014: 60%; 2015: 50%; 2016: 40%.

Desenvolvimento do tema

Para fazer face às necessidades de investimento, as empresas recorrem frequentemente quer a capital próprio quer a capital alheio, como, por exemplo, empréstimos bancários. O recurso a capital alheio irá, naturalmente, gerar encargos financeiros.

Porém, para efeitos fiscais, existem limites, anualmente, à possibilidade de deduzir esses encargos. Isto é, de acordo com o previsto no artigo 67° do Código do IRC, as empresas apenas poderão considerar como gastos num determinado período de tributação, um dos seguintes limites, consoante o que for maior:

    i) Até um máximo de um milhão de euros de gastos de financiamento líquidos (GFL); ou

MANUAL TEÓRICO-PRÁTICO DE IRC

ii) Até 30% do seu EBITDA (resultado antes de impostos, depreciações e GFL).

O resultado antes de impostos, depreciações e GFL corresponde, em termos contabilísticos, ao valor que consta na demonstração de resultados por naturezas, antes de serem tidos em conta os gastos ou reversões de depreciação e de amortização e as perdas ou reversões de imparidade de investimentos depreciáveis ou amortizáveis, os GFL e o imposto sobre o rendimento do período.

Por sua vez, serão de considerar como gastos de financiamento as importâncias devidas ou associadas à remuneração de capitais alheios deduzidos de rendimentos de idêntica natureza. São exemplos de gastos de financiamento os seguintes:

- Juros de descobertos bancários;
- Juros de empréstimos obtidos a curto e longo prazo;
- Juros de obrigações e outros títulos assimilados;
- Amortizações de descontos ou de prémios relacionados com empréstimos obtidos;
- Amortizações de custos acessórios[54] relacionados com empréstimos obtidos;
- Encargos financeiros relativos a locações financeiras;
- Diferença de câmbios desfavoráveis relativos a empréstimos em moeda estrangeira.

Para efeitos de apuramento dos GFL, poderão ser deduzidos àqueles, por exemplo, os seguintes rendimentos:

- Juros de depósitos;
- Juros de empréstimos concedidos, incluindo a empresas associadas e subsidiárias;
- Ganhos obtidos com diferenças de câmbio favoráveis;
- Outros rendimentos similares a juros.

Por outro lado, nos termos do artigo 67º, o conceito de EBITDA corresponde ao EBITDA contabilístico corrigido de:

a) Ganhos e perdas resultantes de alterações de justo valor que não concorram para a determinação do lucro tributável;

---

[54] Incluem-se neste conceito, designadamente, os custos diretamente atribuíveis à aquisição, emissão ou alienação de um ativo ou passivo financeiro, designadamente, as comissões bancárias e o imposto do selo.

DEDUTIBILIDADE DOS GASTOS DE FINANCIAMENTO (JUROS)

b) Imparidades e reversões de investimentos não depreciáveis ou amortizáveis;
c) Ganhos e perdas resultantes da aplicação do método da equivalência patrimonial ou, no caso de empreendimentos conjuntos que sejam sujeitos passivos de IRC, do método de consolidação proporcional;
d) Rendimentos ou gastos relativos a partes de capital às quais seja aplicável o regime de *participation exemption*;
e) Rendimentos ou gastos imputáveis a estabelecimento estável situado fora do território português tributado separadamente da casa-mãe;
f) A contribuição extraordinária sobre o setor energético.

Relativamente ao limite indexado ao EBITDA, foi criado um regime transitório que vigorou até 2017. Assim, durante os períodos de tributação iniciados entre 2014 e 2017, devem ser considerados, para efeitos da regra de limitação à dedutibilidade de gastos de financiamentos, os seguintes limites:
- 2014 – 60 % do EBITDA;
- 2015 – 50 % do EBITDA;
- 2016 – 40 % do EBITDA;
- 2017 – 30 % do EBITDA.

Esta limitação é aplicável aos sujeitos passivos com sede ou direção efetiva e ainda aos estabelecimentos estáveis de entidades não residentes, independentemente da localização do domicílio fiscal do credor e de existirem ou não relações especiais entre o devedor e o credor, com exceção das seguintes entidades:
- Entidades sujeitas à supervisão do Banco de Portugal e do Instituto de Seguros de Portugal;
- Sucursais em Portugal de instituições de crédito e outras instituições financeiras ou empresas de seguros;
- Sociedades de titularização de créditos constituídas nos termos do Decreto-Lei nº 453/99, de 5 de novembro.

VEJAMOS O SEGUINTE EXEMPLO:
Considere os seguintes dados relativamente à sociedade Quelhas, no período de tributação de 2014:
- EBITDA: € 2,5 milhões
- GFL: € 1,2 milhões

Qual o montante de gastos de financiamento líquidos que a sociedade Quelhas poderá deduzir no ano de 2014?

MANUAL TEÓRICO-PRÁTICO DE IRC

Determinar qual o limite superior:

1° Limite: € 1 milhão

2° Limite: € 1,5 milhões (60% do EBITDA – regime transitório para 2014)

No período de 2014, tendo em conta o 2° limite, a sociedade Quelhas poderá deduzir a totalidade dos GFL, ou seja, € 1,2 milhões.

Quanto aos encargos que não sejam dedutíveis, pelo facto dos gastos líquidos superarem os limites previstos, de referir que poderão ainda ser aproveitados e abatidos como gasto nos cinco períodos de tributação posteriores por via do reporte, desde que somados aos gastos de financiamento desse mesmo período e não ultrapassem o maior dos limites supra indicados. Quem, pelo contrário, tenha gastos inferiores a 30% do resultado antes de impostos, gastos líquidos e depreciações, pode usar a parte não utilizada desse limite (limite que iremos designar de "folga") em cada um dos cinco períodos de tributação posteriores, até à sua integral utilização[55].

VEJAMOS OUTRO EXEMPLO:

Considere agora os seguintes dados relativamente à mesma sociedade e no período de 2015.

– EBITDA: € 3 milhões
– GFL: € 0,5 milhões

Qual o montante de gastos de financiamento líquidos que poderá deduzir no ano de 2015?

Em primeiro lugar, vamos apurar qual o limite a aplicar:

1° Limite: € 1 milhão

2° Limite: € 1,5 milhões (50% do EBITDA – regime transitório para 2015)

No ano de 2015, a sociedade Quelhas poderá deduzir a totalidade dos GFL, independentemente do limite.

Vamos agora apurar a "folga":

– 30% de € 3 milhões (EBITDA): € 0,9 milhões

---

[55] De referir que, contrariamente ao limite indexado ao valor do EBITDA, não existe nenhum regime transitório aplicável à "folga". Assim o valor de referência para apurar a eventual folga é sempre 30%.

DEDUTIBILIDADE DOS GASTOS DE FINANCIAMENTO (JUROS)

Como se pode verificar o valor, em 2015, dos gastos de financiamento é inferior a 30% do valor do EBITDA, pelo que terá uma folga de € 0,4 milhões que poderá reportar para os cinco anos seguintes.

Para efeitos da identificação dos GFL passíveis de reporte, bem como da parte não utilizada do limite que se deva acrescer ao montante máximo dedutível, ambos durante os cinco períodos subsequentes, consideram-se, em primeiro lugar, os GFL e a parte do limite não utilizada que tenham sido apurados há mais tempo.

Tal reporte deixa, no entanto, de ser aplicável quando se verificar uma alteração da titularidade de mais de 50% do capital social ou da maioria dos direitos de voto, salvo em determinadas situações expressamente elencadas. Poderá, porém, ser obtida autorização, para a realização de tal reporte, do membro do Governo responsável pela área das finanças em caso de reconhecido interesse económico, mediante requerimento a apresentar à Autoridade Tributária e Aduaneira.

VEJAMOS OUTRO EXEMPLO:

Considere os seguintes dados relativamente à sociedade XYZ, relativamente aos períodos de tributação de 2014 a 2017:

Ano	EBITDA	GFL	Limites							Apuramento do excesso		
			Art. 67º, nº 1, a)		Art. 67º, nº 1, b)		Art. 67º, nº 3	Excesso reportado do ano anterior	Limite	Valor aceite	No ano	Valor acumulado	Excesso a reportar
			Valor	%	Valor	%	Valor						
2014	5	2,3	1	60	3	30	1,5	0	3	2,3	0	0	0
2015	5	0,5	1	50	2,5	30	1,5	0	2,5	0,5	1	1	1
2016	5	1	1	40	2	30	1,5	1	3	1	0,5	1,5	1,5
2017	5	1,8	1	30	1,5	30	1,5	1,5	3	1,8	0	1,2	1,2

No ano de 2014, foi possível deduzir a totalidade dos GFL (2,3), tendo em conta o maior dos limites (60% do EBITDA, aplicável por força do regime transitório).

No ano de 2015, para além de ter sido possível deduzir o limite dos GFL (0,5), também foi reportado o valor de 1 a título de "folga", em virtude dos GFL serem inferiores a 30% do EBITDA.

MANUAL TEÓRICO-PRÁTICO DE IRC

No ano de 2016, continua a ser possível deduzir a totalidade dos GFL (1), dado que aquele valor é inferior ao maior dos limites (30% do EBITDA). Tendo em conta este limite, é possível ainda reportar o valor de 0,5 a título de "folga".

Por fim, em 2017, será possível deduzir o valor de 1,8 porque, embora superior aos limites previstos, aproveitou parte do excesso a reportar de anos anteriores (0,3).

Exercícios

EXERCÍCIO 1:

Admita-se uma sociedade que, no período de 2014, reconheceu na sua contabilidade, a título de GFL, o montante de € 650.000.

Sabendo que o EBITDA já corrigido nos termos do nº 13 do artigo 67º é de € 500.000, qual o valor dos GFL que devem ser considerados para efeitos do apuramento do lucro tributável.

EXERCÍCIO 2:

A sociedade X, no período de 2015, reconheceu na sua contabilidade, a título de GFL, o montante de € 1.050.000.

Relativamente a esta sociedade sabe-se ainda o seguinte:
– EBITDA contabilístico: € 1.750.000
– A empresa reconheceu contabilisticamente a perda que lhe é imputável relativamente a uma participação de 40% que detém noutra sociedade, no valor de € 400.000 (MEP).
– Recebeu dividendos pagos por outra sociedade, onde detém uma participação de 8%, desde 2010, no valor de € 120.000.
– Gastos relativos a ajustamentos de justo valor, no montante de € 15.000, relativamente a duas participações financeiras que a empresa possui de, respetivamente, 8% e 10%

Qual o valor a considerar para efeitos de determinação do lucro tributável de 2015?

EXERCÍCIO 3:

Suponha-se agora que 80% do capital da sociedade X tinha sido adquirido por outra empresa no ano de 2016. Quais as consequências em termos fiscais?

DEDUTIBILIDADE DOS GASTOS DE FINANCIAMENTO (JUROS)

Solução:

Exercício 1:
- Limite da alínea a): € 1.000.000,00
- Limite da alínea b) (60% do EBITDA – regime transitório):
  € 300.000,00 (60% x 500.000,00)

Como o montante dos GFL é inferior ao maior dos limites, o sujeito passivo não tem de proceder a qualquer correção no ano de 2014.

Exercício 2:
EBITDA corrigido: € 2.045.000 (1.750.000 + 400.000 – 120.000 + 15.000)
- Limite da alínea a): € 1.000.000,00
- Limite da alínea b) (50% do EBITDA – regime transitório):
  € 1.022.500 (50% x 2.045.000)

Como o montante dos GFL é superior em € 22.500 ao maior dos limites (€ 1.022.500), o sujeito passivo deverá acrescer este valor ao lucro tributável de 2015. No entanto, o valor do excesso não deduzido pode ainda ser deduzido até ao quinto período de tributação posterior.

Exercício 3:
Como a empresa X tinha um excesso a reportar de GFL referentes a 2015, deveria ter solicitado autorização para a manutenção do direito a deduzir o limite não utilizado, ao Ministro das Finanças, através de requerimento a entregar no prazo de 30 dias a contar daquela alteração de titularidade, demonstrando que a mesma se deveu a razões de interesse económico. Caso não o fizesse, perderia o direito a deduzir a parte do limite de gastos não utilizados.

20. Novo Código Fiscal do Investimento

Em 2014, foi aprovada uma revisão global dos regimes de benefícios ao investimento e à capitalização, adaptando o mesmo às novas circunstâncias, sobretudo ao próximo quadro comunitário. Trata-se do Decreto-lei nº 382/2014, de 31 de outubro, que aprovou o novo Código Fiscal do Investimento, na sequência da reforma efetuada ao IRC em 2014.

Adicionalmente, em 2013, tinha sido lançada uma medida temporária: o Crédito Fiscal Extraordinário ao Investimento, aprovado pela Lei nº 48/2013, de 16 de julho.

O novo regime fiscal do investimento

Os novos regimes de incentivo passam a ser considerados para efeitos de exclusão do artigo 92º do Código do IRC (resultado de partilha). Isto significa que os benefícios fiscais não contam para o cálculo do mínimo de IRC em 90 % do montante que seria apurado se o sujeito passivo não usufruísse de benefícios fiscais.

Passa a existir um regime de remuneração convencional do capital social, ou seja, na determinação do lucro tributável pode ser deduzido um valor relativo à remuneração do capital social, que será de 5% do montante das entradas realizadas. Este regime só se aplica, porém, a micro, pequenas e médias empresas (Decreto-Lei nº 372/2007, de 6 de novembro, alterado pelo Decreto-Lei nº 143/2009, de 16 de junho) e se os sócios forem pessoas singulares, sociedades ou investidores de capital de risco.

MANUAL TEÓRICO-PRÁTICO DE IRC

Regime de benefícios fiscais contratuais ao investimento produtivo

Este novo regime vem permitir que o Governo atribua, até 31 de dezembro de 2020, benefícios fiscais por um período até 10 anos, a projetos de investimento superiores a 3 milhões €. As candidaturas são realizadas na AICEP ou no IAPMEI. O contrato de concessão dos benefícios fiscais é aprovado por resolução do Conselho de Ministros (o artigo 16º estabelece os procedimentos). Aditamentos ao contrato, desde que não resultem em aumento de benefícios, são aprovados por despacho das finanças e economia.

Contudo, estes benefícios apenas se aplicam aos setores previstos nas orientações relativas aos auxílios com finalidade regional, para o período 2014-2020, (Jornal Oficial da EU, nº C 209, de 23 de julho de 2013; ver também Portaria nº 94/2015, de 27 de março).

O Código Fiscal do Investimento estabelece as condições subjetivas de elegibilidade no seu artigo 3º, ou seja, as condições que cada investidor tem de demonstrar possuir para efeitos de aplicação do regime. Já o artigo 4º estabelece as condições objetivas, ou seja, as condições que tem de ser verificadas ao nível do projeto de investimento, para que este seja considerado elegível. Por outro lado, o artigo 6º estabelece um conjunto de obrigações por parte dos promotores que beneficiem de incentivos fiscais.

Os benefícios fiscais previstos neste diploma, e elencados no artigo 8º, são:

- Crédito de imposto, entre 10% e 25% do investimento, a deduzir à coleta de IRC: esta dedução é realizada no ano do investimento, ou em anos seguintes (dentro da duração do contrato), quando não possa ser usada nesse ano. No caso de novas sociedades, a dedução do crédito de imposto pode ser feita até ao montante da coleta, enquanto para empresas já existentes, não pode exceder 25% do investimento ou 50% da coleta (o maior dos dois valores);
- Isenção ou redução de IMI e do IMT, durante a vigência do contrato, para prédios afetos ao investimento;
- Isenção de imposto de selo, para atos e contratos necessários ao investimento.

Tendo em conta os critérios de determinação do artigo 9.º do Código Fiscal do Investimento, o benefício fiscal a conceder aos projetos de investimento corresponde a 10% do investimento, tendo as seguintes majorações:

- Até 10% em função do índice per capita de poder de compra da região de localização do projeto (6% nas NUTS 2 com índice per capita superior a 90% da medida nacional; 8% para NUTS 3 com índice per capita superior a 90% da medida nacional e 19% se a região tiver um índice inferior a 80%);

- Até 8% em função dos postos de trabalho criados: entre 50 e 100 postos (+1%); entre 100 e 150 postos (+2%); entre 150 e 200 postos (+3%); entre 200 e 250 postos (+4%); entre 250 e 300 postos (+5%); entre 300 e 400 postos (+6%); entre 400 e 500 postos (+7%) e acima de 500 postos (+ 8%);
- Até 6%, em caso de excecional contributo para o desenvolvimento regional, a redução das assimetrias ou inovação tecnológica.

Contudo, estes benefícios têm de respeitar os limites máximos previstos no artigo 43º, definidos por região, conforme tabela 1. Saliente-se que estes benefícios não são cumuláveis com outro tipo de benefícios fiscais relativo ao mesmo investimento.

Tabela Limites regionais aos benefícios fiscais

Região/Zona	Limite
Norte	25%
Centro	25%
Alentejo	25%
Açores	45%
Madeira	35%
Algarve	10%
Grande Lisboa: Mafra, Loures, Vila Franca de Xira, S. João das Lampas e Terrugem	10%
Setúbal	10%

Os benefícios, nos termos do artigo 11º, aplicam-se a ativos tangíveis (com exceção de terrenos, exceto para industrias extrativas, viaturas, mobiliário, equipamento social ou outros bens não afetos à atividade da empresa) ou a ativos intangíveis. Nada impede que estes ativos sejam adquiridos em regime de *leasing*, desde que seja exercida a opção de compra durante a vigência do contrato de concessão de benefícios fiscais.

Caso exista resolução do contrato (artigos 20º e 21º), isso implicará a perda total dos benefícios fiscais, com a receita fiscal não arrecada a ter de ser devolvida, acrescida de juros compensatórios, nos termos do artigo 35º da LGT.

MANUAL TEÓRICO-PRÁTICO DE IRC

Regime fiscal de apoio ao investimento (RFAI)

Este regime é aplicável aos setores que se encontram definidos pela Portaria nº 297/2015, de 21 de setembro, sendo aplicável a ativos tangíveis e intangíveis, com as limitações referidas no ponto anterior.

No caso de empresas não consideradas como micro, pequenas e médias empresas, os incentivos fiscais estão limitados a 50% do investimento. O artigo 22º do diploma estabelece os requisitos para beneficiar deste regime.

Os benefícios fiscais do RFAI são:

- Dedução à coleta, nos termos do artigo 90º do Código do IRC, de 25% do investimento realizado até 5 milhões € e 10% para o remanescente acima deste valor. Isto quando se trate de investimentos em regiões elegíveis nos termos da alínea a) do nº 3 do artigo 107º do Tratado de Funcionamento da União Europeia (TFUE). Caso se trate de regiões elegíveis pela alínea c), a dedução será de 10% do investimento;
- Isenção ou redução do IMI, por um período até 10 anos, assim como a isenção ou redução do IMT e isenção de imposto de selo nas aquisições de prédios.

Esta dedução à coleta é realizada no ano do investimento, e nos dois períodos de tributação seguintes, até à concorrência do total da coleta de IRC. Se, no final deste período, a dedução à coleta não tiver sido totalmente utilizada, ainda o pode ser nos 10 períodos seguintes (nº 3 do artigo 23º do diploma). Também aqui se aplicam os limites do artigo 43º atrás abordados. O RFAI não é cumulável com outros benefícios fiscais, com exceção do regime de Dedução dos Lucros Retidos e Reinvestidos, também aprovado neste diploma. As obrigações acessórias e o regime de incumprimento encontram-se previstos nos artigos 25º e 26º do diploma, respetivamente.

Regime de Dedução dos lucros retidos e reinvestidos (DLRR)

Este regime aplica-se a micro, pequenas e médias empresas, sendo aplicável aos períodos de tributação iniciados após 1 de janeiro de 2014. Permite às empresas deduzir à coleta 10% dos lucros retidos, desde que sejam reinvestidos no prazo de 3 anos (era de 2 anos até ao OE/2018), nos investimentos descritos no artigo 30º do diploma. O montante máximo dos lucros retidos e reinvestidos em cada período de tributação é de 7.5 milhões € (até ao OE/2018 era de 5M€). Aplica-se, também, um limite de 25% da coleta de IRC para efeitos de dedução máxima deste regime (sendo que o OE/2018 veio estabelecer um limite de 50% para as PME´s). Estes lucros devem ser

NOVO CÓDIGO FISCAL DO INVESTIMENTO

constituídos no balanço sob a forma de "reserva especial". As obrigações e o regime de incumprimento encontram-se previstos nos artigos 33° e 34° do diploma, respetivamente.

Sistema de incentivos fiscais em I&D (SIFIDE)
O SIFIDE II, que vigora entre 2014 e 2020, e incide sobre as despesas de investigação e desenvolvimento, de acordo com os artigos 36° e 37° do Código Fiscal do Investimento. As empresas podem deduzir à coleta o montante de investimento em I&D que não tenha sido objeto de comparticipação estatal ou comunitária, nos seguintes moldes:
- 32,5% das despesas realizadas no período de tributação e adicionalmente, mais 50% do acréscimo das despesas realizadas no período de tributação, face à média aritmética simples dos dois exercícios anteriores, até um limite de 1,5 milhões €;
- Caso se trate de empresas recém-criadas, que não disponham do histórico dos últimos dois anos, aplica-se uma majoração de 15% à taxa da alínea anterior.

Esta dedução tem, contudo, de ser feita em consonância com as regras do artigo 90° do Código do IRC. Caso as despesas não sejam totalmente deduzidas nesse ano, por insuficiência de coleta, podem ser deduzidas até 8 exercícios seguintes. As condições e obrigações estão previstas nos artigos 39° a 42°, todos do Código Fiscal do Investimento.

Limitação à dedução de benefícios fiscais
O artigo 92.° do Código do IRC estabelece uma limitação à dedução de benefícios fiscais, nomeadamente os previstos no Código Fiscal do Investimento. Limitação essa prevista, relativamente às entidades que exerçam, a título principal, uma atividade de natureza comercial, industrial ou agrícola, bem como às entidades não residentes mas com estabelecimento estável em território português, o imposto liquidado depois de deduzido dos valores referentes à dupla tributação jurídica internacional, da dupla tributação económica internacional e ainda do valor relativo a benefícios fiscais, não pode ser inferior a 90% do montante da coleta que seria apurado se o sujeito passivo não usufruísse de benefícios fiscais e das contribuições suplementares para fundos de pensões e equiparáveis destinadas à cobertura de responsabilidades com pensões que, em resultado da aplicação das normas internacionais de contabilidade, sejam efetuadas por determinação do Banco de Portugal.

MANUAL TEÓRICO-PRÁTICO DE IRC

Para efeitos da verificação daquele limite, as entidades têm de comparar o valor do IRC liquidado com a inclusão dos benefícios com o IRC liquidado que se apuraria na ausência desses mesmos benefícios. Isto porque, ao valor do IRC liquidado sem benefícios, deverá ser aplicado o limite de 90%, abaixo do qual não será aceite a dedução dos benefícios fiscais.

A introdução do artigo 92º do Código do IRC, no ordenamento jurídico, teve como principal objetivo o de criar um limite à redução da taxa efetiva a pagar pelos sujeitos passivos, por via da limitação da utilização de certos benefícios fiscais, cuja usufruição tem, naturalmente, um forte impacto na receita do Estado. Aliás, o impacto é tão ou mais significativo que desde 2005, ano em que a norma foi introduzida no Código do IRC, o limiar abaixo do qual os benefícios fiscais não são aceites tem vindo a sucessivamente a subir. No início era 60% e, atualmente, é de 90%.

Mas se, por um lado, é verdade que foi introduzido um teto para efeitos de usufruição de benefícios, também é verdade que o tipo de benefícios fiscais que se excluem da aplicação daquele limite tem vindo a aumentar, até um ponto tal que nos podemos questionar da utilidade prática da norma. Na verdade, são mais as exceções do que aqueles que efetivamente contam para efeitos da aplicação do limite.

Vejamos, então, quais os benefícios fiscais que ficam excluídos da aplicação do limite mínimo de coleta:

- Os que revistam caráter contratual;
- O sistema de incentivos fiscais em investigação e desenvolvimento empresarial II (SIFIDE II), previsto no Código Fiscal do Investimento;
- Os benefícios fiscais às zonas francas, previstos nos artigos 33º e seguintes do EBF, e os que operem por redução de taxa;
- O relativo à criação de emprego, previsto no artigo 19º do EBF;
- A relativa às Sociedades de capital de Risco e Investidores de Capital de Risco, previsto no artigo 32º-A do EBF;
- O regime fiscal de apoio ao investimento (RFAI), previsto no Código Fiscal do Investimento;
- O regime de dedução por lucros retidos e reinvestidos (DLRR), previsto no Código Fiscal do Investimento;
- O regime de remuneração convencional do capital social, previsto no artigo 41º-A do EBF;
- O incentivo à produção cinematográfica e audiovisual previsto no artigo 59º-F do Estatuto dos Benefícios Fiscais.

NOVO CÓDIGO FISCAL DO INVESTIMENTO

Uma vez que a limitação opera através de uma correção ao montante do imposto que seria liquidado caso o sujeito passivo não usufruísse de benefícios fiscais, apenas ficam abrangidos por esta norma as situações em que, desconsiderando os benefícios fiscais, se apura imposto liquidado, deixando de fora naturalmente as situações em que a coleta é nula.

O mesmo se aplica aos casos em que os sujeitos passivos aproveitem de benefícios fiscais que operam por dedução ao rendimento e apurem prejuízos fiscais e, na ausência desses benefícios fiscais, continuem a não apurar imposto liquidado, não há lugar à aplicação do disposto no artigo 92º.

Veja-se o seguinte exemplo:

Considere uma sociedade residente em território português que, no ano de 2014, teve um lucro contabilístico de € 34.000 e deduziu, no quadro 7 da Declaração Modelo 22, os montantes de € 5.000 e € 4.000, relativos, respetivamente, a mecenato científico e à criação de emprego.

Indique se, neste caso, será aplicável a limitação à dedução de benefícios fiscais?

Resolução

IRC liquidado com benefícios:
- Matéria coletável.. € 25.000
- Coleta........................…...... €15.000 x 17% + € 10.000 x 21% = € 4.650
- Benefício fiscal no âmbito do mecenato científico ….....…... € 5.000
- Benefício fiscal relativo à criação de emprego ....€ 4.000

IRC liquidado sem benefícios fiscais:
- Matéria coletável ....€ 25.000 + € 5.000 = € 30.000 (o benefício relativo à criação de emprego não releva para efeitos do limite)
- Coleta ....….... €15.000 x 17% + € 15.000 x 21% = € 5.700
- Limite de 90% = € 5.700 x 90% = € 5.130
- € 5.130 > € 4.650, logo teria que ser acrescido ao lucro tributável a diferença (€ 480).

Exercícios

A empresa X apresenta, em 2014, um lucro tributável de € 20.000 e prejuízos fiscais de anos anteriores no valor de € 30.000.

MANUAL TEÓRICO-PRÁTICO DE IRC

Para o apuramento do lucro tributável contribuiu uma dedução de € 30.000, a título de majoração de donativos atribuídos ao Estado.

Qual o valor da correção a efetuar ao lucro tributável?

RESOLUÇÃO

IRC liquidado com benefícios:
- Matéria coletável .... € 9.000
- Coleta .... € 9.000 x 17% = € 1.530

IRC liquidado sem benefícios fiscais:
- Matéria coletável .... € 39.000
- Coleta..................... €15.000 x 17% + € 24.000 x 21% = € 7.590
- Limite de 90% = € 7.590 x 90% = € 6.831

Teria que ser acrescido, ao lucro tributável, a diferença no valor de € 5.301.

21. Regime Especial de Tributação de Grupos de Sociedades

Desenvolvimento do tema

O Regime Especial de Tributação dos Grupos de Sociedades (RETGS) é dominado por uma lógica de tributação conjunta, sendo a tributação em sede de IRC, em caso de opção, feita através da soma dos resultados agregados das várias sociedades que o compõem, como se de uma só sociedade se tratasse, correspondendo à unidade económica do conjunto, a qual se comporta no mercado como se efetivamente fosse uma única empresa.

Contudo, é de salientar que, em termos fiscais, cada sociedade do grupo não perde a sua personalidade e individualidade jurídica, nem deixa de ser sujeito de relações tributárias próprias, pelo facto de passar a integrar o grupo de sociedades.

A tributação, em sede deste regime, baseia-se na soma algébrica dos lucros tributáveis e prejuízos fiscais individuais das sociedades do perímetro do grupo, permitindo que os prejuízos fiscalmente reconhecidos sejam relevantes para os lucros fiscais das demais sociedades deste, traduzindo-se, efetivamente, numa redução dos impostos pagos por estas.

Para que exista, então, um grupo de sociedades é necessário que a sociedade dominante detenha, direta ou indiretamente, pelo menos, 75% do capital de outra ou de outras sociedades que lhe confiram, pelo menos, 50% dos direitos de voto e que todas as sociedades do grupo tenham a sua sede ou direção efetiva em Portugal, estando a totalidade dos rendimentos de todas as empresas do grupo sujeitas ao regime geral de tributação, à taxa normal mais elevada. De referir que, para a determinação daquele nível de participação, consideram-se as participações diretas ou indiretas através de uma sociedade residente em Portugal ou então através de sociedades residentes noutro Estado-membro da UE ou do EEE, desde que, neste último caso, exista obrigação de cooperação administrativa no domínio da fiscalidade equivalente à estabelecida na UE, que sejam detidas, direta ou indiretamente, em, pelo menos, 75% pela sociedade dominante através de sociedades integradas no grupo ou de sociedades residentes noutro Estado-membro da UE, detidas, direta ou indiretamente, em, pelo menos, 75% pela sociedade dominante.

Para além disso, é ainda necessário que as participações que a sociedade dominante detém nas sociedades participadas, tenham estado na sua posse por um período superior a um ano, com referência à data em que se inicia a aplicação do regime, sendo necessário também que a sociedade dominante não seja detida por nenhuma outra sociedade residente em território português, que reúna as condições para que também ela seja considerada uma sociedade dominante. Por último, a sociedade dominante não pode ter renunciado à aplicação do regime nos três anos anteriores à data de início da sua aplicação, sendo que basta que qualquer um destes requisitos deixe de se verificar para que o regime cesse.

Por outro lado, não podem fazer parte de um grupo as sociedades que, no início ou durante a aplicação do regime, estejam inativas há mais de um ano ou tenham sido dissolvidas, tenha sido contra elas instaurado processo especial de recuperação ou insolvência com despacho de prosseguimento da ação, registem prejuízos fiscais nos três períodos anteriores, com exceção das situações em que a participação seja detida há mais de dois anos. Também estão fora do âmbito deste regime as sociedades sujeitas a uma taxa de IRC inferior à taxa normal mais elevada e não renunciem à sua aplicação, adotem um período de tributação diferente do adotado pela sociedade dominante e não assumam a forma jurídica de sociedade por quotas, sociedade anónima ou sociedade em comandita por ações. Esta renúncia, a partir da Lei do Orçamento de Estado para 2016, deve ser mantida por um período mínimo de três anos. Refira-se ainda que, se algum dos requisitos, exceto o referente aos prejuízos fiscais, se verificar durante a vigência do regime, quer seja ao nível da dominante ou das dominadas, este cessa.

A opção quer pela aplicação do regime especial de tributação de grupos de sociedades, quer em caso de alterações na composição do grupo pela entrada ou saída de sociedades, quer ainda a renúncia ao regime ou cessação do mesmo, deve ser exercida até ao fim do terceiro mês do período de tribu-

REGIME ESPECIAL DE TRIBUTAÇÃO DE GRUPOS DE SOCIEDADES

tação em que estes factos se verifiquem. Em caso de renúncia ao regime, ou em caso de cessação, os sujeitos passivos também devem, até ao final do terceiro mês, comunicar, através do envio da referida declaração, as autoridades fiscais desses factos.

Pode acontecer, no entanto, que a sociedade dominante passe a ser considerada dominada de outra sociedade, residente em Portugal que reúna os requisitos, como consequência da aquisição de, pelo menos, 75% do capital da primeira por parte desta última. Este facto não determina a cessação da aplicação do regime especial de tributação dos grupos de sociedades, se a sociedade adquirente do grupo, optar pela continuidade da aplicação do regime, sendo necessário para tal que seja comunicado à Administração Fiscal, no prazo de 30 dias a contar da data em que se verificou esse facto. É de mencionar, ainda, que, neste caso, o requisito temporal tem que ser validado, o que quer dizer que, na prática, a nova sociedade não irá integrar imediatamente o grupo, devendo aguardar que a participação perfaça um ano, com referência ao primeiro dia do período de tributação em que se inicia a aplicação do regime.

Por último, refira-se que, a partir de 1 de janeiro de 2015, por força da transposição para o ordenamento jurídico interno da Diretiva nº 2014/86, CE, do Conselho, de 18 de julho, que adaptou o regime especial de tributação dos grupos de sociedades à jurisprudência recente do Tribunal de Justiça da União Europeia, passou a ser igualmente possível que as sociedades não residentes em Portugal, embora residentes noutro Estado-membro da UE ou do Espaço Económico Europeu, e que não sejam detidas, direta ou indiretamente, por sociedades residentes em território português, possam ser consideradas sociedades dominantes de um grupo sujeito a este regime em Portugal.

Essas sociedades, para além da verificação dos requisitos que se prendem com o período de detenção da participação e com a percentagem dessa participação, devem igualmente cumprir um conjunto de outros requisitos. Nesse sentido, devem estar sujeitas, no país de residência a um imposto de natureza similar ao IRC e revestir a forma jurídica de uma sociedade de responsabilidade limitada.

No que respeita às obrigações que, normalmente, recaem sobre as sociedades dominantes, estas passam a ser exercidas por uma sociedade designada pela sociedade dominante, ou por um estabelecimento estável desta se houver, sem prejuízo da responsabilidade solidária da sociedade dominante e das demais sociedades pertencentes ao grupo pelo pagamento do imposto.

MANUAL TEÓRICO-PRÁTICO DE IRC

O cálculo da matéria coletável do grupo é feito, para cada período de vigência deste regime, pela sociedade dominante, através da soma algébrica dos lucros tributáveis e dos prejuízos fiscais apurados nas declarações periódicas individuais de cada uma das sociedades pertencentes ao grupo. O valor do lucro tributável do grupo constará da declaração de rendimentos relativa a todo o grupo e que é da responsabilidade da sociedade dominante.

Adicionalmente, este regime especial prevê, ainda, que o lucro tributável possa ser ajustado em função da opção feita pela sociedade dominante pelo regime de limitação da dedutibilidade dos gastos de financiamento aos gastos de financiamento líquido do grupo. Em termos práticos, este limite corresponde ao valor legalmente fixado (artigo 67º do Código do IRC), calculado com base na soma algébrica dos resultados antes de qualquer tipo de depreciações, amortizações, gastos de financiamento líquidos e impostos apurados pelas sociedades que o compõem.

Quanto à possibilidade de reporte de prejuízos fiscais, aplicável no âmbito da vigência do regime especial de tributação dos grupos de sociedades, há algumas especificidades face ao regime geral a apontar.

Assim, podemos ter, por um lado, prejuízos fiscais apurados pelo próprio grupo como, por outro, poderemos ter prejuízos fiscais que as sociedades haviam apurado em períodos anteriores a terem integrado esse mesmo grupo.

Relativamente aos prejuízos fiscais gerados no âmbito do RETGS, será de salientar que os prejuízos apenas podem ser deduzidos aos lucros tributáveis futuros do grupo até ao limite de 5 ou 12 períodos de tributação subsequentes, consoante se tratem de pequenas e médias empresas ou não, e com o limite de 70% do lucro tributável do grupo.

Por sua vez, tratando-se de prejuízos fiscais de uma sociedade do grupo que tenham sido gerados antes da sua integração no RETGS, a sua dedução aos lucros tributáveis futuros apenas pode ser feita até ao limite do lucro tributável da entidade a que respeita e não ao lucro tributável do grupo, ficando ainda sujeita naturalmente ao limite de 70% do seu lucro tributável. De notar que a empresa nunca perde o direito de reporte de prejuízos fiscais gerados antes da aplicação do regime, pois mesmo que abandone o grupo pode continuar a deduzir os prejuízos fiscais gerados antes da sua aplicação, desde que, naturalmente o faça dentro do prazo de reporte que lhe corresponde, ou outro em vigor no momento em que nasceu o direito ao reporte de prejuízos.

REGIME ESPECIAL DE TRIBUTAÇÃO DE GRUPOS DE SOCIEDADES

Por outro lado, os prejuízos fiscais que tenham sido gerados na vigência do regime de tributação dos grupos, relativamente a uma sociedade que abandone o grupo, extinguem-se com a sua saída, ou seja, nem o grupo pode deduzir a quota-parte dos prejuízos fiscais dessa sociedade, nem a própria sociedade, que assim perde o direito aos mesmos.

Por último, cumpre aludir ao facto de que, se o capital social da sociedade dominante de um grupo de sociedades abrangido pelo RETGS, for adquirido por outra sociedade, que tenha optado pela continuidade da aplicação do regime, os prejuízos fiscais do grupo gerados em períodos anteriores à aquisição podem, em casos de reconhecido interesse económico e mediante requerimento a apresentar à Administração Fiscal, a entregar juntamente com a comunicação de opção a partir do momento em que nos termos legais for considerada como a nova sociedade dominante, ser dedutíveis ao lucro tributável do novo grupo.

Vejamos um exemplo:

A sociedade Z passou a fazer parte de determinado grupo económico, no período de 2014. Neste período, apresentou prejuízos fiscais dedutíveis relativos ao ano de 2013 (ano anterior a ter integrado o grupo) no valor de 1.000 €.

No período de 2014, as declarações do grupo apresentam os seguintes resultados:
- Sociedade dominante R: lucro tributável de € 10.000
- Sociedades dominadas X e Y: lucro tributável de € 2.000 cada
- Sociedade Z: lucro tributável de € 500
- Grupo: prejuízos fiscais dedutíveis de € 3.000

Vamos ver então o cálculo da determinação da matéria coletável do grupo em 2014:
- Soma algébrica dos lucros tributáveis = € 14.500
- Prejuízos fiscais dedutíveis = € 3.350 (ficaram por deduzir 650 € de prejuízos fiscais da sociedade Z).

Relativamente às regras de pagamento, o Código do IRC estabelece regimes diferentes, consoante as entidades exerçam, ou não, a título principal uma atividade de natureza comercial, industrial ou agrícola. Dentro das que exercem a título principal uma atividade de natureza comercial, industrial ou

MANUAL TEÓRICO-PRÁTICO DE IRC

agrícola, podemos destacar, ainda, a existência de um regime específico aplicável aos grupos de sociedades.

Ora bem, conforme já foi referido, as entidades que exercem uma atividade de natureza comercial, industrial ou agrícola devem proceder, respetivamente, ao pagamento do imposto e da derrama estadual, em três prestações, de acordo com as regras anteriormente referidas. No âmbito deste regime tratando-se de pagamentos por conta relativos ao primeiro período de tributação em que é aplicado o regime especial dos grupos, cada empresa irá então calcular o pagamento do imposto como se de uma empresa individual se tratasse, sendo o total dessas importâncias tido em conta para efeitos de determinação do imposto a final.

A partir do primeiro período de tributação, o cálculo dos pagamentos por conta a efetuar terá em linha de conta o montante de imposto liquidado pelo grupo, relativamente ao ano anterior, competindo à sociedade dominante a sua liquidação e entrega ao Estado.

No período de tributação seguinte a ter cessado a aplicação do regime de tributação dos grupos, o imposto passa a ser calculado individualmente por cada uma das empresas, tendo por base o imposto que deveria ter sido liquidado caso não tivesse integrado o grupo.

A partir de 1 de julho de 2010, com a aprovação da Lei do Orçamento de Estado para 2010, como já referimos, os sujeitos passivos que se encontram obrigados a efetuar os pagamentos por conta e o pagamento especial por conta, ficam ainda sujeitos ao pagamento da derrama estadual. Portanto, uma breve nota apenas para referir que, no que toca às entidades abrangidas por este regime especial, é devido um pagamento adicional por conta por cada uma das empresas que integra o grupo, incluindo a sociedade dominante.

No que toca ao pagamento especial por conta, é de mencionar que o mesmo será devido por cada uma das sociedades do grupo, incluindo a sociedade dominante, sendo o cálculo feito relativamente a cada uma delas, deduzindo o valor dos pagamentos por conta que seria devido por cada uma das sociedades, caso não se tivesse aplicado o regime especial dos grupos.

Exercícios

EXERCÍCIO 1:
Em 2018, os resultados apurados pelo grupo de empresas abrangidas pelo regime de tributação dos grupos de sociedades, foram os seguintes:

REGIME ESPECIAL DE TRIBUTAÇÃO DE GRUPOS DE SOCIEDADES

- A sociedade dominante D apresentou um prejuízo fiscal de € 100.000
- As sociedades dominadas D1 e D2, apresentam lucro tributável de € 50.000 e 150.000, respetivamente.

O grupo tem prejuízos fiscais dedutíveis de € 100.000.

Determine o lucro tributável e a matéria coletável do grupo.

SOLUÇÃO:

O lucro tributável do grupo obtém-se através da soma algébrica dos lucros tributáveis ou prejuízos fiscais das empresas que o integram.

Assim, temos: -100.000 + 50.000 + 150.000 = € 100.000

Ao valor do lucro tributável do grupo é deduzido o valor dos prejuízos fiscais de anos anteriores, pelo que, à partida: 100.000 − 100.000 = 0

No entanto, a dedução de prejuízos fiscais de anos anteriores não pode ser superior a 70% do lucro tributável (nº 2 do artigo 52º do Código do IRC), pelo que a matéria coletável do grupo será de 30.000 (70% x 100.000).

22. A neutralidade no diferimento da tributação das operações de fusão, cisão, entrada de ativos e permutas de partes sociais

Síntese

- O regime de neutralidade fiscal, aplicável apenas às operações descritas no artigo 73° do Código do IRC, é um regime de cariz comunitário, introduzido com o objetivo de incentivar a reestruturação do tecido empresarial português de uma forma eficiente e fortalecedora.

Desenvolvimento do tema

Do regime de neutralidade fiscal

O Decreto-lei n° 442-B/88, de 30 de novembro, diploma que aprovou o Código do IRC, identificava as fusões e cisões de empresas como uma área em que se fazia sentir uma necessidade crescente de a fiscalidade adotar uma postura de neutralidade. Escreveu-se, no ponto 11 do preâmbulo daquele diploma, que *"a reorganização e o fortalecimento do tecido empresarial não devem ser dificultados, mas antes incentivados, pelo que, refletindo, em termos gerais, o consenso que, ao nível dos países da CEE, tem vindo a ganhar corpo neste domínio, criam-se condições para que aquelas operações não encontrem qualquer obstáculo fiscal à sua efetivação, desde que, pela forma como se processam, esteja garantido que apenas visam um adequado redimensionamento das unidades económicas"*.

MANUAL TEÓRICO-PRÁTICO DE IRC

Foram estas preocupações de neutralidade fiscal que estiveram também na base do Decreto-lei nº 123/92, de 2 de julho, quando, com ele, se alterou o regime das fusões e cisões constante do Código do IRC, em transposição das Diretivas 90/434/CEE e 90/435/CEE, ambas de 23 de julho. De acordo com os considerandos da primeira destas Diretivas, "*as fusões, as cisões, as entradas de ativos e as permutas de acções entre sociedades de Estados-membros diferentes podem ser necessárias para criar, na Comunidade, condições análogas às de um mercado interno e assegurar deste modo a realização e o bom funcionamento do mercado comum; que essas operações não devem ser entravadas por restrições, desvantagens ou distorções especiais resultantes das disposições fiscais dos Estados-membros; que importa, por conseguinte, instaurar, para essas operações, regras fiscais neutras relativamente à concorrência, a fim de permitir que as empresas se adaptem às exigências do mercado comum, aumentem a sua produtividade e reforcem a sua posição concorrencial no plano internacional*".

O regime especial da neutralidade fiscal, aplicável apenas às operações descritas no artigo 73º do Código do IRC, é, assim, um regime de cariz comunitário, que contem em si um elenco fechado de definições, com o objetivo de incentivar a reestruturação do tecido empresarial português de uma forma eficiente e fortalecedora.

Ele assenta, essencialmente, na continuidade do exercício de uma atividade económica com o consequente diferimento da tributação dos elementos transferidos para o momento da sua efetiva realização. Diferimento de tributação este que o Acórdão do Supremo Tribunal Administrativo nº 0865/11[56] identifica como um "*regime de adiamento, até à sua realização efetiva, da tributação das mais-valias relativas aos bens transferidos, aplicado aos bens que estejam afetos a esse estabelecimento estável [e que] permite evitar a tributação das mais-valias correspondentes, garantindo ao mesmo tempo a sua tributação posterior pelo Estado da sociedade contribuidora, no momento da sua realização*".

Suponhamos por exemplo, que as administrações de duas sociedades, Alfa e Beta, decidem reunir o seu património, mediante a incorporação por fusão do património de Beta em Alfa. A sociedade Alfa (incorporante) é considerada uma entidade transparente, nos termos do artigo 6º do Código do IRC, e a sociedade Beta (incorporada) está enquadrada no regime geral de IRC. Será que a operação descrita se pode enquadrar no regime de neutralidade fiscal?

---

[56] Cf. Acórdão datado de 20/12/2011, relatado pelo Conselheiro Valente Torrão, disponível em www.dgsi.pt.

A NEUTRALIDADE NO DIFERIMENTO DA TRIBUTAÇÃO DAS OPERAÇÕES DE FUSÃO

Ora, neste caso, tal enquadramento seria rejeitado visto que as sociedades, ou entidades, transparentes estão afastadas do regime especial de neutralidade fiscal, uma vez que as mesmas não são tributadas em IRC e a alínea a) do nº 7 do artigo 73º do Código do IRC determina que tal regime se aplica às sociedades com sede, ou direção efetiva, em território português sujeitas e não isentas de IRC.

Assim, o regime de neutralidade aplica-se às seguintes entidades:

- Sociedades residentes em território português sujeitas e não isentas (objetivamente);
- Sociedade(s) de outros EM, nas condições do artigo 3º da Diretiva 2009/133/CE;
- Sujeitos passivos que não sejam sociedades, desde que residentes em território português (Cooperativas, pessoas coletivas de direito público e privado); e
- Organismos de Investimento Coletivo (artigo 22º do EBF).

No entanto, ele já não é aplicável às operações de fusão, cisão e entradas de ativos em que sejam transmitidos navios ou aeronaves, ou bens móveis afetos à sua exploração, a favor de entidades de navegação marítima ou aérea não residentes em Portugal.

As operações de fusão e cisão

O nº 1 do artigo 73º do Código do IRC introduz a operação de fusão[57] como a primeira forma de reestruturação suscetível de usufruir deste regime especial de neutralidade fiscal, dispondo, em 5 alíneas, as modalidades suscetíveis de serem reconduzidas a tal conceito, às quais se conferiu características próprias, e mais amplas, para efeitos deste regime de neutralidade fiscal do que as previstas no Código das Sociedades Comerciais.

Assim, encontramos, na alínea a), a modalidade de fusão por incorporação, em que se transfere, de forma global, o património de uma sociedade para outra já existente, atribuindo-se aos sócios daquela, partes sociais desta; na alínea b), a da fusão-concentração, na qual, mediante a constituição de uma nova sociedade, se transfere globalmente os patrimónios das sociedades fundidas e se atribui aos sócios destas partes de capital da nova sociedade; e

---

[57] No Código das Sociedades Comerciais, a fusão surge, no nº 1 do artigo 97º, como a operação em que duas ou mais sociedades, ainda que de tipo diverso, se fundem mediante a sua reunião numa só.

MANUAL TEÓRICO-PRÁTICO DE IRC

nas alíneas c), d) e e) as modalidades de transferência do conjunto dos ativos e passivos da sociedade fundida para uma sociedade beneficiária, nas situações em que é a beneficiária a detentora da totalidade das partes representativas do seu capital, nas situações em que é a fundida a detentora da totalidade (fusão inversa[58]) e ainda quando a totalidade das partes representativas do capital social de ambas seja detida pelo mesmo sócio.

Não são, no entanto, consideradas fusões:

- A operação de liquidação por transmissão global, prevista no artigo 148º do CSC, ao qual é aplicável o regime das sociedades em liquidação;
- Os trespasses, enquanto negócio jurídico em que se transmite um estabelecimento comercial no seu todo;
- Os empreendimentos conjuntos ou *"joint ventures"*;
- A operação de venda-fusão, em que ocorre a transmissão global do património por contrapartida de partes sociais da adquirente, liquidação da fundida e atribuição aos sócios desta das partes sociais da adquirente; e
- A operação de fusão-triangular, que se efetua através da incorporação numa subsidiária de uma sociedade do património e atribuição aos sócios desta subsidiária de partes de capital, que, por sua vez, as entrega aos sócios da fundida.

EXEMPLO:

Por decisão conjunta das administrações das sociedades Alfa e Beta, em que a primeira detém 90% do capital da segunda, foi apresentado aos sócios o projeto comum de fusão por incorporação do património de Beta em Alfa. Não houve relação de troca alegando-se que a fusão se enquadra no âmbito da fusão simplificada prevista no artigo 116º do CSC (sociedade detida a 90% por outra) e, portanto, e para efeitos fiscais, na alínea c) do nº 1 do artigo 73º do Código do IRC. Nesse contexto, aos sócios minoritários foi-lhes dada uma quantia em dinheiro de acordo com o justo valor da sua participação.

A operação descrita pode beneficiar do regime de neutralidade fiscal?

---

[58] Saldanha Sanches define a fusão inversa como uma "operação através da qual uma sociedade é incorporada e dissolvida numa sua subsidiária que detém a 100%" (Cf., J. L. Saldanha Sanches, "Fusão Inversa e Neutralidade (da Administração) Fiscal", Fiscalidade nº 34, Abril de 2008).

A NEUTRALIDADE NO DIFERIMENTO DA TRIBUTAÇÃO DAS OPERAÇÕES DE FUSÃO

Não. Para que a operação se enquadre na alínea c) do nº 1 do artigo 73º do Código do IRC, a sociedade incorporada tem de ser detida na totalidade pela sociedade incorporante. Neste exemplo, os sócios minoritários tinham que receber ações da sociedade incorporante na proporção do valor da sua participação na sociedade incorporada.

Já a "cisão"[59] de sociedades, figura jurídica prevista nas alíneas a) a c) do nº 1 do artigo 118º do CSC, constitui uma operação pela qual uma sociedade separa do seu património alguns (cisão parcial) ou a totalidade (cisão total) dos seus elementos ativos ou passivos para os integrar noutra, ou noutras, sociedades estas já constituídas ou a constituir no futuro.

Tal como sucede com as operações de fusão, também quanto à cisão, o Código do IRC diz-nos quais as operações que podem ser configuradas como tal, ou seja, distingue as situações de cisão simples, em que a sociedade cindida destaca um ou mais ramos de atividade (para constituir novas sociedades ou as fundir com sociedades já existentes), mas mantém a sua atividade (com, pelo menos, um dos ramos), das situações de cisão-dissolução, em que a sociedade cindida é dissolvida, não mantendo a atividade, dividindo-se o seu património em duas ou mais partes, sendo cada uma destinada a constituir uma nova sociedade, bem como das situações ainda de cisão-fusão, em que se destacam ou dissolvem partes do património, dividindo-se o património em duas ou mais partes, e fundindo-se com sociedades já existentes (ou com partes de património destacados de outras sociedades).

Em qualquer um dos tipos de cisão elencados exige-se, como contrapartida, a atribuição aos sócios da sociedade cindida de partes de capital social da sociedade beneficiária.

EXEMPLO:
A Sociedade ABC cindiu-se, destacando todo o seu património, para com ele constituir 3 novas sociedades. Os três sócios da sociedade cindida, acordaram que cada um ficava detentor da totalidade de cada uma das 3 novas sociedades, usando a prorrogativa prevista no artigo 127º do CSC.

---

[59] Os elementos essenciais da cisão são circunscritos, por Luís Manuel Teles de Menezes Leitão (Cf., "Fusão, cisão de sociedades e figuras afins", Revista Fisco nº 57, Setembro de 1993, págs. 18 e seguintes), aos seguintes: negócio jurídico de cisão; transmissão de bens determinados ou, no caso de cisão total, do património a título universal "pro quota"; manutenção da garantia patrimonial dos credores; contraprestação em ações, ou em outros títulos de participação social.

MANUAL TEÓRICO-PRÁTICO DE IRC

Admitindo que o valor do património transmitido é igual, é possível, ao abrigo do RNF, utilizar este método de repartição do património?

Não. A atribuição de partes sociais não é deixada ao arbítrio dos sócios. A neutralidade é respeitada se os sócios receberem uma parte do capital da entidade que beneficiou com a transmissão de um património que era seu, proporcionalmente ao valor daquele que detinham na sociedade cindida. Assim, cada sócio deve receber partes de capital de cada uma das novas sociedades, proporcionalmente ao valor transmitido.

Por outro lado, sob a epígrafe *"regime aplicável aos sócios das sociedades fundidas ou cindidas"*, estabelece o artigo 76º do Código do IRC que, quando lhes sejam atribuídas partes de capital em resultado daquelas operações, não haverá lugar ao apuramento de ganhos ou perdas para efeitos fiscais em virtude da fusão ou cisão, desde que, na sua contabilidade, seja mantido, para as novas participações sociais, o valor pelo qual as antigas se encontravam registadas, sem prejuízo da tributação das importâncias que lhes sejam eventualmente atribuídas em consequência da fusão ou cisão. Regime que é igualmente aplicável aos sócios das sociedades que sejam objeto das demais operações de fusão ou cisão abrangidas pela Diretiva nº 2009/133/CE, do Conselho, de 19 de outubro.

Para além disso, é ainda necessário, de acordo com o nº 5 do artigo 78º do Código do IRC, que os sócios da sociedade fundida ou cindida integrem, no processo de documentação fiscal, uma declaração que contenha, para além da identificação da operação realizada e das entidades intervenientes, a data dela, o número e o valor nominal das partes sociais entregues e recebidas, o valor, para efeitos fiscais, das partes sociais entregues e recebidas e respetivas datas de aquisição, a quantia em dinheiro eventualmente recebida, o nível percentual da participação detida antes e após a operação de fusão ou cisão, sem prejuízo das correções a que se refere o nº 4 do artigo 76º do Código do IRC.

Exemplo:

A Sociedade X cindiu-se, destacando do seu património um dos ramos de atividade, para com ele se fundir com outra sociedade, tendo sido feita a opção pela aplicação do regime de neutralidade fiscal porque se encontravam reunidos todos os requisitos legais. No entanto, o sócio único da sociedade cindida não optou pela aplicação do regime de neutralidade fiscal, tendo registado uma menos-valia fiscal com a operação de troca de títulos.

A NEUTRALIDADE NO DIFERIMENTO DA TRIBUTAÇÃO DAS OPERAÇÕES DE FUSÃO

O facto de o sócio não ter optado pela aplicação do regime de neutralidade fiscal é impeditivo da aplicação do regime especial às sociedades intervenientes?

Não: os sócios não ficam obrigados a acompanhar a opção pela aplicação do regime de neutralidade fiscal, feita pelas sociedades intervenientes; contudo, e continuando a seguir o entendimento do Parecer do Centro de Estudos Fiscais, nº 61/2016, não poderão beneficiar do regime de diferimento de tributação.

Acresce que:

- Não existe um direito de opção a exercer pelos sócios;
- A lei expressamente prevê a obrigatoriedade de manutenção do atributo fiscal-valor nas sociedades beneficiárias, mas não o faz relativamente aos sócios;
- Também não lhes foi vedada a possibilidade de procederem ao step-up da base fiscal das participações; e
- A Diretiva 2009/133 não se opõe à opção do sócio de atualizar o valor fiscal dos títulos recebidos.

Da particularidade da operação de entrada de ativos

O nº 3 do artigo 73º, do Código do IRC define legalmente a entrada de ativos[60], figura original do direito fiscal (uma vez que ao nível do direito societário[61] não se estabeleceu um regime particular para a entrada de ramos de atividade), como a *"operação pela qual uma sociedade (sociedade contribuidora) transfere, sem que seja dissolvida, o conjunto ou um ou mais ramos da sua atividade para outra sociedade (sociedade beneficiária), tendo como contrapartida partes do capital social da sociedade beneficiária"*.

Assim, para a concretização de uma entrada de ativos, exige-se que a sociedade contribuidora destaque um ou mais ramos da sua atividade a favor da sociedade beneficiária, os quais serão incorporados no seu acervo patrimonial, passando, assim, o exercício de determinada atividade a ser prosseguido através da sociedade beneficiária, sobre a qual a primeira passa a deter uma participação social.

Para aplicabilidade do regime da neutralidade fiscal exige-se ainda que a sociedade contribuidora não seja dissolvida, por efeito da operação de

---

[60] Conceito que apenas foi transposto para o direito interno com o Decreto-lei nº 6/93, de 9 de janeiro.

[61] Nesta perspetiva, aplica-se à entrada de ativos o disposto no artigo 28º do CSC – "Entradas em espécie".

MANUAL TEÓRICO-PRÁTICO DE IRC

entrada de ativos, e que a transferência desses ativos para a sociedade beneficiária dê lugar à emissão de partes sociais desta última, as quais serão atribuídas à sociedade contribuidora[62], não sendo possível a entrega de quantias em
dinheiro como contrapartida da transferência efetuada. A data de aquisição,
para efeitos fiscais, da participação social dada em contrapartida da entrada
de ativos deverá ser a da subscrição do aumento de capital em espécie.

Este último requisito representa uma das principais condições distintivas
entre a operação de entrada de ativos e as operações de fusão ou de cisão,
visto que as participações sociais dadas em contrapartida da transmissão patrimonial não são atribuídas aos sócios da sociedade contribuidora, mas à
própria sociedade.

Contrariamente ainda ao que acontece com as operações de fusão e cisão,
a definição legal não especifica, para a operação de entrada de ativos, se a sociedade beneficiária tem de existir previamente ou se pode ser criada *ex novo*
por efeito dessa entrada, pelo que, as duas hipóteses são viáveis.

Relembra-se que, tal como nas fusões e cisões, o regime especial esta-
tuído nos artigos 73º e seguintes se aplica, de acordo com o nº 7 daquela
primeira norma, às operações de entradas de ativos em que intervenham sociedades com sede ou direção efetiva em território português sujeitas e não
isentas de IRC, e à sociedade ou sociedades de outros Estados membros da
União Europeia, desde que todas as sociedades se encontrem nas condições
estabelecidas no artigo 3º da Diretiva nº 2009/133/CE, de 19 de outubro.

Vejamos um exemplo:
A sociedade Z, sucursal em Portugal da sociedade R, entidade residente
em Alemanha, a qual tem como objeto social a realização de todo o tipo de
operações e serviços próprios de caixas de aforro e demais intermediários
financeiros, quer ao nível bancário, quer ao nível financeiro. Face às dificuldades atravessadas pelo setor em que se insere, o grupo económico, em que a
sociedade Z se insere, tem sido objeto de uma reestruturação em Alemanha,
passando a mesma a exercer a sua atividade financeira de forma indireta através de um banco criado para o efeito, pelo que para este serão transmitidos a
totalidade dos ativos e passivos associados à atividade financeira da sociedade
R, isto é, a sociedade Z será um dos "ativos" objeto de transmissão visto que

---

[62] Em termos de direito societário, corresponderá a um aumento de capital da sociedade
beneficiária subscrito por entradas em espécie da sociedade contribuidora, nos termos previstos nos artigos 28º e 29º do CSC.

A NEUTRALIDADE NO DIFERIMENTO DA TRIBUTAÇÃO DAS OPERAÇÕES DE FUSÃO

apenas se dedica à atividade financeira. Qual o enquadramento fiscal desta operação?

À partida, esta operação poderá enquadrar-se no regime especial de neutralidade fiscal, entendendo-se que a mesma está, expressamente, contemplada na alínea c) do nº 1 do artigo 74º do Código do IRC, uma vez que há uma transferência de estabelecimento estável situado no território português de uma sociedade residente noutro Estado membro da União Europeia para outra sociedade residente do mesmo Estado membro, e os elementos patrimoniais afetos a esse estabelecimento vão continuar afetos a estabelecimento estável situado em território português, concorrendo para a determinação do lucro que lhe seja imputável.

Do conceito de ramo de atividade

Subjacente a este regime de neutralidade previsto nos artigos 73º e seguintes do Código do IRC encontra-se a exigência de, para efeito das operações de cisão definidas nas alíneas a), c), d) e e) do nº 2 do artigo 73º e das operações de entrada de ativos, os elementos patrimoniais destacados configurem, no seu todo, um ramo de atividade.

Ramo de atividade este que é entendido, de acordo com o nº 4 do artigo 73º do Código do IRC, como o conjunto de elementos que constituem, do ponto de vista organizacional, uma unidade económica autónoma, ou seja, um conjunto estruturado de elementos ativos e passivos capazes de funcionar pelos seus próprios meios. Esta condição tem de se verificar em ambas as sociedades envolvidas na operação e não pode surgir como consequência da própria operação, exigindo-se que a exploração daquela unidade económica autónoma enquanto ramo de atividade continue a ser feita sem qualquer ajuste de recursos.

A jurisprudência do Tribunal de Justiça das Comunidades ajuda-nos na compreensão da definição e da extensão necessárias na verificação da existência de uma "unidade económica autónoma", estabelecendo que este conceito *"deve ser apreciado, em primeiro lugar, de um ponto de vista funcional – os ativos transferidos devem poder funcionar como uma empresa autónoma, sem necessidade, para esse efeito, de investimentos ou entradas suplementares -- e somente em segundo plano, de um ponto de vista financeiro"*[63] .

---

[63] *vd.*, por todos, o Acórdão "Andersen og Jensen" datado de 15/1/2002, proferido com referência ao processo nº C-43/00.

MANUAL TEÓRICO-PRÁTICO DE IRC

Exemplo:

A Sociedade A destacou do seu património a participação que detinha (100%) na sociedade Y, para com ela constituir uma nova sociedade (B, SGPS), recebendo ações da sociedade beneficiária. A sociedade A enquadrou a operação de cisão na alínea a) do nº 2 do artigo 73º do Código do IRC.

Foi transmitido um ramo de atividade?

Não. O simples destaque de uma participação social não é considerado como um ramo de atividade, pelo que a operação não se pode enquadrar no RNF.

A determinação do lucro tributável no regime especial

O artigo 74º do Código do IRC estabelece um conjunto de obrigações, no que concerne às operações de fusão, cisão, ou entrada de ativos, quer para as sociedades fundidas ou cindidas ou contribuidoras, quer para as sociedades beneficiárias.

Assim, na determinação do lucro tributável das sociedades fundidas ou cindidas ou contribuidoras (no caso da entrada de ativos), não será considerado nenhum resultado derivado da transferência dos elementos patrimoniais em consequência da operação, nem serão considerados como rendimentos, nos termos do nº 3 do artigo 28º e do nº 3 do artigo 28º-A do Código do IRC, os ajustamentos em inventários e as perdas por imparidade e outras correções de valor que respeitem a créditos ou inventários, bem como as provisões e encargos objeto de transferência que sejam aceites fiscalmente, desde que a transferência dos elementos seja feita por uma sociedade residente em território português para uma sociedade, designadamente, também residente no mesmo território.

Já no que respeita, especificamente, à operação de entrada de ativos, as mais-valias ou menos-valias realizadas respeitantes às participações sociais recebidas em contrapartida da operação são calculadas, no caso da sociedade contribuidora, considerando, como valor de aquisição, o valor líquido contabilístico aceite para efeitos fiscais que os elementos do ativo e do passivo tinham nessa sociedade antes da realização da operação.

Por seu lado, a(s) sociedade(s) beneficiária(s) terá(ão) de manter, para efeitos fiscais, os elementos patrimoniais transmitidos pelos mesmos valores que possuíam na sociedade fundida ou cindida ou contribuidora. Sendo transmitidos elementos do ativo fixo tangível, do ativo intangível e propriedades de investimento sujeitos a depreciações ou amortizações e contabilizados ao custo histórico, estes serão efetuados de acordo com o regime que vinha sendo seguido, respetivamente, nas sociedades fundidas, cindidas ou na sociedade contribuidora enquanto os ajustamentos em inventários, as perdas por imparidade e as provisões que forem transferidos têm, para efeitos fiscais, o regime que lhes era aplicável nas sociedades fundidas, cindidas ou na sociedade contribuidora.

EXEMPLO:

A sociedade Alfa vai incorporar através de uma fusão a Sociedade Beta, onde detém uma participação de 100%, cujo custo de aquisição foi de € 700.000 (€ 500.000 contabilizado como investimento financeiro e € 200.000 como goodwill). Contabilização da fusão, admitindo o justo valor igual ao valor contabilístico.

	Alfa SA	*Beta SA*
Investimentos financeiros	*500.000*	
Goodwill	*200.000*	
Ativos fixos tangíveis	*50.000*	*500.000*
Depósitos	*5.000*	*50.000*
Total Ativo	*755.000*	*550.000*
Capital social	*350.000*	*450.000*
Reservas	*200.000*	*50.000*
Passivo	*205.000*	*50.000*
Total CP + Passivo	*755.000*	*550.000*

Contabilização da fusão:

Incorporação do património de Beta		
Descrição	*Débito*	*Crédito*
Ativos	*550.000*	
Passivos		*50.000*
Investimentos financeiros (anulação)		*500.000*

	Alfa Sa
Investimentos financeiros	
Goodwill	*200.000*
Ativos fixos tangíveis	*550.000*
Depósitos	*55.000*
Total Ativo	*805.000*
Capital social	*350.000*
Reservas	*200.000*
Passivo	*255.000*
Total CP + Passivo	*805.000*

As permutas de partes sociais

A transposição da Diretiva comunitária para o direito interno da operação de permuta de partes sociais ocorreu somente com o Decreto-lei n° 6/93, de 9 de janeiro. Com este diploma legal consagrou-se, então, o regime de neutralidade fiscal para as operações de permuta de partes sociais, o qual consiste na não tributação dos sócios da sociedade adquirida, quer sejam pessoas coletivas quer sejam pessoas singulares, aquando da permuta das partes sociais detidas nessa sociedade pelas partes sociais da sociedade adquirente, desde que se verifiquem, cumulativamente, as seguintes condições:

- A sociedade adquirente da participação social deve ficar com a maioria dos direitos de voto da sociedade adquirida;
- Em troca, os sócios da sociedade adquirida devem receber partes representativas do capital social da sociedade adquirente e, eventualmente, uma quantia em dinheiro não superior a 10% do valor nominal ou, na sua falta, do valor contabilístico dos títulos entregues;
- Os sócios da sociedade adquirida devem continuar a valorizar, para efeitos fiscais, as novas participações pelo valor atribuído às entregues;
- As sociedades envolvidas na operação (adquirente e adquirida) devem ter sede ou direção efetiva em território português ou num Estado membro da União Europeia;
- As sociedades envolvidas na operação preencher as condições estabelecidas na Diretiva n° 2009/133/CE, do Conselho, de 19 de outubro;
- Os sócios da sociedade adquirida devem ter domicílio, sede ou direção efetiva num Estado membro da União Europeia ou num Estado

terceiro, quando os títulos recebidos sejam representativos do capital social de uma entidade residente em território português.

VEJAMOS UM EXEMPLO:

A sociedade Alfa procede à entrega de 250.000 ações da sociedade Beta (sociedade adquirida) à sociedade Gama (sociedade adquirente), a qual passa a ser titular de 58% do capital social da primeira, assegurando, assim, a maioria dos direitos de voto sobre a sociedade adquirida. Em troca, a sociedade Alfa passa a ser titular de 99% do capital social da sociedade adquirente, não recebendo qualquer quantia em dinheiro e reconhecendo as respetivas ações ao custo histórico das ações da sociedade adquirida.

Quer a sociedade adquirente, quer a adquirida, têm sede ou direção efetiva em território português, assim como os sócios desta última. Ambas estão ainda sujeitas ao regime geral do IRC.

Ora, formalmente, perante estes factos, não há nada que impeça que esta operação seja qualificada como uma permuta de partes sociais para efeitos de aplicação do regime de neutralidade fiscal.

A cláusula setorial antiabuso

Cumpre ainda uma nota sobre a cláusula (especial[64]) antiabuso constante do nº 10 do artigo 73º, do Código do IRC, decorrente do artigo 15º da Diretiva nº 2009/133/CE, de 19 de outubro, o qual prevê a possibilidade de os Estados-membros recusarem aplicar, ou retirarem, os benefícios derivados da aplicação do regime da neutralidade fiscal, se for evidente que as operações de fusão, cisão, entrada de ativos e permuta de partes sociais têm como principal objetivo, ou como um dos objetivos principais, a fraude ou evasão fiscais.

Neste sentido, estabelece aquele nº 10 que "*o regime especial da neutralidade fiscal não se aplica, total ou parcialmente, quando se conclua que as operações abrangidas pelo mesmo tiveram como principal objetivo ou como um dos principais objetivos a evasão fiscal, o que pode considerar-se verificado, nomeadamente, nos casos em que as sociedades intervenientes não tenham a totalidade dos seus rendimentos sujeitos ao mesmo regime de tributação em IRC ou quando as operações não tenham sido realizadas por razões económicas válidas, tais como a reestruturação ou a racionalização das atividades das sociedades que nelas participam, procedendo-se então, se for caso disso, às correspondentes liquidações adicionais de imposto*".

---

[64] Por oposição à cláusula geral antiabuso prevista no nº 2 do artigo 38º da LGT.

MANUAL TEÓRICO-PRÁTICO DE IRC

Ou seja, é estabelecida uma presunção ilidível de evasão fiscal, sempre que as sociedades intervenientes não tenham a totalidade dos seus rendimentos sujeitos ao mesmo regime de tributação em IRC ou quando se verifique a ausência de razões económicas válidas nas operações realizadas.

A transmissibilidade de prejuízos fiscais do artigo 75° do Código do IRC

Ainda no âmbito do regime de neutralidade fiscal, o legislador consagrou a possibilidade de as entidades contribuidoras poderem transmitir a favor das entidades beneficiárias os prejuízos fiscais que tenham sido gerados antes da operação de reestruturação, derrogando-se, dessa forma, o princípio da identidade jurídica, no qual os prejuízos fiscais gerados por uma entidade apenas podem ser deduzidos aos lucros tributáveis futuros da mesma entidade.

Até 31 de dezembro de 2013, esta possibilidade de transmissão de prejuízos fiscais encontrava-se sujeita a reconhecimento do interesse económico[65] que revestia a operação, mediante entrega de um requerimento dirigido ao Ministro das Finanças, contendo um conjunto de elementos necessários ao conhecimento, tanto na sua vertente económica, como jurídica, da operação e que se encontravam previstos na Circular n° 7/2005, de 16 de maio.

Sucede que, com a Reforma do IRC de 2014, operada pela Lei n° 2/2014, de 16 de janeiro, que entrou em vigor a 1 de janeiro de 2014, foram alterados os pressupostos de concessão do direito à transmissibilidade de prejuízos fiscais, que se encontravam previstos no n° 1 do artigo 75° do Código do IRC.

Isto é: a partir de 1 de janeiro de 2014, a possibilidade de se poderem transmitir os prejuízos fiscais passou a ser concedida de forma automática, não sendo necessária a análise prévia por parte da AT quanto ao interesse económico da operação, o qual deve ser aferido com base nos elementos ce-

---

[65] A generalidade da jurisprudência entendia (*vd.*, por todos, o Acórdão do Tribunal Central Administrativo Norte, datado de 8/6/2011, com referência ao processo n° 00003/07.4BCPRT, disponível em www.dgsi.pt) que "*os conceitos de «razões económicas válidas» e «inserção numa estratégia de redimensionamento e desenvolvimento empresarial de médio ou longo prazo, com efeitos positivos na estrutura produtiva» para efeitos de transmissibilidade dos prejuízos fiscais, prevista no artigo 69° do CIRC, são, segundo o entendimento que vem sendo a ser perfilhado pela jurisprudência, conceitos indeterminados cujo preenchimento cabe à Administração e que, ao contrário do poder discricionário verdadeiro e próprio, como poder de eleger uma de entre várias soluções igualmente válidas, só admitem uma solução justa no caso concreto, constituindo tais conceitos indeterminados matéria de discricionariedade técnica, insindicável judicialmente.*"

A NEUTRALIDADE NO DIFERIMENTO DA TRIBUTAÇÃO DAS OPERAÇÕES DE FUSÃO

didos pelos requerentes, bastando, portanto, apenas que à operação seja aplicável o regime de neutralidade fiscal.

Assim, a transmissão de prejuízos fiscais é admitida nos seguintes situações:

- Às operações de fusão;
- Às operações de cisão-dissolução, transmitindo-se os prejuízos fiscais para as sociedades beneficiárias na mesma proporção do valor de mercado dos patrimónios destacados;
- Às operações de fusão, cisão, entrada de ativos, em que se transfere um estabelecimento estável de uma entidade residente noutro Estado--membro para uma entidade residente em território nacional, verificando-se a extinção do estabelecimento estável;
- Às transferências de estabelecimentos estáveis em Portugal de entidades residentes noutro Estado-membro, a favor de entidades também residentes noutro Estado-membro, desde que o estabelecimento estável fique em território português.

Já no que respeita às operações que consistam em fusões que envolvam a totalidade de sociedades abrangidas pelo RETGS, relativamente aos prejuízos do grupo, e a transferências de atividade no âmbito das medidas de resolução tomadas pelo Banco de Portugal, nos termos dos artigos 145º-M e 145.-O do RGICSF, as mesmas carecem de autorização do membro de Governo responsável, mediante requerimento a apresentar, no prazo de 90 dias, após o pedido do registo da fusão na conservatória do registo comercial.

No entanto, a transmissão de prejuízos fiscais fica sujeita às seguintes limitações:

- Ao nº 2 do citado artigo 52º, o qual determina que a dedução a efetuar em cada um dos períodos de tributação não pode exceder o montante correspondente a 70% do respetivo lucro tributável, não ficando, porém prejudicada a dedução de parte desses prejuízos que não tenham sido deduzidos, nas mesmas condições e até ao final do respetivo período de dedução;
- E ao nº 4 do artigo 75º do Código do IRC, que impõe que, em cada período de tributação, se apure o valor da proporção entre o valor positivo do estabelecimento estável da sociedade contribuidora e o valor do património líquido de todas as sociedades envolvidas na operação de entrada de ativos, determinados com base no último balanço anterior à operação.

MANUAL TEÓRICO-PRÁTICO DE IRC

Ou seja, e no que respeita a esta última limitação, pretende-se balizar a dedução dos prejuízos em função do contributo da sociedade contribuidora para os resultados futuros da sociedade beneficiária, considerando-se que o mesmo será proporcional ao peso relativo que o património da sociedade contribuidora tem na soma dos patrimónios das entidades envolvidas na operação.

EXEMPLO:

A sociedade X, incorporou em 2016, no âmbito de uma operação de fusão, os patrimónios das sociedades A, B e C. Apenas a sociedade A tinha prejuízos fiscais ainda não totalmente deduzidos, no valor de € 100.000. De acordo com o último balanço antes da fusão, o património líquido da incorporante era de € 200.000, e o património líquido das incorporadas A, B e C, era de, respetivamente, € 100.000, € 300.000 e € 400.000.

SOLUÇÃO:

Com base na proporção do património líquido da sociedade incorporada que detém prejuízos fiscais relativamente ao património líquido de todas as sociedades envolvidas na operação, a Sociedade X (incorporante) poderá deduzir, em cada período de tributação, 10% do seu lucro tributável.

Sociedade	Património líquido	Proporção
A	100.000	10%
B	300.000	
C	400.000	
X	200.000	
Total	1.000.000	100%

A transmissibilidade de benefícios fiscais e de gastos de financiamento

Outra das vantagens acolhidas por este regime de neutralidade fiscal foi introduzida pelo artigo 75°-A do Código do IRC, aditado pela Lei n° 2/2014, de 16 de janeiro, o qual passou a admitir a transmissão de benefícios fiscais e de gastos de financiamento líquidos, quando estejam em causa operações de fusão, cisão ou de entrada de ativos, a que seja aplicado o regime especial estabelecido no artigo 74° do mesmo diploma legal.

No n° 1 desta norma refere-se que os benefícios fiscais das sociedades fundidas podem ser transmitidos para a sociedade beneficiária, desde que nesta se verifiquem os respetivos pressupostos e se aplique o regime especial

A NEUTRALIDADE NO DIFERIMENTO DA TRIBUTAÇÃO DAS OPERAÇÕES DE FUSÃO

estabelecido no artigo 74° do Código do IRC, alargando-se o n° 3 deste preceito às operações de cisão e entradas de ativos.

No entanto, enquanto, no caso das operações de fusão neutras, o benefício fiscal opera de forma automática, no caso das operações de cisão e entradas de ativos, a concessão do benefício fica condicionada à apresentação de um pedido de autorização dirigido ao Ministro das Finanças, juntamente com um conjunto de elementos que permitam que a AT valide o cumprimento dos requisitos de aplicação do regime de neutralidade fiscal, as condições e a adequação dos critérios de repartição dos benefícios fiscais, no âmbito da operação visada.

As condições de atribuição do benefício fiscal, no caso de uma operação de cisão ou entrada de ativos, bem como os procedimentos de controlo a ter em conta por parte da AT, são definidas na Portaria n° 275/2014, de 26 de dezembro.

Isto é, e quanto ao requerimento, deve este ser apresentado no prazo de 30 dias a partir do pedido de registo da operação na Conservatória do Registo Comercial, em conjunto pela(s) sociedade(s) beneficiária(s) da operação e pela sociedade cindida, quando da operação de cisão não resulte a respetiva dissolução, devendo conter, de acordo com o artigo 7° da Portaria n° 275/2014, designadamente: a descrição da operação de cisão, acompanhada do projeto; a certidão da Conservatória do Registo Comercial das entidades que requerem a transmissão do benefício; e a relação quantificada e descriminada do montante dos benefícios ainda não utilizados transmissível para a sociedade beneficiária.

Do requerimento de transmissão devem ainda constar a descrição dos critérios de repartição dos montantes referentes aos benefícios fiscais e gastos de financiamento líquido não deduzidos pela sociedade cindida e a justificação dos critérios de repartição adotados pelos contribuintes nos termos do n° 2 do artigo 4°, do n° 2 do artigo 5° e do n° 1 do artigo 6°, todos da Portaria.

Relembra-se que a utilização dos benefícios fiscais depende da verificação dos respetivos pressupostos nas sociedades beneficiárias, sucedendo estas à sociedade cindida em todas as obrigações, designadamente as atinentes ao respetivo controlo e comprovação, associadas aos benefícios fiscais que lhe tenham sido transmitidos.

As obrigações acessórias atinentes ao regime especial de neutralidade fiscal

Praticando uma operação ao abrigo do regime de neutralidade fiscal, as entidades devem comunicar a sua realização na declaração anual de informação

MANUAL TEÓRICO-PRÁTICO DE IRC

contabilística e fiscal, a que se refere o artigo 121°, relativa ao período de tributação em que a operação é realizada.

Em caso de fusão ou cisão, esta obrigação fica a cargo da sociedade da(s) sociedade(s) beneficiária(s) ou dos sócios residentes, se aquela(s) e, bem assim, a(s) sociedade(s) transmitente(s) não forem residentes em território português, nem disponham de estabelecimento estável aí situado. Já nas operações de entrada de ativos, a obrigação declarativa recai sobre a sociedade beneficiária, exceto se a mesma for uma entidade não residente em território português ou não dispuser de estabelecimento estável aí situado, caso em que a obrigação fica a cargo da sociedade contribuidora, e, em caso de permuta de partes sociais, sobre a sociedade adquirida quando seja residente em território português e pelos respetivos sócios residentes.

A sociedade fundida, cindida ou contribuidora deve ainda fazer constar do processo de documentação fiscal, para efeitos do n° 1 do artigo 74° do Código do IRC, uma declaração da sociedade beneficiária de que irá cumprir com o disposto no n° 3 do artigo 74°, ou seja, de que irá manter, para efeitos fiscais, os elementos patrimoniais objeto de transferência pelos mesmos valores que tinham na sociedade contribuidora antes da realização da operação; e, sempre que nas operações não participem apenas sociedades residentes em território português, as declarações comprovativas, confirmadas e autenticadas pelas autoridades fiscais do outro Estado membro da União Europeia de que são residentes as outras sociedades intervenientes na operação, de que estas se encontram nas condições estabelecidas no artigo 3° da Diretiva n° 2009/133/CE, do Conselho, de 19 de outubro.

Por seu lado, a sociedade beneficiária deve integrar, como determina o n° 4 do artigo 78° do Código do IRC, no seu processo de documentação fiscal, as demonstrações financeiras da sociedade fundida, cindida ou contribuidora, antes da operação e a relação dos elementos patrimoniais adquiridos que tenham sido incorporados na contabilidade por valores diferentes dos aceites para efeitos fiscais na sociedade fundida, cindida ou contribuidora, evidenciando ambos os valores, bem como as depreciações e amortizações, provisões, perdas por imparidade e outras correções de valor registados antes da realização das operações, fazendo ainda o respetivo acompanhamento enquanto não forem alienados, transferidos ou extintos, e ainda os benefícios fiscais ou gastos de financiamento líquidos cuja transmissão ocorra nos termos do artigo 75°-A.

23. Regime simplificado

Desenvolvimento do tema

As empresas em Portugal estão sujeitas ao cumprimento de um número elevado de obrigações, quer sejam de carácter contabilístico quer de carácter fiscal, o que provoca naturalmente, tudo somado, um elevado custo para essas empresas, em particular, para as empresas de reduzida dimensão, que, muitas das vezes, já se deparam com enormes dificuldades em solver as obrigações decorrentes da sua atividade normal.

Tendo essa preocupação em mente, e tendo em conta que as empresas de reduzida dimensão representam a maior fatia do tecido empresarial português, foi introduzido no Código do IRC um regime simplificado de tributação, cujo âmbito de aplicação e forma de determinação da matéria coletável se encontra previsto nos artigos 86°-A e 86°-B.

Trata-se, pois, de um regime que visa, designadamente, reduzir os custos emergentes do cumprimento das regras tributárias, através da implementação de formas simplificadas de cumprimento das obrigações fiscais, sejam elas as que decorrem da obrigação principal, que é a de pagamento do imposto, sejam as que decorrem das obrigações acessórias, como sejam as de registo, declarativas e de carácter estatístico.

Uma das características deste regime, cuja adoção visou corrigir um dos pontos negativos do anterior regime simplificado de tributação, que vigorou entre os anos 2001 e 2009 e deu origem a uma elevada litigância com o Estado, é a possibilidade de serem os próprios sujeitos passivos, desde que logicamente reúnam os requisitos, a optar pela sua aplicação manifestando expressamente essa vontade, ou seja, trata-se de um sistema de *opting in* e não de *opting out*.

MANUAL TEÓRICO-PRÁTICO DE IRC

Assim, podem optar pela aplicação do regime simplificado de determinação da matéria coletável, os sujeitos passivos residentes em território português, não isentos nem sujeitos a um regime especial de tributação, que exerçam a título principal uma atividade de natureza comercial, industrial ou agrícola e que verifiquem, cumulativamente, as seguintes condições:

- Tenham obtido, no período de tributação imediatamente anterior, um montante de rendimentos ilíquidos que não exceda o valor de € 200.000,00;
- O total do balanço relativo ao período de tributação imediatamente anterior não exceda o valor de € 500.000,00;
- Não estejam legalmente obrigados à revisão legal de contas;
- O capital social não seja detido em mais de 20%, direta ou indiretamente, nos termos do n° 6 do artigo 69°, por entidades que não preencham alguma das condições anteriores, exceto quando sejam sociedade de capital de risco ou investidores de capital de risco;
- Adotem o regime de normalização contabilística para microentidades, aprovado pelo Decreto-Lei n° 36-A/2011, de 9 de março[66];
- Não tenham renunciado à aplicação do regime nos três anos anteriores, com referência à data em que se inicia a aplicação do regime.

Esta opção deve ser formalizada pelos sujeitos passivos, dentro dos prazos que a lei estipula[67], através da entrega, ou de uma declaração de início de atividade caso se trate de uma sociedade nova[68], ou da entrega de uma declaração de alterações, caso se trate de uma sociedade já existente.

De referir que, como se trata de uma opção, naturalmente que a permanência no regime apenas ocorre enquanto o sujeito passivo reunir os requisitos que lhe permitiram aderir ao mesmo, ou seja, o regime cessa automaticamente quando deixar de se verificar algum dos requisitos atrás enu-

---

[66] Ao impor a adoção do regime de normalização contabilística para microentidades, o legislador pretendeu que não fossem criadas desigualdades ao nível da base tributável, o que podia acontecer caso fosse permitido que os sujeitos passivos abrangidos pelo regime simplificado aplicassem, indiscriminadamente, a norma contabilística para microentidades (NC-ME) ou a NCRF-PE, uma vez que o valor dos vários rendimentos a considerar para aplicação dos coeficientes poderia ser maior ou menor, dependendo do normativo contabilístico que estivesse a ser utilizado (colocar no rodapé).

[67] Até ao fim do 2° mês do período de tributação na qual pretendem iniciar a aplicação do regime.

[68] Em caso de início de atividade, o enquadramento no regime simplificado de determinação da matéria coletável, é feito com base numa estimativa anualizada dos rendimentos.

REGIME SIMPLIFICADO

merados, designadamente, quando os rendimentos sejam de valor superior a € 200.000,00, ou quando os sujeitos passivos não cumpram as obrigações de emissão e comunicação das faturas previstas, respetivamente, no Código do IVA e no artigo 3º do Decreto-Lei nº 198/2012, de 24 de agosto.

Os efeitos da cessação automática do regime reportam-se ao primeiro dia do período de tributação, exceto no que toca à obrigação de comunicar as faturas. Com efeito, neste último caso, como os sujeitos passivos são obrigados a comunicar mensalmente, até ao dia 25 de cada mês, as faturas correspondentes ao mês anterior, logicamente que a data limite para comunicação das faturas correspondentes ao mês de dezembro, será o dia 25 de janeiro do ano seguinte, o que quer dizer que será esta a data limite da comunicação das faturas emitidas no ano anterior. Assim, apenas ocorre a cessação do regime, no caso dos sujeitos passivos não comunicarem as suas faturas, com respeito a qualquer mês do ano, até ao dia 25 de janeiro seguinte.

Por outro lado, para além das razões que o fazem cessar automaticamente, o regime simplificado pode também cessar por opção dos próprios sujeitos passivos, bastando que, para o efeito, procedam à entrega de uma declaração de alterações, expressando a renúncia à aplicação do regime simplificado, cujo prazo ocorre até ao fim do segundo mês do período de tributação no qual pretendem ver cessado o regime, reportando-se os efeitos dessa cessação ao primeiro dia do período de tributação.

Como aludido supra, este regime especial consiste numa alternativa ao regime geral de determinação da matéria coletável, mantendo-se, no entanto, a obrigação das entidades disporem de contabilidade organizada. No entanto, não serão deduzidos quaisquer gastos que os sujeitos passivos tenham suportado no decurso da sua atividade, já que a matéria coletável é determinada pela aplicação de coeficientes, que variam consoante a atividade exercida pelos sujeitos passivos, ao rendimento apurado pelos sujeitos passivos.

Não obstante o apuramento da matéria coletável não levar em linha de conta os gastos efetivamente suportados pelos sujeitos passivos, a verdade é que ainda assim, há lugar a tributação autónoma quanto aos encargos que digam respeito a despesas não documentadas, aos encargos relacionados com viaturas ligeiras de passageiros, às viaturas ligeiras de utilização mista e ligeiros de mercadorias e às importâncias pagas ou devidas a qualquer título a entidades residentes em paraísos fiscais.

Assim, o apuramento da matéria coletável será feito atendendo aos seguintes coeficientes:

- 0,04 das vendas de mercadorias e produtos, e das prestações de serviços efetuadas no âmbito de atividades hoteleiras e similares, restauração e

MANUAL TEÓRICO-PRÁTICO DE IRC

bebidas, exceto aquelas que se desenvolvam no âmbito da atividade de exploração de estabelecimentos de alojamento local na modalidade de moradia ou apartamento;

- 0,35 dos rendimentos da exploração de estabelecimentos de alojamento local na modalidade de moradia ou apartamento.
- 0,75 dos rendimentos das atividades profissionais constantes da tabela a que se refere o artigo 151º do Código do IRS;
- 0,10 dos restantes rendimentos de prestações de serviços e subsídios destinados à exploração;
- 0,30 dos subsídios não destinados à exploração;
- 0,95 dos rendimentos provenientes de contratos que tenham por objeto a cessão ou utilização temporária da propriedade intelectual ou industrial ou a prestação de informações respeitantes a uma experiência adquirida no setor industrial, comercial ou científico, dos outros rendimentos de capitais, do resultado positivo de rendimentos prediais, do saldo positivo das mais e menos-valias e dos restantes incrementos patrimoniais;
- 1,00 do valor de aquisição dos incrementos patrimoniais obtidos a título gratuito determinado nos termos do nº 2 do artigo 21º do Código do IRC.

Os coeficientes aplicáveis às vendas de mercadorias e produtos, bem como às prestações de serviços efetuadas no âmbito de atividades hoteleiras, restauração e bebidas (0,04) e dos restantes rendimentos de prestações de serviços e subsídios destinados à exploração, são reduzidos em 50% e 25%, respetivamente, no período de tributação de início de atividade e no seguinte.

De referir também que, da aplicação destes coeficientes, nunca poderá resultar uma matéria coletável de valor inferior a 60% do valor anual da retribuição mínima mensal garantida (RMMG[69]).

---

[69] O valor da RMMG está fixado em € 557,00, desde 1 de janeiro de 2017 (Decreto-lei nº 86-B/2016, de 29 de dezembro). Evolução na RMMG nos últimos anos:

Produção de Efeitos	Montante	Legislação
1/1/2010	€ 475,00	Decreto-lei nº 5/2010, de 15 de janeiro
1/1/2011	€ 485,00	Decreto-lei nº 143/2010, de 31 de dezembro
1/10/2014	€ 505,00	Decreto-lei nº 144/2014, de 30 de setembro
1/1/2016	€ 530,00	Decreto-lei nº 254-A/2015, de 31 de dezembro
1/1/2017	€ 557,00	Decreto-lei nº 86-B/2016, de 29 de dezembro
1/1/2018	€ 580,00	Decreto-Lei nº 156/2017, de 28 de dezembro

REGIME SIMPLIFICADO

Por sua vez, também o limite mínimo de matéria coletável (60% do valor anual da RMMG) será reduzido, respetivamente, em 50% e 25%, no ano em que se inicia a atividade e no ano seguinte, ou seja, o limite mínimo de matéria coletável no ano em que se inicia a atividade será de 30% do valor anual da RMMG, e no ano seguinte será de 45% do valor anual da RMMG.

Sobre o valor da coleta assim apurada será aplicada a taxa geral de IRC, visto não se encontrar prevista nenhuma taxa específica para este regime especial.

No que respeita à obrigação principal do imposto, apesar de não estarem sujeitas ao pagamento especial por conta, estão obrigadas a efetuar os pagamentos por conta. Se, à data em que uma determinada empresa tenha optado pelo regime simplificado, ainda não tenha deduzido o saldo por inteiro dos pagamentos especiais por conta de anos anteriores, pode continuar a deduzi-los dentro dos prazos legais.

Como se pode verificar, as sociedades abrangidas pelo regime simplificado de tributação ficam sempre sujeitos ao pagamento de uma coleta mínima, não sendo possível, portanto, a estes sujeitos passivos apurarem prejuízos fiscais, ainda que se verifique essa ocorrência a nível contabilístico. Mas, e os prejuízos fiscais que tenham sido apurados antes da entrada em vigor deste regime? Pois bem, este regime simplificado visa, como já referimos, o apuramento da matéria coletável (ao contrário do regime que vigorou, entre 2001 e 2009, que visava o apuramento do lucro tributável), o que significa que os sujeitos passivos, para além de não poderem deduzir prejuízos fiscais que tenham sido acumulados em períodos anteriores à aplicação do regime, também não irão apurar a derrama municipal.

Exercícios

EXERCÍCIO 1:

Admita-se uma sociedade que fez a opção pelo regime simplificado de tributação em janeiro de 2018. Neste período, apurou um montante de vendas que ascendeu a € 150.000. Para além disso, considerou como rendimento, o montante de € 25.000, proveniente da alienação de um equipamento pertencente ao seu ativo fixo tangível que tinha sido adquirido, em 2015, por € 50.000. De acordo com o Decreto Regulamentar n° 25/2009, a taxa de depreciação deste bem é de 20%.

Assumindo um coeficiente de desvalorização monetária de 1,03, qual o valor da matéria coletável desta empresa em 2018.

MANUAL TEÓRICO-PRÁTICO DE IRC

Exercício 2:

Determinada sociedade, que se dedica à atividade de engenharia, fez a opção pelo regime simplificado de tributação, em janeiro de 2017. No ano de 2016, tinha adquirido um equipamento, pelo valor de € 25.000, que afetou à sua atividade. A taxa máxima de depreciação deste bem, de acordo com o Decreto Regulamentar nº 25/2009, é de 20%.

No entanto, a referida sociedade decidiu, no ano de 2018, alienar o aludido bem pelo valor de € 18.000.

Admitindo um coeficiente de 1, qual o valor da mais-valia a considerar em 2018?

Exercício 3:

A empresa X aderiu ao regime simplificado de tributação no dia 28 de janeiro de 2017. Após esse período, decidiu que era mais vantajoso voltar ao regime geral, apresentando, a 3 de março do ano seguinte, a respetiva declarações de alterações comunicando a renúncia ao regime simplificado de tributação.

Quais as consequências desta decisão?

Exercício 4:

Uma empresa, enquadrada no regime simplificado, adquiriu, em 2018, uma máquina por € 30.000,00, tendo recebido um subsídio de € 12.000. A taxa de depreciação da máquina, de acordo com Decreto Regulamentar nº 25/2009, de 14 de setembro, é de 20%.

Determine a matéria coletável da empresa, admitindo que os rendimentos ilíquidos da sua atividade (venda de eletrodomésticos) foram de € 150.000.

Exercício 5:

A empresa X aderiu ao regime simplificado de tributação, no dia 15 de fevereiro de 2018, tendo entregue a respetiva declaração de alterações. No entanto, de acordo com os dados relativos às demonstrações financeiras desse ano, o valor anual ilíquido de rendimentos foi de € 280.000, tendo ultrapassado o limite previsto na alínea a) do nº 1 do artigo 86º-A do Código do IRC.

Quais as consequências a retirar destes dados?

Soluções

Exercício 1:

De acordo com o artigo 86°-B do Código do IRC, será aplicável um coeficiente de 0,04 às vendas e 0,95 às mais-valias obtidas.

Assim, o apuramento da matéria coletável será o seguinte:
- Vendas............ 150.000 x 4% = € 6.000
- Mais-valias .... 25.000 − (50.000 − 30.000) x 1,03 = 4.400 x 0,95 = = € 4.180

A matéria coletável desta empresa, no período de 2018, foi de € 10.180 (€ 6.000 + € 4.180).

Exercício 2:

De acordo com o n° 6 do artigo 86°-B, ao valor de realização será deduzido o valor de aquisição, líquido das depreciações praticadas, sendo que durante o período em que seja aplicado o regime simplificado serão consideradas as quotas mínimas.

Assim, o apuramento da mais valia será o seguinte:
- Depreciação praticada em 2016: 25.000 x 20% = € 5.000
- Depreciação praticada em 2017: 25.000 x 10% = € 2.500

Logo, a mais-valia fiscal é de:
$$Mvf = 18.000 − (25.000 − 7.500) \times 1 = € 500 \star 0.95 = € 475$$

A mais-valia a considerar, para a determinação da matéria coletável, é de € 475.

Exercício 3:

Esta empresa deveria ter comunicado a renúncia ao regime simplificando de tributação, através da entrega de uma declaração de alterações, até ao fim do 2° mês em que se pretende iniciar a aplicação do regime geral. Logo, por não o ter feito dentro do prazo legal, a empresa tem que permanecer naquele regime, desde que continue a reunir todos os requisitos para o efeito.

Exercício 4:

Tratamento fiscal do subsídio:
- Aplicação do coeficiente previsto na alínea d) do n° 1 do artigo 86°-B do Código do IRC: € 12.000,00 x 0,30 = € 3.600,00
- Montante que, proporcionalmente, corresponde a quota mínima de depreciação da máquina subsidiada: 10% x € 3.600,00 = € 360,00

MANUAL TEÓRICO-PRÁTICO DE IRC

A parcela do subsídio a considerar para o apuramento da matéria coletável é de € 360,00.

EXERCÍCIO 5:

No período de tributação de 2018, não pode ficar abrangido pelo regime simplificado, ficando, automaticamente, enquadrado no regime geral.

24. Taxas

Síntese

- As empresas residentes e os estabelecimentos estáveis de não residentes têm uma taxa de IRC de 21% no Continente e na Madeira e de 16,8% nos Açores.
- As PME´s beneficiam de uma taxa reduzida, de 17%, para os primeiros 15 mil € de lucro (13,6% nos Açores e 16% na Madeira).
- Adicionalmente, o lucro acima de 1,5 milhões de € paga derrama estadual.
- Empresas com prejuízo fiscal têm coleta de zero (a coleta em IRC tem de ser sempre maior ou igual a zero)

Desenvolvimento do tema

As taxas normais de IRC são:

ENTIDADES	TAXAS		
	Continente	Madeira	Açores
Entidades residentes e estabelecimentos estáveis de entidades não residentes	21%	21%	16,8%
Entidades residentes e estabelecimentos estáveis de entidades não residentes, classificadas como PME'S (Decreto-Lei n° 372/2008, de 6 de novembro)	17% os primeiros € 15.000 de matéria coletável e 21% o restante	16% os primeiros € 15.000 de matéria coletável e 21% o restante	13,6% os primeiros € 15.000 de matéria coletável e 16,8% o restante
Entidades residentes que não exercem a título principal uma atividade de natureza comercial, industrial ou agrícola	21%	21%	16,8%
Entidades não residentes sem estabelecimento estável	25% a 35%	25% a 35%	20% a 28%

MANUAL TEÓRICO-PRÁTICO DE IRC

Decreto-Lei nº 372/2007, de 6 de novembro

Tipo de empresa	Volume de negócios	Nº Efetivos	Total de Balanço
Média	< 50 milhões de euros	< 250	< 43 milhões de euros
Pequena	< 10 milhões de euros	< 50	< 10 milhões de euros
Micro	< 2 milhões de euros	< 10	< 2 milhões de euros

Para 2018, a taxa geral de IRC é de 21% (foi de 23% em 2014), assim como na Região Autónoma da Madeira. Contudo, para a Região Autónoma dos Açores a taxa geral de IRC é de 16,8% [70] [71].

Tratando-se de rendimentos de entidades que não tenham sede nem direção efetiva em território português e aí não possuam estabelecimento estável ao qual os mesmos sejam imputáveis, a taxa do IRC é de 25%, com exceção dos seguintes rendimentos:

* Prémios de rifas, totoloto, jogo de loto, bem como importâncias ou prémios atribuídos em quaisquer sorteios ou concursos, em que a taxa é de 35%;
* Rendimentos de capitais sempre que sejam pagos ou colocados à disposição em contas abertas em nome de um ou mais titulares mas por conta de terceiros não identificados, em que a taxa é de 35%, exceto quando seja identificado o beneficiário efetivo, termos em que se aplicam as regras gerais;
* Rendimentos de capitais, tal como definidos no artigo 5º do Código do IRS, obtidos por entidades não residentes em território português, que sejam domiciliadas em país, território ou região sujeitas a um regime fiscal claramente mais favorável, constante de lista aprovada por portaria do Ministro das Finanças, em que a taxa é de 35%.

Relativamente ao rendimento global de entidades com sede ou direção efetiva em território português que não exerçam, a título principal, atividades de natureza comercial, industrial ou agrícola, a taxa é de 21%.

---

[70] As taxas na Região Autónoma dos Açores são reduzidas em 20% por força de: Lei das Finanças Regionais – artigo 59º da Lei Orgânica nº 2/2013, de 2 de setembro, Orçamento da RAA para o ano de 2014 – artigo 31º do Decreto Legislativo Regional nº 2/2014/A, de 29 de janeiro.

[71] A aplicação das taxas de 17% e 13,6% está sujeita às regras europeias aplicáveis em matéria de auxílios de minimis (quadro 09 do Anexo D da Declaração Modelo 22 ≤ € 200.000 em 3 anos ou € 100.000 no setor dos transportes rodoviários).

Derrama estadual

Adicionalmente ao valor do IRC a pagar, e da derrama municipal, os sujeitos passivos de IRC estão ainda sujeitos ao pagamento de outro adicional: a derrama estatual, em conformidade com o artigo 87º-A do Código do IRC.

A derrama estadual foi introduzida no ordenamento jurídico interno no âmbito de um conjunto de medidas adicionais de consolidação orçamental, que visaram reforçar e acelerar a redução de défice excessivo, sendo ainda uma medida de natureza temporária. O montante da taxa, desde que foi aprovada em 2010, tem vindo a sofrer sucessivas alterações.

Assim, os sujeitos passivos residentes em território português que exerçam, a título principal, uma atividade de natureza comercial, industrial ou agrícola e os não residentes com estabelecimento estável em Portugal, que apurem um lucro tributável superior a um milhão e meio de euros, sujeito e não isento de IRC, estão obrigados a efetuar o pagamento da derrama estadual, calculada de acordo com a tabela abaixo, sobre o montante do lucro tributável que exceda aquele limite:

Lucro tributável	Taxas
De mais de 1.500.000 € até 7.500.000 €	3%
De mais de 7.500.000 € até 35.000.000 €	5%
De mais de 35.000.000 €	9% (7% até 2017)

Sendo que nos Açores aplicam-se as taxas de 2.4%; 4% e 7,2% respetivamente.

O quantitativo do lucro tributável que exceder 1.500.000 € é dividido em 3 escalões que são os que se encontram no quadro supra. Assim, se o lucro tributável de uma empresa for superior a € 35.000.000, o seu valor será dividido em três escalões, primeiro, o valor que exceder os 35.000.000 € ao qual se irá aplicar a taxa de 9%[72] (era de 7% até 2017, inclusive), depois, o valor que exceder os 7.500.000 € até aos € 35.000.000, o qual irá ficar sujeito à aplicação da taxa de 5% e, por fim, o valor que exceder 1.500.000 até aos 7.500.000, a que se aplicará a taxa de 3%.

Quando seja aplicável o regime especial de tributação dos grupos de sociedades, as taxas referidas supra incidem sobre o lucro tributável apurado na declaração periódica individual de cada uma das sociedades do grupo, incluindo, a da sociedade dominante.

---

[72] Taxa revista no OE/2018.

Desta forma, podemos aferir a coleta de imposto de uma empresa residente em Portugal (ou de uma não residente com estabelecimento estável) das seguintes formas:

Empresa não abrangida pela taxa reduzida de 17% (incluindo a derrama estadual) (a que se pode somar o valor da derrama municipal, entre 0% e 1.5%):

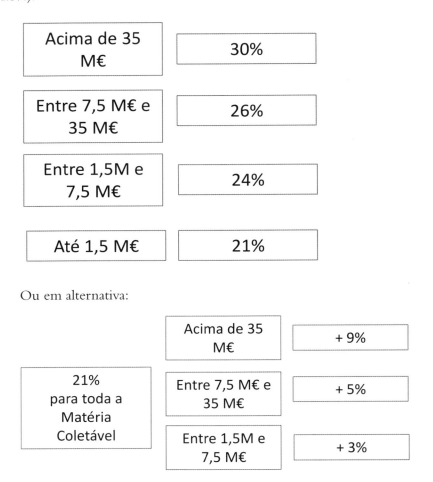

TAXAS

Exercícios

EXERCÍCIO 1:
Calcule o valor da coleta, para 2018, para uma empresa não abrangida pela taxa reduzida, para os seguintes valores de Matéria Coletável:
a) 50 M€
b) 15 M€
c) 5 M€
d) 1 M€
e) 200 mil €

EXERCÍCIO 2:
Calcule o valor da coleta, para uma empresa abrangida pela taxa reduzida, para os seguintes valores de Matéria Coletável:
a) 10 mil €
b) 50 mil €
c) 150 mil €

SOLUÇÕES:
EXERCÍCIO 1:
a) 13,405 M€
b) 3,705 M€
c) 1,155 M€
d) 0,21 M€
e) 0,042 M€

EXERCÍCIO 2:
a) 1.700 €
b) 9.900 €
c) 30.900 €

25. Tributações Autónomas

Síntese

- Para um conjunto de gastos, o Código do IRC prevê que, apesar de aceites fiscalmente, os mesmos sejam sujeitos a tributação autónoma.
- Empresas com prejuízo podem ter IRC a pagar dado que haverá sempre lugar ao pagamento de tributação autónoma relativo a determinados gastos.

Desenvolvimento do tema

As tributações autónomas têm a sua origem, no sistema fiscal português, com a publicação do Decreto-Lei nº 192/90, de 9 de junho. Este diploma legal previa, no seu artigo 4º, uma tributação autónoma à taxa de 10%, para despesas confidenciais ou não documentadas e à taxa de 6,4%, para despesas de representação e encargos relacionados com viaturas ligeiras de passageiros. Esta norma veio a ser objeto de diversas alterações até à sua revogação pela Lei nº 30-G/ /2000, de 29 de dezembro, que aditou, ao Código do IRC, o artigo 69º-A no qual, para além da manutenção da incidência das tributações autónomas às despesas não documentadas, às despesas de representação e aos encargos com viaturas, estendeu a mesma a outras situações da natureza diversa.

Ora, a tributação autónoma, segundo a doutrina dominante e a jurisprudência, foi criada pelo legislador com o objetivo, por um lado, de incentivar os contribuintes a ela sujeitos a reduzirem tanto quanto possível as despesas que concorrem negativamente para a formação do lucro tributável, e por

MANUAL TEÓRICO-PRÁTICO DE IRC

outro, evitar que, através destas despesas as empresas procedam à distribuição camuflada de lucros, que não seriam assim tributados, bem como combater a fraude e a evasão fiscais que tais despesas ocasionam não apenas em relação ao IRC ou IRS, mas também em relação às correspondentes contribuições, tanto das entidades patronais como dos trabalhadores.

Esta intenção do legislador fica ainda mais vincada, quando, para além dos sucessivos aumentos de taxa, penalizando ainda mais os sujeitos passivos que de alguma forma beneficiam de um regime de tributação mais favorável, parte das despesas que agora são tributadas autonomamente, independentemente da existência ou não de matéria coletável para efeitos de IRC.[73]

Quis o legislador, com esta alteração, firmar a penalização deste tipo de despesas, fazendo incidir sobre elas uma coleta, independentemente da existência ou não de matéria coletável para efeitos de IRC, deixando, assim, de passar intacto o contribuinte que não apurava matéria coletável.

A razão de ser, por assim dizer, da tributação autónoma não está tão só no simples arrecadar de mais imposto, tem antes um carácter antiabuso, no sentido de desincentivar o recurso ao tipo de despesas que tributa, as quais, pela sua natureza, são propiciadoras de pagamento de rendimentos camuflados, e em última análise, até, permitir reaver algum do imposto que deixou de ser pago pelo beneficiário dos rendimentos, transferindo a responsabilidade tributária deste para a esfera de quem paga realmente esse rendimento.

Atualmente, a tributação autónoma está prevista no artigo 88º do Código do IRC e incide sobre os seguintes encargos (procurando, assim, dissuadir os excessos na incorrência destas tipologias de despesas):

---

[73] Antes — das alterações introduzidas pela Lei nº 30-G/2000, de 29 de dezembro —, eram apenas tributadas na percentagem das mesmas que não eram aceite fiscalmente e somente se houvesse matéria coletável. Dispunha o artigo 45º do Código do IRC, em vigor à data, nomeadamente no seu nº 1, alíneas f), g) e nº 4: f)★ (…) As ajudas de custo e os encargos com compensação pela deslocação em viatura própria do trabalhador, ao serviço da entidade patronal, não facturados a clientes, escriturados a qualquer título, sempre que a entidade patronal não possua, por cada pagamento efectuado, um mapa através do qual seja possível efectuar o controlo das deslocações a que se referem aqueles encargos, designadamente os respectivos locais, tempo de permanência, objectivo e, no caso de deslocação em viatura própria do trabalhador, identificação da viatura e do respectivo proprietário, bem como o número de quilómetros percorridos, excepto na parte em que haja lugar a tributação em sede de IRS na esfera do respectivo beneficiário; g)★ Os encargos não devidamente documentados.(…)
4★ Sem prejuízo do disposto no número anterior, não concorrem para a formação do lucro tributável as menos-valias e outras perdas relativas a partes de capital, na parte do valor que corresponda aos lucros distribuídos que tenham beneficiado da dedução prevista no artigo 51º nos últimos quatro anos.

TRIBUTAÇÕES AUTÓNOMAS

- Despesas não documentadas;
- Encargos com viaturas ligeiras de passageiros, viaturas ligeiras de mercadorias referidas na alínea b) do nº 1 do artigo 7º do Código do Imposto sobre Veículos motos e motociclos
- Despesas de representação;
- Despesas correspondentes a importâncias pagas ou devidas, a qualquer título, a pessoas singulares ou coletivas residentes fora do território português e aí submetidas a um regime fiscal claramente mais favorável;
- Encargos dedutíveis relativos a ajudas de custo e compensação pela deslocação em viatura própria do trabalhador;
- Lucros distribuídos por entidades sujeitas a IRC a sujeitos passivos que beneficiam de isenção total ou parcial;
- Os gastos ou encargos relativos a indemnizações, bónus e outras remunerações variáveis pagas a gestores, administradores ou gerentes.

Aos encargos efetuados ou suportados relacionados com viaturas ligeiras de passageiros, viaturas ligeiras de mercadorias referidas na alínea b) do nº 1 do artigo 7º do Código do Imposto sobre Veículos, motos ou motociclos, excluindo os veículos movidos exclusivamente a energia elétrica, são aplicáveis as seguintes taxas:

Taxas de tributação Autónomas para veículos

Tributação Autónoma	Viaturas a energia elétrica	Viaturas hibridas plug-in	Viaturas a GPL ou GNV	Outras viaturas
Custo Aquisição (CA) inferior a 25 mil €	0%	5%	7,5%	10%
CA entre 25 mil e 35 mil €	0%	10%	15%	27,5%
CA acima de 35 mil €	0%	17,5%	27,5%	35%

Todavia, quando os veículos em causa se encontram afetos à exploração de serviço público de transportes ou a serem alugados no exercício da atividade de aluguer de automóveis não há lugar ao pagamento da tributação autónoma.

A partir de 2014, deixou de se ter em conta o ano de aquisição (ou locação) para o cálculo da tributação autónoma, passando as taxas a ser aplicáveis por intervalos de valores de aquisição, independente do ano em que os bens foram adquiridos.

MANUAL TEÓRICO-PRÁTICO DE IRC

Ficam excluídas da aplicação destas taxas de tributação autónoma:
- As viaturas movidas exclusivamente a energia elétrica;
- As viaturas ligeiras de passageiros, motos e motociclos, afetos à exploração de serviço público de transportes, destinados a serem alugados no exercício da atividade normal do sujeito passivo;
- As viaturas automóveis relativamente às quais tenha sido celebrado o acordo previsto no nº 9) da alínea b) do nº 3 do artigo 2º do Código do IRS. Isto é, quando a utilização da viatura por trabalhadores ou órgãos sociais seja considerada rendimento de trabalho dependente (Categoria A), correspondente a 0,75% do custo de aquisição por mês de utilização (nº 5 do artigo 24º do Código do IRS).

A partir de 2015, as taxas de tributação autónoma, previstas no nº 3 do artigo 88º do Código do IRC, passaram a aplicar-se às viaturas ligeiras de mercadorias referidas na alínea b) do nº 1 do artigo 7º do Código do ISV (isto é, as viaturas que nos termos do ISV não estão sujeitas à taxa reduzida e intermédia). Veículos semelhantes a automóveis ligeiros de passageiros, mas com uma homologação europeia N1 (ligeiro de mercadorias), não enquadráveis em nenhumas das taxas da tabela B do Código do ISV, passam também a estar sujeitos a esta tributação autónoma.

As viaturas ligeiras sobre as quais não incide tributação autónoma são:
- Automóveis ligeiros de utilização mista, com peso bruto superior a 2500 kg, lotação mínima de sete lugares, incluindo o do condutor e que não apresentem tração às quatro rodas, permanente ou adaptável;
- Automóveis ligeiros de utilização mista que, cumulativamente, apresentem peso bruto superior a 2300kg, comprimento mínimo da caixa de carga de 145 cm, altura interior mínima da caixa de carga de 130 cm medida a partir do respetivo estrado, que deve ser contínuo, ante para inamovível, paralela à última fiada de bancos, que separe completamente o espaço destinado ao condutor e passageiros do destinado às mercadorias, e que não apresentem tração às quatro rodas, permanente ou adaptável; e
- Automóveis ligeiros de mercadorias, de caixa aberta ou sem caixa, com lotação superior a três lugares, incluindo o do condutor e sem tração às quatro rodas, permanente ou adaptável.

TRIBUTAÇÕES AUTÓNOMAS

Taxas de tributação autónoma

Descrição do gasto	Taxas
Despesas de representação, considerando-se como tal, nomeadamente, as despesas suportadas com receções, refeições, viagens, passeios e espetáculos oferecidos no País ou no estrangeiro a clientes ou fornecedores ou ainda a quaisquer outras pessoas ou entidades (inclui despesas com camarotes em estádios de futebol)	10%
Despesas não documentadas	50%
Despesas não documentadas quando o sujeito passivo for total ou parcialmente isento de IRC e não exercer a título principal uma atividade de natureza comercial, industrial ou agrícola	70%
Ajudas de custo e deslocações em viatura própria do colaborador, não faturadas a clientes, exceto na parte em que haja lugar a tributação em sede de IRS na esfera do respetivo beneficiário.	5%
Gastos relativos a indemnizações decorrentes da cessação de funções de gestor, administrador ou gerente	35%
Gastos relativos a bónus e outras remunerações variáveis pagas a gestores, administradores ou gerentes	35%
Lucros distribuídos por entidades sujeitas a IRC a sujeis passivos que beneficiem de isenção total ou parcial, abrangendo os rendimentos de capitais, quando as partes sociais a que respeitam os lucros não tenham permanecido na titularidade do mesmo sujeito passivo ininterruptamente durante o ano anterior à data da colocação à disposição (deduz-se o imposto que possa ter sido retido na fonte, caso não seja dedutível nos termos do nº 2 do artº 90 do CIRC)	23%
Pagamentos efetuados, a qualquer título, a pessoas singulares ou coletivas residentes fora do território e aí sujeitos a um regime fiscal mais favorável[52]	35%
Pagamentos efetuados, a qualquer título, a pessoas singulares ou coletivas residentes fora do território e aí sujeitos a um regime fiscal mais favorável quando o sujeito passivo for total ou parcialmente isento de IRC e não exercer a título principal uma atividade de natureza comercial, industrial ou agrícola	55%

Nota: estas taxas são agravadas em 10 p.p. quando o SP apresente prejuízos fiscais no respetivo período de tributação.

Por fim, cumpre ainda chamar a atenção para o facto de o nº 21 do artigo 88º agora em análise, aditado pela Lei nº 7-A/2016, de 30 de março, ter sido alterado pela Lei do Orçamento de Estado para 2018, passando a dispor que "a liquidação das tributações autónomas em IRC é efetuada nos termos previstos no artigo 89º e tem por base os valores e as taxas que resultem do disposto nos números anteriores, não sendo efetuadas quaisquer deduções ao montante global apurado, ainda que essas deduções resultem de legislação especial".

[74] Nos termos do nº 1 do artigo 63º-D da LGT, a lista dos países, territórios ou regiões com regime claramente mais favorável é aprovada, por portaria, pelo membro do Governo responsável pela área das finanças, após parecer prévio da Autoridade Tributária e Aduaneira.

Exercícios

EXERCÍCIO 1:
Determinada empresa possuía as seguintes viaturas, no seu ativo não corrente, a 31 de dezembro de 2018:
- 2 Viaturas ligeiras de passageiros, adquiridas em 2016. O seu custo de aquisição foi de, respetivamente, € 45.000 e € 36.000;
- 1 Veículo elétrico, adquirido em 2017, por € 36.000;
- 1 Veículo movido a GPL, adquirido em 2018, cujo custo de aquisição foi de € 28.000.

A empresa adota o método da linha reta como política de depreciações, sendo que os veículos são depreciados à taxa de 25%.
Calcule o valor das tributações autónomas no ano de 2018.

EXERCÍCIO 2:
A sociedade W, com sede nas Ilhas Maurícias, efetuou suprimentos, em 2018, à sociedade A, com sede em Lisboa, e que é detida a 100% por W. Os suprimentos, no valor de € 30.000.000, são remunerados à taxa de 12% e os juros são anuais e pagos postecipadamente.

Perante estes factos, a empresa foi notificada, nos termos do nº 8 do artigo 23º-A do Código do IRC, para fazer prova de que aqueles encargos correspondem a operações efetivamente realizadas e não têm um carácter anormal ou um montante exagerado.

Na resposta a empresa W não conseguiu fazer prova do que lhe tinha sido solicitado.
Quais as consequências fiscais a que a sociedade A ficará sujeita?

EXERCÍCIO 3: TRIBUTAÇÃO AUTÓNOMA DE OUTRAS DESPESAS (EMPRESA COM LUCRO E COM PREJUÍZO)
Suponha que uma empresa teve os seguintes gastos:
- Ajudas de custo: 5.000
- Despesas de representação: 8.000
- Despesas não documentadas: 1.000
- Pagou um bónus ao gestor de 35.000
- Admita que ele auferiu uma remuneração anual de 25.000.

Qual o valor das tributações autónomas?

TRIBUTAÇÕES AUTÓNOMAS

SOLUÇÕES:

EXERCÍCIO 1:
Nos termos do nºs 3 e 5 do artigo 88º do Código do IRC, as taxas a aplicar incidem sobre o valor das depreciações praticadas, com exceção dos veículos elétricos.
Cálculo das depreciações
- Veículos ligeiros: 45.000 x 25% + 36.000 x 25% = € 20.250
- Veículo elétrico: 36.000 x 25% = € 9.000
- Veículo a GPL: 28.000 x 25% = € 7.000

Para efeitos de cálculo da tributação autónoma a pagar, apenas relevam as depreciações sobre os veículos ligeiros e a GPL. Assim temos:
€ 20.250 x 35% + € 7.000 x 20.5% = € 7.087,5 + € 1.435 = € 8.522,5

EXERCÍCIO 2:
Para além de não ser aceite como gasto, nos termos da alínea r) do nº 1 do artigo 23º-A do Código do IRC, aquele valor ainda sofrerá uma tributação autónoma de 35%. Assim, temos:
Cálculo dos juros (admitindo que é o ano inteiro de 2018):
€ 30.000.000 x 12% = € 3.600.000

Cálculo da tributação autónoma:
€ 3.600.000 x 35% = € 1.260.000

EXERCÍCIO 3:
Com Lucro:
- Ajudas de custo: 5%*5.000 = 250
- Despesas de representação: 10% * 8.000 = 800
- Despesas não documentadas: 50% * 1.000 = 500
- 25% da Remuneração anual: 25.000 * 25% = 6.250; Bónus do gestor: 35% * (35.000 – 31.250) = 1.312,50
Total de tributações autónomas = 2.862,50

Com prejuízo, as tributações autónomas aumentam 10 p.p., passando o total para 4.637,50 €.

26. Pagamento Especial por Conta; Pagamento adicional por conta; Pagamento por Conta e Retenções na fonte

Síntese

- A partir do 2° ano, as empresas, em geral, têm de fazer o pagamento por conta, no 7°, 9° e 12° mês do período de tributação (normalmente em julho, setembro e dezembro). Contudo, caso a empresa tenha tido prejuízos fiscais no ano anterior (e dessa forma a coleta seja zero), não há lugar ao pagamento por conta.
- A partir do 3° ano de atividade (inclusive), as empresas têm de efetuar o Pagamento Especial por Conta (PEC), no 3° e 10° mês do período de tributação (normalmente março e outubro). Este pagamento é obrigatório. Ou seja, se a aplicação da fórmula der um valor positivo, a empresa é obrigada a realizar o PEC por esse montante; caso o valor apurado seja negativo (ou seja, se o valor dos pagamentos por conta do ano anterior exceder o resto da fórmula), é que não há lugar ao pagamento de PEC.
- O PEC abate à coleta, mas apenas até ao montante desta. Ou seja, se o PEC for superior à coleta, o imposto apurado (coleta – PEC) tem de ser maior ou igual a zero.
- O pagamento por conta abate ao imposto apurado, sem qualquer restrição (pode ser devolvido na integra à empresa).

MANUAL TEÓRICO-PRÁTICO DE IRC

- Empresas sujeitas à derrama estadual tem, ainda, de realizar o pagamento adicional por conta (julho, setembro e até 15 de dezembro)

Desenvolvimento do tema

Pagamento por conta:

O pagamento por conta é obrigatório a partir do 2° ano de atividade da empresa, devendo ser realizado no 7°, 9° e até ao dia 15 do 12° mês do período de tributação (caso o período de tributação seja o ano civil, o mais frequente, então o pagamento por conta realiza-se nos meses de julho, setembro e até 15 de dezembro). Contudo, o 3° pagamento por conta é facultativo, caso a empresa considere que não terá coleta suficiente para justificar esse pagamento, pode não realizá-lo. Refira-se, no entanto, que, ao suspender a terceira prestação, se se vier a verificar que deixou de ser paga uma importância superior a 20% da que normalmente deveria ter sido entregue, a empresa terá que pagar juros e coima.

O apuramento do pagamento por conta faz-se da seguinte forma:
- Se o Volume de negócios [75] do ano anterior for inferior ou igual a 500 mil €, então o pagamento por conta é igual a 80% da coleta do ano anterior.
- Se o Volume de negócios do ano anterior for superior a 500 mil €, então o pagamento por conta será igual a 95% da coleta do ano anterior.

Naturalmente, o valor apurado pelas percentagens atrás referidas é dividido por 3, sendo que cada pagamento corresponde, assim, a 1/3 do valor total a pagar durante o exercício em causa. Caso a coleta do ano anterior seja zero (ou seja, a empresa no ano anterior teve um prejuízo fiscal), então não há lugar à realização de pagamentos por conta.

Pagamento especial por conta (PEC):

O Pagamento especial por conta (PEC) é obrigatório a partir do 3° ano (inclusive) de atividade da empresa, não podendo deixar de ser realizado. Este pagamento é devido, numa prestação a realizar no 3° mês do período de

---

[75] O conceito de volume de negócios consiste no montante líquido que resulta das vendas e prestações de serviços, exceto se esse montante for inferior a 75% dos rendimentos totais, caso em que deve somar-se os rendimentos de outras fontes.

tributação, ou caso seja essa a opção, no 3º e 10º mês do período de tributação (ou seja, normalmente, em março e outubro).

Estão sujeitos ao PEC os residentes que exercem a título principal uma atividade económica e os não residentes com estabelecimento estável, à exceção do ano de início de atividade e do ano seguinte (2º ano de atividade, dado que o PEC apenas se aplica a partir do 3º ano de atividade). Estão dispensados de efetuar o PEC os sujeitos passivos totalmente isentos ainda que a isenção não inclua rendimentos que sejam sujeitos a tributação por retenção na fonte com caráter definitivo, bem como os sujeitos passivos que apenas aufiram rendimentos não sujeitos ou isentos os que se encontrem processo de insolvência e recuperação de empresas (CIRE), os sujeitos passivos com atividade cessada em IVA e os sujeitos passivos no regime simplificado.

O pagamento especial por conta efetuado num determinado exercício deve ser deduzido à coleta de IRC e incluído na respetiva declaração Modelo 22 e, se esta for insuficiente, pode ainda ser deduzido na declaração Modelo 22 até ao 6º período seguinte (artigo 93º Código do IRC). Caso a empresa cesse a atividade ou os 6 anos sejam ultrapassados, pode solicitar o reembolso do PEC.

O pagamento especial por conta é, assim, calculado através da seguinte fórmula:

$$850 \text{ €} + 20\% \star [1\% \text{ VN}_{(t-1)} - 850] - \text{Pag.conta}_{(t-1)}$$

No entanto, saliente-se que o valor $(1\% \text{ VN}_{(t-1)} - 850)$ não pode ser inferior a zero e o valor $[850 + 20\% \star (1\% \text{ VN}_{(t-1)} - 850)]$ não pode ser superior a 70 mil €. Se o valor total apurado pela fórmula for negativo (ou seja, se o valor dos pagamentos por conta do ano anterior for superior ao resto da formula), então assume-se que o valor é zero, e não há lugar à realização do PEC. Note-se, também, que o pagamento por conta a considerar na fórmula é o devido nos termos do artigo 105º do Código do IRC, e não o efetuado pela empresa (se superior).

Com a Lei nº 10-A/2017, de 29 de março, foi decidida uma redução do pagamento especial por conta, aplicável aos períodos de tributação que se iniciem em 2017 e em 2018. Relativamente à redução para 2017, ela aplica-se apenas para as empresas que, no período de tributação iniciado em 2016, tenham pago ou colocado à disposição rendimentos do trabalho dependente a pessoas singulares residentes em território português num montante igual ou superior a 7 420 €. Para 2018, a redução aplicar-se-á a todas as empresas. Adicionalmente, esta redução só se aplica às empresas que tenham a sua situação tributária e contributiva regularizada.

MANUAL TEÓRICO-PRÁTICO DE IRC

Essa redução consiste em:

a) Redução de 100 € sobre o montante apurado nos termos do artigo 106º do Código do IRC; e

b) Redução adicional de 12,5 % sobre o montante que resultar da aplicação da alínea anterior.

Ou seja, o PEC de 2017 e 2018 passa a ser igual a:

$$(\text{PEC} - 100€) \times 0.875$$

Pagamento adicional por conta:

O pagamento da derrama estadual deverá ser efetuado em três pagamentos adicionais por conta, nos meses de julho, setembro e até 15 de dezembro, do ano a que respeita o lucro tributável (ou então nos 7º, 9º e até ao dia 15 do 12º mês para quem adota um período de tributação diferente do ano civil) e até ao último dia do prazo para entrega declaração de rendimentos modelo 22, ou seja, até 31 de maio (ou até ao dia 31 do 5º mês para quem adota um período diferente de tributação), pela diferença que existir entre o valor total da derrama e o valor dos pagamentos adicionais por conta entretanto efetuados.

O cálculo do pagamento adicional por conta é feito aplicando as taxas previstas no quadro abaixo ao valor do lucro tributável do período anterior que exceda 1.500.000 €. Assim, temos:

Lucro tributável	Taxas
De mais de 1.500.000 € até 7.500.000 €	2,5%
De mais de 7.500.000 € até 35.000.000 €	4,5%
De mais de 35.000.000 €	8,5%

O quantitativo do lucro tributável que excede 1.500.000 € é dividido em 3 escalões que são os que se encontram no quadro supra. Assim, se o lucro tributável de uma empresa for superior a € 35.000.000, o seu valor será dividido em três escalões, primeiro, o valor que exceder os 35.000.000 € ao qual se irá aplicar a taxa de 8,5%, depois, o valor que exceder os 7.500.000 € até aos € 35.000.000 o qual irá ficar sujeito à aplicação da taxa de 4,5% e, por fim, o valor que exceder 1.500.000 até aos 7.500.000 € a que se aplicará a taxa de 2,5%.

Caso o valor dos pagamentos adicionais por conta exceda o valor da derrama estadual devida, o sujeito passivo terá direito ao reembolso do valor pago em excesso. Na medida em que são aplicáveis as regras dos pagamentos

PAGAMENTO ESPECIAL POR CONTA; PAGAMENTO ADICIONAL POR CONTA

por conta de IRC às regras de pagamento da derrama estadual, existe a possibilidade de os sujeitos passivos suspenderem a terceira prestação do pagamento adicional por conta.

Tal como acontece com a derrama municipal, os prejuízos fiscais reportáveis de períodos de tributação anteriores não são dedutíveis ao valor da derrama estadual apurada.

Vejamos um exemplo:
Determinada sociedade comercial teve no período de tributação de 2017 um lucro tributável de 18.000.000 €. Qual o montante dos pagamentos adicionais por conta a realizar em 2018?
− 1º escalão: (7.500.000 − 1.500.000) x 2,5% = 150.000
− 2º escalão: (18.000.000 − 7.500.000) x 4,5% = 472.500
Total: 622.500
Valor de cada pagamento adicional por conta: 622.500 : 3 = 207.500

Tendo em conta que a referida sociedade apurou, em 2018, um lucro tributável de 36.000.000 €, qual o valor da derrama estadual devida nesse ano?
− 1º escalão: (7.500.000 − 1.500.000) x 3% = 180.000
− 2º escalão: (35.000.000 − 7.500.000) x 5% = 1.375.000
− 3º escalão: (36.000.000 € − 35.000.000) x 9% = 90.000
Total: 1.645.000
Valor a pagar até ao último dia do prazo para entrega declaração de rendimentos Modelo 22: 1.645.000 − 622.500 = 1.022.500

Agora, pegando no exemplo atrás, qual será o valor do pagamento adicional por conta a realizar no período de 2018?
− 1º escalão: (7.500.000 − 1.500.000) x 2,5% = 150.000
− 2º escalão: (35.000.000 − 7.500.000) x 4,5% = 1.237.500
− 3º escalão: (36.000.000 € − 35.000.000) x 8,5% = 85.000
Total: 1.472.500
Valor de cada pagamento adicional por conta: 1.472.500 : 3 = 490.833,3

De referir que, se após o pagamento da 1ª e 2ª prestação, pelos elementos de que disponha, a empresa verificasse que já não necessitava efetuar a 3ª prestação, podia limitar o pagamento dessa prestação.

MANUAL TEÓRICO-PRÁTICO DE IRC

Retenções na fonte:

As retenções na fonte têm a natureza de pagamento por conta do imposto devido a final. Contudo, o artigo 97º do Código do IRC prevê um conjunto de situações de dispensa de retenção na fonte. As situações e taxas aplicáveis são diversas, sendo que, primeiramente, é feita uma distinção entre: a) Residentes e não residentes com estabelecimento estável e b) Não residentes sem estabelecimento estável.

Sempre que existir convenção destinada a eliminar a dupla tributação entre Portugal e o país da residência do beneficiário do rendimento, serão aplicadas as taxas previstas na convenção. Nos restantes casos, serão aplicáveis as seguintes taxas, tendo em conta o normativo legal em vigor. [76] [77] [78] [79] [80] [81] [82]

NATUREZA DO RENDIMENTO	RESIDENTES[76]	NÃO RESIDENTES S/EE[77]
	Taxas	Taxas
Royalties	25%[78]	25%[79] [80]
Aluguer de equipamento agrícola, industrial, comercial ou científico	–	25%
Juros de depósitos	25%	25%
Distribuição de lucros e reservas e adiantamentos por conta de lucros	25%[81]	25%[82]

[76] Retenção na fonte com natureza de imposto por conta.

[77] Retenção na fonte efetuada a título definitivo, com exceção dos rendimentos prediais.

[78] Em nossa opinião, tratando-se de rendimentos auferidos por entidades às quais se aplique a isenção prevista no artigo 50º-A (Regime da patente box), a retenção na fonte deverá incidir sobre a totalidade desses rendimentos.

[79] Esta taxa pode ser reduzida ou eliminada em caso de ter sido celebrada uma CDT com o país de residência do beneficiário dos rendimentos.

[80] Se os rendimentos forem pagos a uma entidade que esteja nas condições estabelecidas na Diretiva nº 2003/49/CE, do Conselho, de 3 de junho, não serão tributados em Portugal. Esta isenção é extensível a entidades residentes na Confederação Suíça.

[81] Ficam dispensados de retenção na fonte os lucros ou reservas distribuídos quando existir uma participação direta ou direta e indireta, não inferior a 10%, e essa participação tenha permanecido na titularidade da mesma entidade, de modo ininterrupto, nos 12 meses anteriores ao pagamento.

[82] Estão isentos os lucros e reservas pagos por entidades portuguesas a entidades que: (i) sejam residentes num Estado-membro da União Europeia, sejam residentes, num Estado-membro do Espaço Económico Europeu que esteja vinculado a cooperação administrativa em matéria de fiscalidade ou sejam residentes num país com o qual Portugal tenha celebrado uma CDT; (ii) as entidades beneficiárias estejam sujeitas e não isentas de um imposto referido no artigo 2º da Diretiva nº 2011/96/EU, do Conselho, de 30 de novembro, ou de um imposto similar

PAGAMENTO ESPECIAL POR CONTA; PAGAMENTO ADICIONAL POR CONTA

Juros de títulos de dívida, obrigações, títulos de participação, obrigações de caixa e demais instrumentos de aplicação financeira	25%	25%[83]
Juros de suprimentos	25%	25%
Rendimentos de operações de reporte	25%	25%[84]
Comissões e assistência técnica	-	25%
Ganhos decorrentes de operações de swap de taxas de juro	25%	25%
Remunerações dos órgãos estatutários	21,5%	25%
Prémios de jogo, lotarias, rifas e apostas mútuas, bem como prémios atribuídos em quaisquer sorteios ou concursos	25%	35%
Rendimentos do exercício em Portugal da atividade de profissionais de espetáculos e desporto	-	25%
Outros rendimentos de capitais	25%	25%
Prestações de serviços realizados ou utilizados em Portugal com exceção dos serviços de transporte, comunicações e financeiros	-	25%
Rendimentos prediais	25%	25%
Rendimentos de capitais pagos ou colocados à disposição de entidades *off-shore*	-	35%
Rendimentos de capitas pagos ou colocados à disposição em contas abertas cujo titular ou titulares não estejam identificados	35%	35%
Rendimentos pagos por Fundos de Investimento Imobiliário e Sociedades de Investimento Imobiliário	25%	10%
Rendimentos pagos por Fundos de Investimento Mobiliário e Sociedades de Investimento Mobiliário	25%	-
Rendimentos de unidades de participação em fundos de capital de risco	10%	-[85]

ao IRC, excluindo as situações em que a taxa é inferior a 60% da taxa normal em Portugal; (iii) detenham direta ou indireta e indiretamente, uma participação não inferior a 10% do capital social da entidade que distribui os lucros ou reservas; e (iv) a participação tenha permanecido, ininterruptamente, na sua posse durante os 12 meses anteriores à colocação à disposição.

[83] Encontra-se prevista no Decreto-Lei nº 193/2005, de 7 de novembro, que aprova o Regime Especial de Tributação dos Rendimentos de Valores Mobiliários Representativos de Dívida, a possibilidade de isenção.

[84] Encontra-se prevista no Decreto-Lei nº 193/2005, de 7 de novembro, que aprova o Regime Especial de Tributação dos Rendimentos de Valores Mobiliários Representativos de Dívida, a possibilidade de isenção.

[85] Caso o titular dos rendimentos for detido, direta ou indiretamente, em mais de 25%, por entidades ou pessoas singulares residentes a retenção será de 10% mas se o titular do

MANUAL TEÓRICO-PRÁTICO DE IRC

Rendimentos de unidades de participação em fundos de investimento imobiliário em recursos florestais		10%	_[86]
Incrementos patrimoniais de bens ou direitos situados em Portugal	Bens imóveis	-	25%
	Partes sociais	-	25%
	Direitos de crédito	-	25%
	Royalties	-	25%
	Partes sociais de entidades estrangeiras cujo ativo seja constituído predominantemente por imóveis em Portugal	-	25%

Exercícios

(Nota: exercícios primeiro com resolução sem a redução temporária do PEC para 2017 e 2018 e depois com a redução)

EXERCÍCIO 1:

Para efeito do cálculo do pagamento por conta e PEC de 2018, tem-se a seguinte informação:
- Volume negócios de 2017: 900 mil €; Coleta de 2017: 40.000
- Volume negócios de 2016: 600 mil €; Coleta de 2016: 2.000

EXERCÍCIO 2:

Para efeito do cálculo do pagamento por conta e PEC de 2018, tem-se a seguinte informação:
- Volume negócios de 2017: 1.300 mil €; Coleta de 2017: 20.000
- Volume negócios de 2016: 400 mil €; Coleta de 2016: 1.000.

rendimento for uma entidade residente para efeitos fiscais em país, território ou região sujeito a um regime fiscal claramente mais favorável constante de lista aprovada por portaria do membro do Governo responsável pela área das finanças a tributação já será à taxa de 35%.
[86] Caso o titular dos rendimentos for detido, direta ou indiretamente, em mais de 25%, por entidades ou pessoas singulares residentes a retenção será de 10% mas se o titular do rendimento for uma entidade residente para efeitos fiscais em país, território ou região sujeito a um regime fiscal claramente mais favorável constante de lista aprovada por portaria do membro do Governo responsável pela área das finanças a tributação já será à taxa de 35%.

PAGAMENTO ESPECIAL POR CONTA; PAGAMENTO ADICIONAL POR CONTA

EXERCÍCIO 3:

Indique qual o valor dos pagamentos por conta a efetuar pela empresa Z, no ano de 2018, tendo em conta os seguintes elementos:
- Volume de negócios em 2017: € 450.000
- Período de tributação coincidente com o ano civil
- Coleta de 2017: € 64.000
- Retenções na fonte em 2017: € 4.000

EXERCÍCIO 4:

Indique qual o valor dos pagamentos por conta a efetuar pela empresa Beta, no ano de 2018, tendo em conta os seguintes elementos:
- Volume de negócios em 2017: € 45.000.000
- Período de tributação coincidente com o ano civil
- Coleta de 2017: € 2.000.000
- Retenções na fonte em 2017: € 50.000

EXERCÍCIO 5:

Qual o valor do pagamento especial por conta a efetuar, em 2018, relativamente a uma empresa que apresenta os seguintes dados:
- Volume de negócios no ano 2017 = € 70.000
- Pagamentos por conta no ano 2017 = € 600

EXERCÍCIO 6:

Qual o valor do pagamento especial por conta a efetuar, em 2018, relativamente a uma empresa que apresenta os seguintes dados:
- Volume de negócios no ano 2017 = € 600.000
- Pagamentos por conta 2017 = € 1.000

EXERCÍCIO 7:

Tendo por base os elementos a seguir indicados, calcule o montante do Pagamento Especial por Conta a efetuar, no ano de 2018, pela empresa Alfa.
- Volume de negócios no ano 2017: € 45.000.000
- Pagamentos por conta efetuados 2017: € 11.000

EXERCÍCIO 8:

Calcule o valor do pagamento adicional por conta, a realizar, em 2018, pela empresa Alfa, sabendo que, em 2017, apurou um lucro tributável no valor de € 44.000.000 e que adota um período de tributação igual ao ano civil.

MANUAL TEÓRICO-PRÁTICO DE IRC

Soluções:

Exercício 1:

Pagamento por conta 2018: 95% * 40.000 = 38.000

PEC 2018 sem redução: 850 + 20% (9.000 − 850) − 1.900 = 580; com redução: (580-100)*0.875 = 420

*Nota: O pagamento por conta de 2017 é de € 1. 900 (95% * 2.000)*

Exercício 2:

Pagamento por conta 2018: 95% * 20.000 = 19.000

PEC 2018 sem redução = 850 + 20% (13.000 − 850) − 800 = 2.480; com redução: (2.480-100)*0.875 = 2.170

*Nota: O pagamento por conta de 2017 é de € 800 (80% * 1.000)*

Exercício 3:

Cálculo dos pagamentos por conta:

$$(64.000 − 4.000) \text{ x } 0,80 = 48.000$$

Ou seja, a empresa X terá que efetuar, em 2018, 3 pagamentos por conta no valor de € 16.000 (€ 48.000 : 3) cada, nos meses de julho, setembro e até 15 dezembro.

Exercício 4:

Cálculo dos pagamentos por conta:

$$(2.000.000 − 50.000) \text{ x } 0,95 = 1.852.500$$

Ou seja, a empresa X terá que efetuar, em 2018, 3 pagamentos por conta no valor de € 617.500 (€ 1.852.500 : 3) cada, nos meses de julho, setembro e até 15 dezembro.

Exercício 5:

PEC a efetuar em 2015: 70.000 x 1% = € 700

Como é inferior ao limite mínimo a pagar (€ 850), o valor apurado é de € 850. Contudo, ao valor assim apurado é deduzido o valor dos pagamentos por conta efetuados no ano anterior. Assim temos:

$$\text{PEC (2018) sem redução} = 850 − 600 = 250;$$
$$\text{com redução: } (250-100)*0.875 = 131$$

PAGAMENTO ESPECIAL POR CONTA; PAGAMENTO ADICIONAL POR CONTA

A empresa terá que efetuar, em 2018, o pagamento especial por conta ou em março, na sua totalidade, ou em duas prestações (março e setembro) de € 65.5 (€ 131 : 2) cada.

EXERCÍCIO 6:

PEC a efetuar em 2018: 600.000 x 1% = € 6.000

Como aquele valor é superior ao limite mínimo temos:

$$850 + 20\% (6.000 - 850) = 1.880$$

$$PEC = 1.880 - 1.000 = 880; \text{com redução será de } 683€$$

EXERCÍCIO 7:

PEC a efetuar em 2018: 45.000.000 x 1% = 450.000

Como aquele valor é superior ao limite mínimo temos:

$$850 + 20\% (450.000 - 850) = 90.680$$

Como aquele valor é superior ao limite máximo, aplica-se o limite máximo. Assim, temos:

$$PEC = 70.000 - 11.000 = 59.000; \text{com redução será de } 51.538$$

A empresa terá que efetuar, em 2018, o pagamento especial por conta: ou em março, na sua totalidade, ou em duas prestações (março e setembro) de € 25.769 cada.

EXERCÍCIO 8:

O valor do pagamento adicional por conta incide sobre a parte do lucro tributável do ano anterior que exceda o valor de € 1.500.000. Assim temos:

1º escalão: (7.500.000 − 1.500.000) x 2,5% = 150.000

2º escalão: (35.000.000 − 7.500.000) x 4,5% = 1.375.000

3º escalão: (44.000.000 − 35.000.000) x 8,5% =765.000

Total: 2.290.000 / 3 = 763.333

O valor de cada pagamento adicional por conta, a efetuar durante os meses de julho, setembro e até 15 de dezembro, é de € 763.333.

27. Dupla tributação jurídica internacional

Desenvolvimento do tema

A dupla tributação jurídica ocorre quando o mesmo facto tributário fica sujeito a imposto duas vezes, uma no país onde o rendimento é gerado, isto é, no país da fonte dos rendimentos, a outra no país da residência do beneficiário onde o rendimento é declarado. Na prática, o que acontece é que os rendimentos encontram-se sujeitos a retenção na fonte no momento do recebimento mas também quando o mesmo é declarado como rendimento dos beneficiários no país da residência.

Como vimos, a regra relativamente aos sujeitos passivos com sede ou direção efetiva em território português é a de que estes ficam sujeitos a imposto por obrigação de natureza pessoal, ou seja, o imposto incide sobre a universalidade dos rendimentos auferidos, independentemente do país ou território onde forem gerados.

Quer dizer então que, se uma sociedade A com sede em Portugal possuir um estabelecimento estável noutro país, ao qual os rendimentos sejam imputáveis, este estabelecimento estável fica sujeito a imposto no país onde estiver instalado e, depois, conjuntamente com os rendimentos auferidos pela sua casa-mãe, dando origem ao fenómeno da dupla tributação.

Quando estas situações ocorrem, cabe ao país de residência do beneficiário dos rendimentos eliminar os efeitos da dupla tributação, através de uma de duas formas: o método da isenção ou o método do crédito de imposto. Portugal, neste domínio, adota o método do crédito de imposto.

MANUAL TEÓRICO-PRÁTICO DE IRC

Assim, nas situações em que os sujeitos passivos tenham incluído no lucro tributável, para além dos rendimentos gerados no país de residência, rendimentos auferidos no estrangeiro, a eliminação da dupla tributação será feita, nos termos do artigo 91º do Código do IRC, através da atribuição de um crédito de imposto que consiste numa das seguintes formas, e que corresponde à de menor valor:

- Imposto sobre o rendimento pago no estrangeiro;
- Fração do IRC, calculado antes da dedução, correspondente aos rendimentos brutos que no país em causa possam ser tributados, líquidos dos gastos diretos ou indiretamente suportados para a sua obtenção.

Ou seja, só se aplica a alínea a) quando a taxa de imposto do país estrangeiro for menor que a aplicável em Portugal.

A existência deste fenómeno da dupla tributação, que, como vimos, incide sobre o mesmo rendimento em diferentes jurisdições, induz os países a celebrarem entre si Convenções para Eliminar a Dupla Tributação do Imposto sobre o Rendimento, onde são estabelecidos, grosso modo, as regras e as responsabilidades a atribuir a cada Estado no tocante à tributação dos impostos sobre o rendimento.

Neste sentido, na hipótese de ter sido celebrada uma Convenção entre Portugal e o país onde foram gerados os rendimentos através de um estabelecimento estável, o crédito de imposto que acabámos de referir não pode ser superior ao imposto pago no estrangeiro, nos termos daquele acordo internacional.

Por seu turno, como os rendimentos auferidos no estrangeiro são incluídos no lucro tributável da casa-mãe pelo seu valor líquido de imposto, para além da concessão de um crédito de imposto, os sujeitos passivos são obrigados ainda a acrescer ao seu lucro tributável, para efeitos de tributação, o imposto que suportaram no estrangeiro. Logicamente, não se poderia atribuir um crédito de imposto se ele, *a priori,* não estivesse incluído no lucro tributável.

Por outro lado, deverá ter-se atenção ao facto de os sujeitos passivos residentes em território português poderem desenvolver a sua atividade no estrangeiro através de estabelecimentos estáveis em mais do que um país. Neste caso, o crédito de imposto é calculado por país, considerando a totalidade dos rendimentos aí obtidos.

Em caso de insuficiência de coleta, no período de tributação em que os rendimentos obtidos no estrangeiro foram incluídos na matéria coletável, o montante não deduzido a título de crédito de imposto pode ser deduzido à coleta dos cinco períodos de tributação subsequentes.

Na Modelo 22, o tratamento desta questão pode ser feito de duas maneiras: 1) se a empresa considerou como rendimento na contabilidade o valor bruto (ilíquido), deve colocar o valor apurado em dupla tributação internacional como dedução à coleta; 2) se a empresa tiver reconhecido como rendimento o valor líquido, deve colocar o imposto pago no estrangeiro a acrescer à matéria coletável no quadro 7 e deve colocar o valor apurado em dupla tributação internacional como dedução à coleta.

Note-se, contudo, que caso haja um desfasamento temporal entre o reconhecimento do rendimento e o período em que é efetuada a retenção, deve o sujeito passivo, no prazo de 1 ano, entregar uma declaração de substituição.

VEJAMOS UM EXEMPLO:

A sociedade AA auferiu e contabilizou como rendimento, em 2018, o montante de € 18.000, líquido de imposto pago no estrangeiro, de rendimentos auferidos na Holanda, por intermédio do seu estabelecimento estável. Para obtenção desses rendimentos, suportou gastos no montante de € 8.500.

Qual o montante do crédito de imposto, em 2018, admitindo que na Holanda a taxa de imposto é de 10%?

Em primeiro lugar deve-se calcular o rendimento ilíquido de imposto estrangeiro:

Rendimento ilíquido = Rendimento líquido / (1-taxa)
= 18.000 / (1-10%) = € 20.000

Imposto pago no estrangeiro: € 2.000 (€ 20.000 – € 2.000)

Imposto em Portugal: (€ 20.000 – € 8.500) x 21% = € 2.415

A empresa, em 2018, deveria acrescer ao lucro tributável o valor de € 2.000 e deduzir à coleta o valor de € 2.000 (imposto pago na Holanda).

Admita-se, agora, que a taxa de imposto na Holanda é de 40%. Qual o valor do crédito de imposto?

Rendimento ilíquido = Rendimento líquido / (1-taxa)
= 18.000 / (1-40%) = € 30.000

Imposto pago no estrangeiro: € 12.000 (€ 30.000 – € 18.000)

Imposto em Portugal: (€ 30.000 – € 8.500) x 21% = € 4.515

Neste caso a empresa, em 2018, deveria acrescer ao lucro tributável o valor de € 12.000 e deduzir à coleta o valor de € 4.515 (fração do imposto a pagar em Portugal).

MANUAL TEÓRICO-PRÁTICO DE IRC

Ainda quanto à matéria da dupla tributação jurídica internacional, é importante referir a ideia de que, desde 1 de janeiro de 2014, com a reforma do IRC, passou a consagrar-se a possibilidade dos sujeitos passivos optarem por não incluir no lucro tributável da casa-mãe, os rendimentos auferidos por um determinado estabelecimento estável no estrangeiro, ou seja, será dado um tratamento, em termos fiscais, como se de duas empresas independentes se tratasse. Esta opção deve abranger, no entanto, a totalidade dos estabelecimentos estáveis situados na mesma jurisdição, e terá que se manter por um período mínimo de três anos.

Porém, não se consideram abrangidos por esta opção, os estabelecimentos estáveis de entidades residentes em território português, cujos rendimentos não se encontrem sujeitos a um imposto similar ao IRC, ou sendo similar, seja de valor inferior a 60% deste. Também não se consideram abrangidos por esta opção os estabelecimentos estáveis situados em país, território ou região sujeito a um regime fiscal claramente mais favorável.

Exercícios

EXERCÍCIO 1:

No período de tributação de 2018, a sociedade Investe incluiu, nas suas contas, o valor de € 600.000, provenientes de um estabelecimento estável que possui no estrangeiro (valor líquido do imposto pago no estrangeiro).

Para a obtenção desses rendimentos, suportou encargos no montante de € 600.000.

Os referidos rendimentos foram tributados no Estado da fonte a taxa de 40%, o que equivale a um imposto de € 400.000. Admita-se que não existe Convenção celebrada entre Portugal e esse país.

Qual o valor a considerar para efeitos de determinação do lucro tributável?

EXERCÍCIO 2:

A Sociedade P auferiu e contabilizou como rendimento, em 2018, o valor de € 51.000, a título de rendimentos auferidos, na Alemanha, por um seu estabelecimento estável. A taxa na Alemanha é de 15%, e para a obtenção daqueles rendimentos suportou encargos no valor de € 42.000.

Sabe-se ainda que:
– Lucro tributável de 2018: € 100.000;
– Prejuízos fiscais de anos anteriores: € 200.000.

DUPLA TRIBUTAÇÃO JURÍDICA INTERNACIONAL

Calcule o valor do crédito de imposto a atribuir à sociedade P, em 2018?

EXERCÍCIO 3:

A sociedade Y, SA registou uma patente, no ano de 2017, relativamente a um método inovador de tratamento da queda do cabelo.

Este método permitiu-lhe celebrar vários contratos com empresas, onde foi autorizado o uso do tratamento, designadamente, com uma entidade com sede nos EUA que irá comercializar o tratamento e de quem foi recebido, como contrapartida por essa cedência, durante o ano de 2018, o valor de € 350.000, sujeito a uma retenção na fonte de € 35.000 (taxa prevista na Convenção).

Qual o valor a englobar para efeitos de determinação do lucro tributável?

SOLUÇÃO

EXERCÍCIO 1:

O apuramento do rendimento ilíquido obtido no estrangeiro é feito da seguinte forma:

Rendimento ilíquido = rendimento líquido / (1 − taxa) =
= 600.000,00 / (1 − 40%) = 1.000.000

A taxa do IRC a vigorar em Portugal, para 2018, é de 21%.

IRC a pagar em Portugal correspondente aos rendimentos obtido no estrangeiro após dedução dos gastos suportados:

(1.000.000 − 600.000) x 21% = € 84.000

- No Quadro 07 da Declaração de Rendimentos Modelo 22, acresce € 400.000 (artigo 68º);
- No Quadro 10 da Declaração de Rendimentos Modelo 22, deduz € 84.000 (artigo 91º)

EXERCÍCIO 2:

Rendimento ilíquido = Rendimento líquido / (1-taxa)
= 51.000 / (1-15%) = € 60.000

Imposto pago no estrangeiro: € 9.000 (€ 60.000 − € 51.000)

Imposto em Portugal: (€ 60.000 − € 42.000) x 21% = € 3.780

Dedução de prejuízos fiscais: 70% x € 100.000 = € 70.000

Cálculo do imposto: (€ 100.000 − € 70.000) x 21% = € 6.300

A empresa, em 2018, deveria acrescer ao lucro tributável o valor de € 9.000 e deduzir à coleta o valor de € 3.780 (imposto pago em Portugal).

MANUAL TEÓRICO-PRÁTICO DE IRC

EXERCÍCIO 3:

Trata-se, neste caso, de um contrato que tem por objeto a utilização temporária de um direito de propriedade industrial (patente). Como, de acordo com o artigo 50º-A do Código do IRC, apenas concorrem para a determinação do lucro tributável 50% desses rendimentos, no ano de 2017, a sociedade Y, SA irá apenas refletir no seu lucro tributável o valor de € 175.000 (50% x 350.000).

Quanto ao crédito de imposto:

– Valor do imposto nos EUA: € 35.000
– Fração do imposto a pagar em Portugal: 350.000 x 21% = € 73.500

A empresa teria que acrescer ao lucro tributável o valor de € 35.000 e deduzir à coleta o valor do imposto pago nos EUA, no montante de € 35.000.

28. As obrigações declarativas dos sujeitos passivos de IRC

Síntese

- A par das clássicas obrigações declarativas, surge, em 2016, uma (nova) Informação financeira e fiscal, destinada aos grupos multinacionais.
- Apesar disso, a Declaração Modelo 22 continua a ocupar o lugar de destaque no rol de obrigações a que os sujeitos passivos de IRC se encontram sujeitos, merecendo, assim, a nossa cuidada atenção.
- Relembra-se, também, que, em 2017, a par da caixa postal eletrónica, passa a integrar o domicílio fiscal eletrónico, o serviço público de notificações eletrónicas associado à morada única digital.

Desenvolvimento do tema

A relação jurídica tributária é definida, pelo nº 2 do artigo 1º da LGT, como aquela que é estabelecida entre, por um lado, Administração Tributária[87], agindo como tal e, por outro, as pessoas singulares e coletivas e entidades legalmente equiparadas a estas, com vista à satisfação das necessidades financeiras do Estado e de outras entidades públicas, tendo subjacente a prossecução do interesse público.

---

[87] O nº 3 do artigo 1º da LGT diz-nos quais são as entidades que integram a Administração Tributária, para efeitos da relação jurídica tributária.

MANUAL TEÓRICO-PRÁTICO DE IRC

A obrigação principal no seio da relação jurídica tributária é, por excelência, o pagamento do tributo. Acessórias a esta, encontramos aquelas obrigações que, conforme dispõe o nº 2 do artigo 31º da LGT, *"visam possibilitar o apuramento da obrigação de imposto, nomeadamente a apresentação de declarações, a exibição de documentos fiscalmente relevantes, incluindo a contabilidade ou escrita, e a prestação de informações"*.

Subjacente à relação jurídica tributária e, mais concretamente, às obrigações acessórias, deparamo-nos com o dever geral de colaboração[88] entre os órgãos da administração tributária e os contribuintes, plasmado no artigo 59º da LGT, cuja violação dá lugar ao pagamento de uma coima (por contraordenação fiscal).

Quanto às principais obrigações declarativas dos sujeitos passivos[89] de IRC, onde se incluem as entidades abrangidas pelo regime de transparência fiscal, nos termos do artigo 6º, as mesmas encontram-se divididas em quatro tipos de declarações, de modelo oficial, aprovado por despacho do Ministro das Finanças:

- A declaração de inscrição, de alterações ou de cessação, nos termos dos artigos 118º e 119º do Código do IRC;
- A declaração modelo 22 de IRC, nos termos do artigo 120º do Código do IRC, destinada a servir de base à liquidação do imposto;
- A declaração anual de informação contabilística e fiscal – IES, prevista no artigo 121º do Código do IRC, com objetivos de natureza estatística e de controlo inspetivo; e
- A declaração financeira e fiscal por país, nos termos do artigo 121º-A do Código do IRC.

---

[88] Deveres de cooperação ou deveres de colaboração são, nos ensinamentos de Saldanha Sanches, *"o conjunto de deveres de comportamento resultantes de obrigações que têm por objecto prestações de facto, de conteúdo não diretamente pecuniário, com o objetivo de permitir à Administração a investigação e determinação dos factos fiscalmente relevantes"* (A *Quantificação da obrigação tributária – deveres de cooperação, autoavaliação e avaliação administrativa*, 2ª Edição, Lisboa, 2000, LEX, págs. 57 e 58.).

[89] Estas obrigações podem ainda ser cumpridas pelos seus representantes legais, cuja responsabilidade é, nas palavras de Vítor Faveiro, *"a todos os títulos, a disciplinada na lei civil, sem prejuízo de regimes de responsabilidade específica da ordem tributária. De onde resulta, em plano tributário, a responsabilidade do representante pela reparação do dano causado ao representado, nos termos do art. 562º do Código Civil, quando culposamente lhe cause danos na sua situação jurídica tributária"* (Cf., O *Estatuto do Contribuinte – A pessoa do contribuinte no estado social de direito*, Coimbra Editora, 2002, pág. 573). A designação de representante para as pessoas coletivas não residentes, imposta pelo artigo 118º do Código do IRC, deverá ser efetuada na declaração de inscrição no registo, devendo nela constar expressamente a aceitação do representante.

AS OBRIGAÇÕES DECLARATIVAS DOS SUJEITOS PASSIVOS DE IRC

Ao abrigo da presunção de veracidade prevista no nº 1 do artigo 75º da LGT, são recusadas, pela Administração Tributária, as declarações apresentadas que se encontrem incompletas ou contenham imprecisões, sem prejuízo da notificação para prestação de esclarecimentos e das sanções estabelecidas para a falta da sua apresentação ou envio.

Vejamos cada uma das declarações:

Declaração de inscrição, de alterações ou de cessação

A declaração de início de atividade, ou de inscrição no registo, a que se refere o artigo 118º do Código do IRC, deverá ser apresentada pelos sujeitos passivos em qualquer serviço de finanças ou noutro local legalmente autorizado, ainda que verbalmente, nos termos do artigo 119º do Código do IRC, ou no prazo de 90 dias a partir da data de inscrição no Registo Nacional de Pessoas Coletivas, quando que esta seja legalmente exigida. O prazo é, porém, de 15 dias a partir da data de apresentação a registo na Conservatória do Registo Comercial, sempre que o sujeito passivo esteja sujeito a registo comercial.

Apenas os sujeitos passivos não residentes que aufiram em Portugal rendimentos que estejam sujeitos a retenção na fonte a título definitivo estão dispensados de apresentar esta declaração, uma vez que só em caso de obtenção de rendimentos sujeitos a retenção na fonte com a natureza de pagamento por conta é que nasce a obrigação de apresentar a declaração de rendimentos a que se refere o artigo 120º e, em consequência, a obrigação de declarar o seu início de atividade.

De referir ainda que sendo obrigatória a nomeação de representante fiscal, nos casos previstos no artigo 126º do Código do IRC, é na declaração de início que o mesmo deve ser indicado.

Quando se verificar qualquer alteração nos elementos constantes da declaração de inscrição no cadastro, ou na declaração de início de atividade, seja ela de morada, no regime de tributação ou outra, deve o sujeito passivo, para o efeito, apresentar uma declaração de alterações, no prazo de 15 dias, a contar da data daqueles factos (nº 5 do artigo 118º do Código do IRC), salvo se outro prazo estiver expressamente previsto.

Todavia, sempre que as alterações aos dados constantes da declaração de inscrição no registo respeitem a factos sujeitos a registo comercial, os sujeitos passivos ficam dispensadas da entrega da declaração de alterações[90].

---

[90] Com o aditamento do artigo 72º-A ao Código do Registo Comercial, o qual visou introduzir medidas de simplificação criadas pelo Decreto-Lei nº 122/2009, de 21 de maio, passou

MANUAL TEÓRICO-PRÁTICO DE IRC

Por fim, e no que respeita à cessação de atividade, importa notar que a mesma verifica-se, nos termos do nº 5 do artigo 8º do Código do IRC, relativamente às entidades com sede ou direção efetiva em território português, na data do registo do encerramento da liquidação[91], ou na data da fusão ou cisão, quanto às sociedades extintas em consequência destas causas, ou na data em que a sede e a direção efetiva deixem de se situar em território português, ou na data em que se verificar a aceitação da herança jacente ou em que tiver lugar a declaração de que esta se encontra vaga a favor do Estado, ou ainda na data em que deixarem de verificar-se as condições de sujeição a imposto.

Relativamente às entidades que não tenham sede nem direção efetiva em território português, a cessação verifica-se na data em que cessarem totalmente o exercício da sua atividade através de estabelecimento estável ou deixarem de obter rendimentos em território português.

Perante a ocorrência de tais acontecimentos, os sujeitos passivos residentes, não residentes com estabelecimento estável em Portugal e não residentes sem estabelecimento estável em Portugal, que obtenham rendimentos não sujeitos a retenção na fonte a título definitivo, deverão, quando tal não seja de comunicação automática, apresentar uma declaração de cessação de atividade, no prazo de 30 dias a contar da data em que tenha ocorrido a mesma cessação (nº 6 do artigo 118º do Código do IRC).

As declarações de inscrição no registo, de alterações e de cessação de atividade podem ser efetuadas verbalmente, sempre que o serviço de finanças ou outro local legalmente autorizado a recebê-las disponha de meios informáticos adequados, nos termos do artigo 119º.

A Declaração Periódica de Rendimentos (Modelo 22) de IRC

Dando cumprimento ao princípio da tributação do rendimento real, como corolário do princípio constitucional da capacidade contributiva (artigo 104º da CRP), a liquidação do IRC é, por norma, uma autoliquidação do sujeito

---

a ser de comunicação oficiosa e gratuita, por via eletrónica, aos serviços da administração tributária e da segurança social, o conteúdo de variados atos sujeitos a registo, tais como, "alterações aos estatutos quanto à natureza jurídica, à firma, ao nome ou à denominação, à sede ou à localização de estabelecimento principal, ao capital e ao objeto; a nomeação e destituição do administrador de insolvência; a dissolução e o encerramento da liquidação".

[91] É este o entendimento divulgado pelo Ofício-Circulado nº 20063/2002, de 5 de março, da Autoridade Tributária, para esclarecimento da alínea a) do nº 5 do artigo 8º do Código do IRC.

AS OBRIGAÇÕES DECLARATIVAS DOS SUJEITOS PASSIVOS DE IRC

passivo, que tem por base a matéria coletável declarada em tempo oportuno, de acordo com a alínea a) do nº 1 do artigo 90º do Código do IRC.

Estão dispensados de apresentar a declaração periódica os sujeitos passivos isentos ao abrigo do artigo 9º (Estado, Regiões Autónomas, autarquias locais, suas associações de direito público e federações e instituições de segurança social), exceto quando estejam sujeitos a uma qualquer tributação autónoma ou quando obtenham rendimentos de capitais que não tenham sido objeto de retenção na fonte com caráter definitivo.

Não obrigados à entrega da declaração, ficam também, com a alteração aprovada pela Lei do Orçamento de Estado para 2018 ao nº 6 do artigo 117º do Código do IRC, as entidades que apenas auferiram rendimentos não sujeitos a IRC, exceto quando estejam sujeitas a uma qualquer tributação autónoma, prevista no artigo 88º do Código do IRC.

Se o sujeito passivo não exercer ou não exercer, tempestivamente, o seu direito de liquidação de IRC, verá a competência para a liquidação do imposto devolvido à AT, nos termos da alínea b) do nº 1 do artigo 90º do Código do IRC, sem prejuízo da responsabilidade contraordenacional a que houver lugar, face ao disposto no artigo 116º do RGIT.

Nesses casos, e como resulta da Lei do Orçamento de Estado para 2018, a liquidação oficiosa da AT, face à falta de apresentação da declaração de rendimentos pelo sujeito passivo, terá por base, de acordo com a redação por ela introduzida àquele artigo do Código do IRC, o maior dos seguintes montantes: o da matéria coletável determinada, com base nos elementos de que a administração tributária e aduaneira dispuser, de acordo com as regras do regime simplificado, com aplicação do coeficiente de 0,75; o da totalidade da matéria coletável do período de tributação mais próximo que se encontre determinada; ou o do valor anual da retribuição mínima mensal.

Isto é, e confrontando com a redação anterior, verifica-se que o legislador criou uma nova regra de liquidação, em caso de aplicação do regime simplificado.

De notar ainda que, sendo a competência de liquidação do imposto conferida ao sujeito passivo, a liquidação de IRC materializa-se, nos termos do nº 1 do artigo 120º do Código do IRC, na *"declaração periódica de rendimentos a que se refere a alínea b) do artigo 117º"*, a qual *"deve ser enviada, anualmente, por transmissão eletrónica de dados, até ao último dia do mês de Maio, independentemente de esse dia ser útil ou não"* [92], quando o período de tributação coincida com

---

[92] Nos termos do artigo 75º da LGT, as declarações apresentadas pelos sujeitos passivos só gozam da presunção de veracidade quando as mesmas forem apresentadas dentro do

MANUAL TEÓRICO-PRÁTICO DE IRC

o ano civil. Se assim não suceder, por os sujeitos passivos terem adotado um período de tributação diferente do ano civil, nos casos previstos nos nºs 2, 3, e alínea d) do nº 4, todos do artigo 8º, devem eles proceder ao envio da declaração até ao último dia útil do 5º mês posterior à data do termo do período de tributação.

Já em caso de cessação de atividade, a obrigação de envio ocorre até ao 30º dia seguinte após a mesma, relativamente ao exercício em que esta ocorre, e eventualmente em relação ao exercício anterior, se ainda não tiver decorrido o prazo normal de apresentação da declaração (artigo 120º nº 3 do Código do IRC).

Estando em causa a entrega da declaração de rendimentos de uma sociedade em liquidação, no período em que ocorre a dissolução (alínea c) do nº 2 do artigo 79º do Código do IRC), deve ter-se em conta que, pela Lei do Orçamento de Estado para 2018, foi acrescentado um nº 11 ao artigo 120º, o qual dispõe, por um lado, que a declaração relativa ao período decorrido desde o início do período de tributação em que se verificou a dissolução até à data desta é enviada até ao último dia do 5º mês seguinte ao da dissolução, independentemente de esse dia ser útil ou não útil; e, por outro, que a declaração relativa ao período decorrido entre o dia seguinte ao da dissolução e o termo do período de tributação em que esta se verificou é entregue até ao último dia do 5º mês seguinte à data do termo desse período, independentemente de esse dia ser útil ou não útil.

Prazos diferentes, e especiais, são os estabelecidos para as entidades não residentes sem estabelecimento estável em território português, e que obtenham neste território rendimentos relativamente aos quais não haja lugar a retenção na fonte a título definitivo (artigo 94º nº 3 do Código do IRC), os quais decorrem das alíneas do nº 5 deste artigo 120º do Código do IRC.

Por outras palavras, estando em causa entidades não residentes sem estabelecimento estável que obtenham rendimentos derivados de imóveis situados em território português, devem elas proceder ao envio da declaração periódica de rendimentos até ao último dia do mês de maio do ano seguinte àquele a que os mesmos respeitam. Excetuam-se desta regra, designadamente:

- Os rendimentos derivados de ganhos resultantes da transmissão onerosa daqueles imóveis, a que a alínea b) do nº 5 estabelece como prazo

---

prazo legalmente estabelecido para tal, ou seja, quando apresentadas até ao último dia do mês de maio.

AS OBRIGAÇÕES DECLARATIVAS DOS SUJEITOS PASSIVOS DE IRC

limite, para envio da declaração de rendimentos, o 30º dia posterior à data da transmissão;

- Os ganhos *"resultantes transmissão onerosa de partes representativas do capital de entidades com sede ou direcção efectiva em território português, incluindo a sua remição e amortização com redução de capital e, bem assim, o valor atribuído aos associados em resultado da partilha que, nos termos do artigo 81º do Código do IRC, seja considerado como mais-valia, ou de outros valores mobiliários emitidos por entidades que aí tenham sede ou direcção efectiva, ou ainda de partes de capital ou outros valores mobiliários quando, não se verificando essas condições, o pagamento dos respectivos rendimentos seja imputável a estabelecimento estável situado no mesmo território"*;
- Os rendimentos de aplicações de capitais e de operações relativas a instrumentos financeiros derivados.

Se estiverem em causa incrementos patrimoniais derivados de aquisições a título gratuito, as entidades não residentes sem estabelecimento estável terão de enviar a declaração de rendimentos até ao 30º dia posterior à data da aquisição.

Havendo tributação pelo regime especial de tributação dos grupos de sociedades (RETGS), o artigo 70º do Código do IRC confere a competência para a entrega da declaração periódica de rendimentos, relativa ao lucro tributável do grupo, à sociedade dominante. No entanto, esta obrigação não retira o dever de cada uma das sociedades do grupo, incluindo a própria sociedade dominante, entregar na mesma a sua declaração individual, com o apuramento do lucro tributável como se o grupo não existisse.

Por fim, tendo os elementos constantes da declaração periódica de rendimentos estar em conformidade com os rendimentos inscritos na contabilidade, ou nos registos de escrituração, consoante o caso, não podemos deixar de relembrar que o sujeito passivo de IRC tem como garantia essencial a possibilidade de apresentar uma declaração de substituição[93], nos termos do

---

[93] As declarações de substituição tem por objetivo, nas palavras do Acórdão do Tribunal Central Administrativo Norte, datado de 29/10/2005, *"permitirem a correção dos valores apurados e declarados, por iniciativa do sujeito passivo, consubstanciando-se em regularizações voluntárias dos erros cometidos pelo contribuinte. Para tal a lei impõe prazos e condições para tais declarações serem apresentadas, distinguindo: a) as situações em que tenha sido liquidado imposto inferior ao devido ou declarado prejuízo fiscal superior ao efetivo, (contra o Estado) pode ser apresentada fora do prazo legalmente estabelecido, e efetuado o pagamento do imposto em falta; a b) as situações, em que tenha resultado imposto superior ao devido ou prejuízo fiscal inferior ao efetivo, (contra o contribuinte) no prazo de um ano, a contar*

MANUAL TEÓRICO-PRÁTICO DE IRC

artigo 122º do Código do IRC, a todo o tempo, no caso de ter liquidado imposto inferior ao devido ou declarado prejuízo fiscal superior ao efetivo (nº 1), e no prazo de um ano após o termo do prazo legal para entrega da declaração de rendimentos, se tiver autoliquidado imposto superior ao devido ou prejuízo fiscal inferior ao efetivo (nº 2).

No entanto, no último dos casos referidos, e precludido o prazo de um ano para apresentação da declaração de substituição, o sujeito passivo tem sempre ao seu dispor a possibilidade de reagir contra a liquidação através da impugnação da autoliquidação, desde que recorra previamente, e no prazo de dois anos, à reclamação graciosa prévia a que se refere o artigo 131º do CPPT, já que esta apenas não constitui uma condição prévia de impugnação se estiver exclusivamente em causa matéria de direito e a autoliquidação tiver sido efetuada de acordo com as orientações genéricas da AT.

Se já tiver também recorrido o prazo de dois anos, o contribuinte apenas poderá solicitar a revisão deste ato tributário, nos termos do artigo 78º da LGT.

A declaração de rendimentos Modelo 22 de IRC tem como anexos[94]:
- Anexo A – Derrama (períodos anteriores a 2015);
- Anexo A – Derrama Municipal (aplicável aos períodos de 2015 e seguintes);
- Anexo B – Regime Simplificado (aplicável aos períodos de 2010 e anteriores);
- Anexo C – Regiões Autónomas;
- Anexo D – Benefícios Fiscais;
- Anexo E – Regime Simplificado (artigos 86º- A e 86º-B do Código do IRC);
- Anexo F – Organismos de Investimento Coletivo;
- Anexo AIMI – Adicional ao Imposto Municipal sobre Imóveis.

IES – Declaração Anual de informação contabilística e fiscal

A Informação Empresarial Simplificada (IES) foi criada pelo Decreto-Lei nº 8/2007, de 17 de janeiro, cujo preâmbulo é bem elucidativo quanto às obrigações por ela abrangidas.

---

do termo do prazo legal" (*vd.* Acórdão proferido com referencia ao processo nº 01639/06.6BE-BRG e disponível em www.dgsi.pt).

[94] Por despacho nº 984/2018, de 26 de janeiro, foram aprovadas as alterações da declaração periódica de rendimentos Modelo 22, respetivos anexos e instruções de preenchimento (publicado em Diário da República nº 19/2018, II Série, de 26/1/2018, págs. 3221 a 3252).

AS OBRIGAÇÕES DECLARATIVAS DOS SUJEITOS PASSIVOS DE IRC

De acordo com ele, *"cria-se a Informação Empresarial Simplificada (IES), que agrega num único ato o cumprimento de quatro obrigações legais pelas empresas que se encontravam dispersas e nos termos das quais era necessário prestar informação materialmente idêntica a diferentes organismos da Administração Pública por quatro vias diferentes. Com o regime agora aprovado, todas estas obrigações – a entrega da declaração anual de informação contabilística e fiscal, o registo da prestação de contas, a prestação de informação de natureza estatística ao Instituto Nacional de Estatística (INE) e a prestação de informação relativa a dados contabilísticos anuais para fins estatísticos ao Banco de Portugal – passam a cumprir-se integralmente com o envio eletrónico da informação contabilística sobre as empresas, realizado uma única vez".*

A IES contempla, assim, entre outras obrigações[95], a referente à entrega da declaração anual de informação contabilística e fiscal, prevista na alínea c) do nº 1 do artigo 117º e no artigo 121º, ambos do Código do IRC, devendo os elementos nela declarados concordar com os obtidos na contabilidade ou registos de escrituração (nº 5 do artigo 121º do Código do IRC).

Esta obrigação declarativa deve ser cumprida, por transmissão eletrónica de dados, até ao dia 15 de julho, independentemente de este dia ser útil ou não útil, ou caso os sujeitos passivos adotem um período de tributação não coincidente com o ano civil, até ao dia 15 do 7º mês posterior à data do termo desse período de tributação.

Quando ocorra a cessação de atividade, a declaração, com referência ao período de tributação em que a mesma se verificou, deve ser entregue até ao 30º dia seguinte ao da data da cessação, independentemente de esse dia ser útil ou não útil, aplicando-se este mesmo prazo relativamente ao período de tributação imediatamente anterior, quando ainda não tenha decorrido o prazo normal de entrega.

Constituem anexos à IES os seguintes:

- Anexo A – Elementos contabilísticos e fiscais (residentes que exercem a título principal... e não residentes com estabelecimento estável)
- Anexo B – Elementos contabilísticos e fiscais (setor financeiro)
- Anexo C – Elementos contabilísticos e fiscais (setor segurador)

---

[95] A IES agrega também o cumprimento da obrigação de entrega da declaração anual de informação contabilística e fiscal por a pessoas singulares, nos termos do artigo 113º do Código do IRS, titulares de estabelecimentos individuais de responsabilidade limitada (EIRL); a prestação de informações de cariz meramente estatístico a serem fornecidas ao Instituto Nacional de Estatística e ainda a prestação de informação ao Banco de Portugal, e também para fins estatísticos, de dados contabilísticos anuais.

MANUAL TEÓRICO-PRÁTICO DE IRC

- Anexo D – Elementos contabilísticos e fiscais (residentes que não exercem a título principal...)
- Anexo E – Elementos contabilísticos e fiscais (não residentes sem estabelecimento estável)
- Anexo F – Benefícios fiscais
- Anexo G – Sociedades sujeitas ao regime de transparência fiscal
- Anexo H – Operações com não residentes
- Anexo O – Mapa recapitulativo clientes
- Anexo P – Mapa recapitulativo fornecedores

A (nova) Informação financeira e fiscal de grupos multinacionais

Com o aditamento do artigo 121º-A ao Código do IRC[96], pelo artigo 134º da Lei nº 7-A/2016, de 30 de março, e em linha com o relatório da OCDE sobre *Base Erosion and Profit Shifting* (BEPS) e a Diretiva (UE) nº 2016/881, do Conselho, de 25 de maio[97], as entidades residentes passaram a estar sujeitas ao cumprimento de (mais) uma obrigação acessória, compreendida na entrega de uma declaração de informação financeira e fiscal que inclui, de forma agregada, um conjunto alargado de informação financeira e fiscal por cada país ou jurisdição fiscal.

Ficam, assim, sujeitos à entrega da declaração as entidades residentes relativamente às quais se verifique cumulativamente:

- Que estejam abrangidas pela obrigação legal de apresentação de demonstrações financeiras consolidadas;
- Que detenham ou controlem, direta ou indiretamente, uma ou mais entidades cuja residência fiscal ou estabelecimento estável esteja localizada em países ou jurisdições distintos, ou nestes possuírem um ou mais estabelecimentos estáveis;
- Cujo montante dos rendimentos apresentados nas demonstrações financeiras consolidadas relativas ao último período de contabilístico

---

[96] Chama-se a atenção para o facto de que, nos termos do artigo 14º da Lei nº 98/2017, de 24 de agosto, foi aprovado um regime transitório a aplicar às obrigações estabelecidas nos nºs 2 e 4 desta norma legal. Assim, a obrigação estabelecida no nº 2 do artigo 121º-A do Código do IRC apenas é aplicável às declarações por país respeitantes a exercícios fiscais de relato com início em 1 de janeiro de 2017 ou após esta data enquanto o cumprimento da obrigação prevista no nº 4 do mesmo preceito, realizou-se, no ano de 2017, até ao final do mês de outubro.
[97] Esta diretiva veio disciplinar a troca automática de informações obrigatória sobre a declaração por país entre os Estados-Membros da União Europeia.

AS OBRIGAÇÕES DECLARATIVAS DOS SUJEITOS PASSIVOS DE IRC

de base anual anterior ao período de reporte seja igual ou superior a € 750.000.000;

- Que não sejam detidas por uma ou mais entidades residentes obrigadas à apresentação desta declaração ou por uma ou mais entidades não residentes que apresentem idêntica declaração num país ou jurisdição fiscal com o qual esteja em vigor um acordo de troca automática de informações.
- Que forem detidas ou controladas diretamente por entidades não residentes que não sejam obrigadas a cumprir com idêntica obrigação ou em relação às quais não haja acordo de troca de informações em vigor, desde que estivessem sujeitas a idêntica obrigação caso residissem em. Portugal; e
- Que não demonstrem que outra entidade do grupo, residente em Portugal ou em país ou jurisdição em que vigore acordo de troca de informações, foi designada para apresentar tal declaração.

A informação deve ser reportada até ao fim do décimo segundo mês posterior ao termo do período de tributação a que respeita, por transmissão eletrónica de dados, e conter os elementos exigidos pelo n° 5 da norma legal.

O n° 10, aditado pela Lei n° 98/2017, de 24 de agosto, clarifica um conjunto de conceitos a ter em conta para efeitos da sujeição a esta obrigação acessória, nomeadamente, o que se considera "grupo de empresas multinacionais" ou mesmo "empresa".

Processo de documentação fiscal

Relativamente ainda aos deveres de cooperação a que os sujeitos passivos se encontram adstritos, é-lhes ainda exigido, com exceção dos sujeitos passivos isentos nos termos do artigo 9°, a elaboração de um processo de documentação fiscal ("dossier fiscal"), de acordo com o disposto no artigo 130° do Código do IRC, por cada exercício económico, o qual deverá estar reunido em estabelecimento, ou instalação, situada em território português ou, caso o sujeito passivo não tenha a sua sede ou direção efetiva em território português e não possua estabelecimento estável aí situado, nas instalações do representante fiscal.

Este processo será de manter durante 10 anos e nele devem constar os elementos, definidos na Portaria n° 92°-A/2011, de 28 de fevereiro, demonstrativos do apuramento do lucro tributável e outros elementos contabilísticos relativos à empresa.

MANUAL TEÓRICO-PRÁTICO DE IRC

Sempre que notificados para o efeito, os sujeitos passivos deverão, nos termos do nº 4 da citada norma, proceder à entrega do processo de documentação fiscal e da documentação respeitante à política adotada em matéria de preços de transferência prevista no nº 6 do artigo 63º do Código do IRC.

Os sujeitos passivos cuja situação tributária seja acompanhada pela Unidade dos Grandes Contribuintes e as sociedades a que seja aplicado o Regime Especial de Tributação de Grupos de Sociedades são obrigados a proceder à entrega do "dossier fiscal" juntamente com a declaração anual de informação contabilística e fiscal.

A obrigação de domicílio fiscal eletrónico

Com a Lei do Orçamento de Estado para 2012 (Lei nº 64-B/2011, de 30 de dezembro), passou a constar, de forma obrigatória, do domicílio fiscal, nomeadamente, dos sujeitos passivos de IRC, com sede ou direção efetiva em território português e os estabelecimentos estáveis de sociedades e outras entidades não residentes, a "caixa postal eletrónica", visando facilitar as comunicações entre o Estado e os sujeitos passivos aderentes à mesma.

Estabelecia-se, assim, uma nova forma de efetivação das citações e notificações às sociedades, visto que, em caso de ausência de acesso à caixa postal eletrónica, a notificação considerava-se efetuada no 25º dia posterior ao seu envio, se o contribuinte não acedesse em data anterior[98]. Esta presunção só podia ser ilidida pelo notificado, nos termos do nº 11 do artigo 39º do CPPT, quando demonstrasse ter sido notificado em data posterior à presumida, por facto que não lhe era imputável ou nos casos em que comprovasse a comunicação da alteração exigida pelo artigo 43º do CPPT.

Em 2017, a par desta caixa postal eletrónica, passa a integrar o domicílio fiscal eletrónico, o serviço público de notificações eletrónicas associado à morada única digital.

Com a Lei nº 9/2017, de 3 de março, regulamentada pelo Decreto-Lei nº 93/2017, de 1 de agosto, foi, assim, criado o serviço público de notificações eletrónicas associado à morada única digital, o qual veio:

- Corrigir a ausência de uma morada digital fidelizada que permitisse o envio de notificações com eficácia jurídica;
- Regular os termos e condições de envio e receção dessas notificações eletrónicas por forma a reduzir as despesas com a impressão e envio de

---

[98] Redação da Lei nº 66-B/2012, de 31 de dezembro (Lei do Orçamento de Estado para 2013).

AS OBRIGAÇÕES DECLARATIVAS DOS SUJEITOS PASSIVOS DE IRC

notificações por via postal, diminuir os tempos que medeiam o envio e a receção da notificação, e garantir uma maior segurança no envio de notificações.

Assim, destinado "*a todas as pessoas singulares e coletivas, públicas e privadas, nacionais e estrangeiras, que voluntariamente indiquem uma morada única digital e adiram ao serviço público de notificações eletrónicas*", do âmbito de aplicação deste serviço ficam de fora apenas as citações, notificações ou outras comunicações remetidas pelos tribunais.

Deste modo, e designadamente, as pessoas coletivas, nacionais ou estrangeiras, adquirem o direito a fidelizar um único endereço de correio eletrónico para toda a Administração Pública que constituirá a sua morada única digital e que passará a equivaler à sua sede.

No que respeita às garantias associadas ao envio e receção de notificações e/ou citações, o referido Decreto-Lei alterou, designadamente, o nº 10 do artigo 39º e o artigo 191º, ambos do CPPT, deixando as notificações ou citações de considerarem-se efetuadas no 25º dia posterior ao seu envio, não acedendo o contribuinte à caixa postal eletrónica em data anterior, para passarem a considerarem-se efetuadas no 5º dia posterior ao registo de disponibilização daquelas no sistema de suporte ao serviço público de notificações eletrónicas, independentemente do registo de acesso da pessoa à sua caixa postal eletrónica.

Esta presunção de notificação prevalece em caso de envio cumulativo sob qualquer outra forma prevista na lei, sem prejuízo de a mesma ser ilidida pela pessoa a notificar quando não lhe seja imputável o facto de a notificação ocorrer em data posterior à presumida.

29. Exercícios de escolha múltipla

Incidência e conceitos base do imposto

1. Para efeitos de incidência do imposto, a noção de lucro, acolhida no Código do IRC, corresponde:
   a. Ao lucro apurado pela contabilidade regularmente organizada;
   b. Ao incremento patrimonial verificado no período de tributação, com as correções estabelecidas no Código do IRC;
   c. Ao incremento dos meios financeiros líquidos verificados no período de tributação, com as correções estabelecidas no Código do IRC;
   d. À matéria coletável.

2. As empresas que não tenham sede e direção efetiva em território português, ficam sujeitas a IRC:
   a. Pela totalidade dos seus rendimentos, incluindo os obtidos fora do território português;
   b. Pela totalidade dos seus rendimentos, excluindo os obtidos nos Açores e Madeira;
   c. Apenas quanto aos rendimentos obtidos em território português;
   d. Nenhuma das anteriores.

3. Qual das seguintes situações é considerada como um estabelecimento estável:
   a. Comissionista para vendas, por sua conta e risco;
   b. Estaleiro durante mais de 6 meses;
   c. Estaleiro durante 5 meses;
   d. Nenhuma das anteriores.

4. Considera-se que uma sociedade não residente tem estabelecimento estável em território português se neste tiver:
   a. Uma instalação fixa para compra de mercadorias;

MANUAL TEÓRICO-PRÁTICO DE IRC

    b. Um agente independente por conta própria;

    c. Uma instalação fixa apenas para exposição de mercadorias;

    d. Um agente, que não atua por conta própria.

5. Considera-se que uma sociedade não residente tem estabelecimento estável em território português se neste tiver:

    a. Uma instalação fixa apenas para exposição de mercadorias;

    b. Um estaleiro de construção por um período superior a 3 meses;

    c. Uma instalação fixa para desenvolver uma atividade comercial;

    d. Nenhuma das anteriores.

6. São sujeitos passivos de IRC:

    a. Os estabelecimentos individuais de responsabilidade limitada;

    b. As heranças indivisas;

    c. Os consórcios;

    d. As sociedades unipessoais de quotas.

7. A sociedade BETA, com sede em Viana do Castelo, possui um estabelecimento estável em França. Através desse estabelecimento pagou a uma sociedade francesa, que opera no respetivo mercado, comissões por intermediação na venda de mercadorias realizadas diretamente pela sede da empresa em Portugal, sem intervenção daquele seu estabelecimento estável.

De acordo com a legislação nacional, os rendimentos em causa:

    a. Não se consideram obtidos em Portugal, pelo que, não estão sujeitos a retenção na fonte;

    b. Consideram obtidos em Portugal, pelo que, não estão sujeitos a retenção na fonte;

    c. Consideram-se obtidos em Portugal, pelo que, estão sujeitos a retenção na fonte a taxa liberatória;

    d. Nenhuma das afirmações anteriores está correta.

8. Nos termos do Código do IRC, o facto gerador:

    a. Ocorre apenas com a realização dos rendimentos ou ganhos tributáveis;

    b. Ocorre no último dia do ano civil, mas apenas quando os rendimentos sejam obtidos por entidades residentes;

    c. Ocorre no último dia do ano civil, mas apenas quando os rendimentos sejam obtidos por não residentes com estabelecimento estável;

    d. Ocorre no último dia do período de tributação, desde que os rendimentos sejam obtidos por entidades residentes ou por não residentes com estabelecimento estável ao qual aqueles rendimentos sejam imputáveis.

9. Uma empresa, com sede em Guimarães, pagou a uma sociedade francesa os honorários relativos à montagem de um pavilhão numa feira internacional realizada em Paris, para promoção dos respetivos produtos. Tais rendimentos:

    a. Estão sujeitos a retenção na fonte de IRC com carácter definitivo;

EXERCÍCIOS DE ESCOLHA MÚLTIPLA

b. Só não serão tributados em Portugal se a empresa portuguesa tiver na sua posse um certificado de residência válido nos termos da Convenção bilateral;

c. Não se consideram obtidos em território português, na medida em que respeitam a serviços realizados integralmente fora daquele território embora utilizados cá, não dizem respeito a um bem nele situado;

d. Estão isentos de IRC.

10. A sociedade XPTO, Ldª, é uma sociedade de profissionais, enquadrável no artigo 6.º do Código do IRC, sendo a sua MATÉRIA TRIBUTÁVEL...

a. ... não sujeita a IRC e imputada aos sócios na proporção das suas quotas e integrável nos seus rendimentos tributáveis sujeitos a IRS;

b. ... isenta de IRC e imputada aos sócios na proporção das suas quotas e integrável nos seus rendimentos tributáveis sujeitos a IRS;

c. ... sujeita a IRC e imputada aos sócios na proporção das suas quotas e integrável nos seus rendimentos tributáveis sujeitos a IRS;

d. ... sujeita a IRC.

11. Os consórcios e os Agrupamentos Complementares de Empresas (ACE) são:

a. Ambos sujeitos passivos de IRC, embora os ACE tenham personalidade jurídica e os consórcios não;

b. Os consórcios não são sujeitos passivos de IRC, mas os ACE são, estando estes sujeitos ao regime geral de tributação;

c. Nem uns nem outros são sujeitos passivos de IRC: a tributação é feita, diretamente, na esfera dos respetivos membros em sede de IRS ou de IRC, conforme os casos;

d. Os consórcios não são sujeitos passivos de IRC, mas os ACE são, embora o seu lucro ou prejuízo seja imputado aos seus membros, integrando-se no seu rendimento tributável.

12. Em IRC, os Agrupamentos Complementares de Empresas (ACE) são tributados:

a. Pelo regime geral de tributação do IRC;

b. Pelo regime especial de tributação dos grupos de sociedades;

c. Pelo regime simplificado;

d. Pelo regime de transparência fiscal.

13. Uma sociedade que tenha a direção efetiva em Portugal, mas a sede na Argentina:

a. É considerada residente em Portugal;

b. É considerada apenas residente na Argentina, uma vez que a sede estatutária está situada neste país;

c. Não é residente em nenhum destes países;

d. É considerada residente na Argentina, embora tenha um estabelecimento estável em Portugal.

MANUAL TEÓRICO-PRÁTICO DE IRC

14. Uma sociedade residente no Japão cobra a uma sociedade residente, em território português, honorários pela instalação e montagem, numa feira internacional realizada naquele país, de vitrines para exposição dos produtos cuja venda esta última sociedade pretende promover:

   a. Os rendimentos obtidos pela empresa japonesa são rendimentos de natureza comercial, não sendo tributados em território português, uma vez que os mesmos não são imputáveis a estabelecimento estável da mesma empresa sito neste território;

   b. Trata-se de rendimentos derivados de uma prestação de serviços e, embora os serviços sejam prestados fora do território português, sendo utilizados neste território estão aqui sujeitos a tributação;

   c. Os rendimentos auferidos pela empresa japonesa não se consideram obtidos em território português, porquanto derivam de prestações de serviços que são realizados fora do território português embora utilizados cá, não dizem respeito a um bem nele situado;

   d. Sendo os serviços pagos por uma entidade residente em território português, são tributados neste território.

15. Uma sociedade residente no Canadá que tem por objeto a compra e venda de material eletrónico, tem uma sucursal em Portugal que se dedica à prospeção de mercado e à prestação de informações para a empresa. Esta sucursal:

   a. Configura desde logo um estabelecimento estável, visto a sucursal constituir um dos exemplos paradigmáticos de estabelecimento estável;

   b. Embora se trate de uma instalação fixa, configura um estabelecimento estável, visto se exercer, através dela, uma atividade de natureza comercial, industrial ou agrícola;

   c. Não configura um estabelecimento estável, porquanto a atividade exercida através da sucursal tem um carácter meramente preparatório ou auxiliar;

   d. É um estabelecimento estável, sendo o mesmo tributado pelo lucro que lhe é imputável.

16. Uma sociedade não residente vende mercadorias para o território português, dispondo, para o efeito, de um agente neste território que procede à angariação de clientes para a empresa não residente e lhe presta um serviço de entrega das mercadorias vendidas, assumindo o risco do negócio em Portugal. Este agente:

   a. É um representante permanente da sociedade não residente, sendo, portanto, um estabelecimento estável desta sociedade;

   b. É um agente independente e, como tal, não configura um estabelecimento estável da sociedade não residente;

   c. Não configura um estabelecimento estável, porquanto não dispõe de poderes de intermediação e de celebração de contratos que vinculem a empresa;

   d. É um estabelecimento estável da sociedade não residente, pois esta sociedade realiza as suas vendas em território português.

17. Uma sociedade não residente, que se dedica à atividade de construção civil, celebrou um contrato de empreitada de uma obra a realizar em território português, durante o

EXERCÍCIOS DE ESCOLHA MÚLTIPLA

período de 8 meses; celebrou, todavia, um contrato de subempreitada com uma sociedade igualmente não residente neste território, sendo esta última quem efetivamente
levou a cabo os trabalhos de construção.

a. A primeira sociedade não dispõe em território português de qualquer estabelecimento estável, na medida em que, tendo dado os trabalhos em subempreitada, não
   realiza, neste território, qualquer atividade de natureza comercial. Apenas a segunda
   sociedade dispõe de um estabelecimento estável, uma vez que as obras têm uma duração superior a 6 meses;
b. Ambas as sociedades dispõem em território português de estabelecimento estável,
   visto que a obra tem uma duração superior a 12 meses;
c. Nenhuma das duas sociedades dispõe de estabelecimento estável em território português;
d. Ambas as sociedades dispõem de estabelecimento estável em território português,
   visto que o contrato de empreitada pressupõe a atividade de coordenação e supervisão da obra, sendo o tempo despendido pelo subempreiteiro imputável ao próprio
   empreiteiro e tendo em conta que a obra tem uma duração superior a 6 meses.

18. Face ao regime de transparência fiscal, nas sociedades de profissionais:
    a. Os rendimentos são imputados aos sócios;
    b. Os lucros têm natureza de rendimentos de capital;
    c. A matéria coletável é imputada aos sócios;
    d. Nenhuma das anteriores.

19. No âmbito do regime de transparência fiscal:
    a. Considera-se uma sociedade de profissionais, a sociedade constituída por 3 médicos
       para venda de material clínico;
    b. Considera-se uma sociedade de profissionais, a sociedade constituída em partes iguais
       por um economista e um contabilista, em que apenas o primeiro exerce através da
       sociedade a respetiva atividade;
    c. Considera-se uma sociedade de profissionais, a sociedade constituída por um médico
       cardiologista e um médico-cirurgião;
    d. Considera-se uma sociedade de profissionais, a sociedade constituída no ano inteiro
       por três arquitetos e três decoradores.

20. Uma sociedade unipessoal cujo único sócio é um contabilista, pessoa singular:
    a. É um sujeito passivo de IRS, à semelhança do Estabelecimento Individual de Res-
       ponsabilidade Limitada;
    b. É um sujeito passivo de IRC, embora sujeito ao regime de transparência fiscal, impu-
       tando-se ao sócio a matéria coletável apurada na esfera da sociedade, visto tratar-se de
       uma sociedade unipessoal;
    c. É um sujeito passivo de IRC que nunca pode estar sujeito ao regime de transparência
       fiscal, como sociedade de profissionais, visto que esta pressupõe a existência de mais
       de um sócio;

MANUAL TEÓRICO-PRÁTICO DE IRC

    d. É um sujeito passivo de IRS, sujeito, neste caso, ao regime de transparência fiscal como sociedade de profissionais.

21. Numa sociedade transparente, a distribuição antecipada de lucros aos sócios:
    a. Não é tributada na esfera dos sócios, em virtude da aplicação do regime de transparência fiscal;
    b. É tributada na esfera dos sócios, em sede de IRS ou de IRC, como rendimentos de capitais;
    c. Não é gasto na esfera da sociedade e não constitui rendimento dos sócios, porque os mesmos são tributados pela matéria coletável que lhes for imputável apurada na esfera da sociedade;
    d. É gasto fiscal da sociedade e rendimento do sócio em sede de IRS ou de IRC.

22. Uma sociedade com sede em Itália tem um estabelecimento estável em Portugal, e outro na Bélgica. Em sede de IRC, esta sociedade:
    a. É tributada em Portugal pelos rendimentos obtidos em Itália, Bélgica e Portugal;
    b. Não é tributada em Portugal;
    c. É tributada em Portugal pelos rendimentos obtidos, através do estabelecimento estável, em Portugal;
    d. É tributada em Portugal pelos rendimentos obtidos na Bélgica e Portugal.

23. Os rendimentos de uma pessoa coletiva, residente em território português, que não exerce a título principal uma atividade comercial, industrial ou agrícola, são tributados com base:
    a. No rendimento global, correspondente aos rendimentos obtidos, deduzidos dos custos indispensáveis à obtenção dos rendimentos e documentalmente comprovados;
    b. No rendimento global, correspondente à soma algébrica dos rendimentos das diversas categorias consideradas para efeitos de IRS e, bem assim, dos incrementos patrimoniais obtidos a título gratuito;
    c. No lucro, que consiste na diferença entre os valores do património líquido no fim e no início do período de tributação, com as correções estabelecidas no Código do IRC;
    d. Na diferença entre os rendimentos e os custos do exercício, evidenciados na contabilidade, desde que esta se encontre organizada nos termos da lei comercial e fiscal.

24. Uma pessoa coletiva de mera utilidade pública, com sede em território português, tem como rendimentos as quotas dos associados, juros de depósitos a prazo e rendas de uma loja. Esta entidade:
    a. Não é sujeito passivo do IRC;
    b. É sujeito passivo do IRC e os seus rendimentos sujeitos a tributação são os juros de depósitos a prazo e a renda da loja;
    c. É sujeito passivo do IRC mas está isenta automaticamente nos termos do atual artigo 10° do Código do IRC;

EXERCÍCIOS DE ESCOLHA MÚLTIPLA

d. É sujeito passivo do IRC e os seus rendimentos sujeitos a tributação são as quotas dos associados, os juros de depósitos a prazo e a renda da loja.

25. A sociedade XYZ Lda., com sede em território português, encontrava-se inativa desde 01.12.2016. Em 15.10.2017. os sócios deliberaram proceder à dissolução da sociedade, iniciando-se nesta data o processo de liquidação que ficou concluído em 31.03.2018. O registo do encerramento da liquidação na Conservatória do Registo Comercial ocorreu em 15.05.2018.
Face ao descrito, qual a data a que deve ser reportada a cessação de atividade, para efeitos de IRC?
a. 01.12.2016;
b. 15.10.2017;
c. 31.03.2018;
d. 15.05.2018.

26. Uma sociedade encontra-se inativa desde fevereiro de 2016. Para efeitos do Código do IRC, esta sociedade cessa a atividade:
a. Em Fevereiro de 2016;
b. A 31 de dezembro de 2016;
c. Na data em que ocorrer o encerramento da liquidação;
d. Quando deixarem de obter rendimentos.

27. António Carlos é sócio de uma sociedade de médicos que constituiu com mais dois colegas de profissão. A sociedade apurou na sua declaração de rendimentos modelo 22 de IRC, uma matéria coletável de 120.000 €, tendo colocado à disposição de cada sócio lucros no valor de 20.000 €.
António Carlos vai ser tributado, em sede de IRS:
a. Na categoria B e na categoria E, respetivamente, pelos valores de 40.000 € e de 10.000 €;
b. Na categoria B e na categoria E, respetivamente, pelos valores de 40.000 € e de 20.000 €;
c. Na categoria B por 20.000 € de acordo com o artigo 40º-A do Código do IRS;
d. Na categoria B por 40.000 €.

28. Uma associação cultural tem os seguintes rendimentos: as quotas dos associados totalizaram € 4.000, 00, os subsídios foram de € 1.000,00 e o lucro obtido no bar foi de € 3 000,00.
O rendimento global será de:
a. 3.000;
b. 4.000,00;
c. 1.000,00;
d. 8.000,00.

MANUAL TEÓRICO-PRÁTICO DE IRC

29. Uma sociedade inativa tem as seguintes obrigações fiscais:
    a. Não necessita de entregar nenhuma declaração;
    b. Entrega a Declaração Modelo 22;
    c. Entrega a Declaração Modelo 22 e a IES;
    d. Entrega apenas a IES.

30. Uma sociedade passa de Lda. a S.A, de acordo com toda a tramitação legal exigível. Para efeitos de IRC, que data deve ser registada como sendo a de aquisição das partes sociais resultantes desta transformação?
    a. A data de aquisição das partes sociais que lhes deram origem.
    b. A data da transformação.
    c. A data em que foi deliberada a transformação pelos sócios.
    d. A 31 de dezembro do exercício anterior ao da transformação.

31. Os rendimentos sujeitos a IRC, obtidos em território português, por entidades não residentes:
    a. Podem ser transferidos para o estrangeiro desde que se mostre encerrado o exercício económico respetivo;
    b. Não podem ser transferidos para o estrangeiro sem que se mostre pago ou assegurado o imposto que for devido;
    c. Não podem ser transferidos para o estrangeiro sem que se mostre apurado o imposto que for devido;
    d. Podem ser transferidos para o estrangeiro desde que se mostre apresentada a declaração modelo 22.

32. Uma associação recreativa, com fins estatutários de promoção de música, auferiu, em 2018, os seguintes rendimentos:
    − Quotas de associados: 2.500€
    − Subsídios: 5.000€
    − Donativos: 4.000€
    − Obteve um lucro de exploração de um bar de 2.000.
    Qual a incidência de IRC?
    a. Rendimentos não sujeitos: 2.500; rendimentos sujeitos mas isentos: 9.000 e rendimentos sujeitos: 2.000
    b. Rendimentos não sujeitos: 7.500; rendimentos sujeitos mas isentos: 4.000 e rendimentos sujeitos: 2.000
    c. Rendimentos não sujeitos: 7.500; rendimentos sujeitos mas isentos: 6.000
    d. Rendimentos sujeitos mas isentos: 11.500 e rendimentos sujeitos: 2.000

33. Não obstante não se enquadrar nos seus fins estatutários, uma associação recreativa, legalmente constituída, candidatou-se à realização de uma ação de formação profissional para os seus associados, recebendo para o efeito subsídios do Estado.
    Tais subsídios:
    a. Estão sujeitos a IRC, embora dele isentos;

EXERCÍCIOS DE ESCOLHA MÚLTIPLA

b. Não estão sujeitos a IRC;

c. Estão sujeitos e não podem, em nenhuma circunstância, ser isentos de IRC;

d. Estão sujeitos, mas podem ser isentos de IRC.

34. Uma empresa, com sede em Barcelona, é detentora de um imóvel localizado em Lisboa, gerador de rendimentos prediais não imputáveis a estabelecimento estável em Portugal. Para efeitos de IRC, a empresa detentora do imóvel:

a. Está sujeita ao cumprimento de obrigações acessórias e de pagamento

b. Apenas está sujeita ao pagamento dos impostos devidos

c. Apenas está sujeita ao cumprimento das obrigações acessórias

d. Não está sujeita ao cumprimento de qualquer obrigação, porque os rendimentos estão sujeitos a retenção na fonte a título definitivo.

35. Uma sociedade residente em Portugal paga, por um estudo de mercado, honorários a uma sociedade estabelecida num regime fiscal preferencial. Em sede de IRC, para a sociedade estrangeira:

a. O valor está sujeito a retenção na fonte com natureza de imposto por conta

b. Não está sujeita a retenção na fonte e tributação autónoma

c. O valor está sujeito a retenção na fonte a título definitivo

d. Nenhuma das anteriores

36. Esse custo (da pergunta anterior), em sede de IRC, da empresa Portuguesa:

a. Não é aceite como custo fiscal

b. É dedutível, bastando o comprovativo do pagamento

c. E dedutível mas apenas se a empresa Portuguesa provar que a operação se realizou, não tem caracter anormal nem montante exagerado e que é imprescindível para a obtenção de rendimentos

d. Só é aceite como custo fiscal em 50%

37. Em sede de IRC, qual a distinção entre sujeitos passivos por obrigação pessoal e por obrigação real?

a. No tipo de rendimentos auferidos

b. No tipo de atividade exercida

c. Na forma jurídica da sociedade

d. No fato de serem residentes ou não residentes

38. A Sociedade Gama e a Sociedade Omega, ambas com sede em Leiria, dedicam-se ao comércio de produtos de desporto. Para evitar a sua concorrência, a sociedade Gama pagou à sociedade Omega uma determinada quantia para que encerrasse a atividade. Relativamente à quantia recebida pela Omega, qual o tratamento fiscal?

a. Constitui rendimento isento de tributação;

b. Constitui rendimento sujeito e não isento a tributação;

c. Constitui rendimento não sujeito a tributação;

d. Nenhuma das anteriores.

MANUAL TEÓRICO-PRÁTICO DE IRC

39. A mensuração dos elementos inscritos na contabilidade através do justo valor:
    a. Pode ser aceite excecionalmente.
    b. É sempre aceite para efeitos fiscais.
    c. Nunca é aceite para efeitos fiscais.
    d. Pode ser sempre aceite desde que a sua mensuração seja feita com fiabilidade.

40. Em fevereiro de 2018, uma sociedade, com sede em França, alienou a uma sociedade com sede na Bélgica, uma participação de 50%,que detinha no capital social de uma sociedade residente em território português.
    Onde se consideram obtidos os rendimentos?
    a. Na Bélgica
    b. Em Portugal
    c. Em França
    d. Em Portugal e em França

Correções fiscais

41. A sociedade XYZ recebeu dos seus dois sócios30.000 € a título de prestações suplementares para cobertura de prejuízos acumulados.
    Em IRC, tal valor constitui:
    a. Um rendimento do período;
    b. Uma variação patrimonial positiva que concorre para formação do lucro tributável;
    c. Uma variação patrimonial positiva que não concorre para a formação do lucro tributável;
    d. Uma variação patrimonial positiva não refletida no resultado líquido do período que concorre para a formação do lucro tributável.

42. Um aumento de capital por incorporação de reservas constitui, na esfera da sociedade participada:
    a. Uma variação patrimonial positiva que deve ser acrescida extra contabilisticamente;
    b. Uma variação patrimonial meramente qualitativa que não releva para efeitos de apuramento do lucro tributável;
    c. Uma variação patrimonial qualitativa e quantitativa que, todavia, não concorre para a formação do lucro tributável, uma vez que as entradas de capital estão excecionadas na Lei.
    d. Uma variação patrimonial positiva não refletida no resultado que concorre para a formação do lucro tributável.

43. Concorrem para a formação do lucro tributável
    a. Os aumentos de capital por incorporação de reservas
    b. As reservas de reavaliação legalmente autorizadas
    c. Os prémios de emissão de ações
    d. Os subsídios de exploração

EXERCÍCIOS DE ESCOLHA MÚLTIPLA

44. No caso de uma associação em participação:
   a. As prestações do associante ao associado são variações patrimoniais negativas que não concorrem para a formação do lucro tributável do associado
   b. Estamos perante um SP de IRC que deve entregar a Modelo 22
   c. As contribuições do associado ao associante concorrem para a formação do lucro tributável do associante
   d. Estamos perante um SP de IRC sujeito ao regime de transparência fiscal

45. Não constitui uma variação patrimonial positiva, para efeitos de determinação do lucro tributável em IRC:
   a. Um subsídio destinado à aquisição de um bem do ativo fixo tangível.
   b. Uma doação de um imóvel a favor da sociedade.
   c. As mais-valias na alienação de ações próprias.
   d. As reservas de reavaliação livres.

46. A sociedade A atribuiu, a título de gratificação, por aplicação de resultados, € 7 000, a um administrador, que detém uma participação de 10%, no capital da sociedade B, a qual, por sua vez, detém a totalidade do capital da primeira sociedade. Este administrador aufere, a título de salário, 36 000 euros anuais.
   Aquela gratificação:
   a. É considerado gasto da sociedade pagadora, na íntegra, desde que paga ou colocada á disposição até ao fim do período seguinte;
   b. Não é fiscalmente dedutível o montante de € 1 000, os quais são tratados, na esfera do administrador, como rendimento de capitais;
   c. É aceite como gasto no montante de € 3 000, não sendo os restantes € 4 000 dedutíveis para efeitos de determinação do lucro tributável;
   d. Não é, na totalidade, aceite como gasto, visto que se trata de uma gratificação retirada dos lucros do período e estes, por definição, nunca são gasto fiscal.

47. Uma sociedade que tem prejuízos, caso decida atribuir um prémio a todos os seus trabalhadores, para efeitos de IRC:
   a. Esses prémios são considerados, por causa do prejuízo, uma variação patrimonial positiva que acresce ao resultado líquido;
   b. Esses prémios são considerados como uma variação patrimonial negativa, que concorre para a formação da matéria coletável;
   c. Esses prémios devem ser considerados gastos, desde que pagos até ao fim do período de tributação seguinte;
   d. Esses prémios devem ser considerados gastos.

48. Um subsídio concedido a uma empresa para a aquisição de equipamento:
   a. Deve ser incluído no lucro tributável na proporção das depreciações dos bens, considerando-se sempre, para este efeito, pelo menos a quota mínima de depreciação;
   b. Constitui um rédito na íntegra no período de tributação do respetivo recebimento;

MANUAL TEÓRICO-PRÁTICO DE IRC

   c. Constitui um rédito na íntegra no período de tributação em que a empresa adquirir o direito ao seu recebimento;

   d. Deve ser incluído no lucro tributável durante os exercícios em que os bens forem inalienáveis.

49. Em 2016, a sociedade XPTO celebrou um contrato com uma empresa para a construção de um hotel. A obra foi iniciada em junho de 2016 e estima-se que ficará concluída em dezembro de 2017. De acordo com o orçamento entregue ao cliente, o preço da obra é de € 1.100.000. Por sua vez os gastos estimados ascendem a € 1.000.000. A 31 de dezembro de 2016, a XPTO tinha faturado ao cliente o valor de € 500.000, tendo, por sua vez, suportado o montante de € 600.000 de gastos. Qual o valor do rédito a reconhecer a 31 de dezembro de 2016?

   a. € 600.000

   b. € 0

   c. € 660.000

   d. € 500.000

50. Um subsídio de € 20 000 para a criação de três postos de trabalho, com a condição de os manter durante o período mínimo de 4 anos:

   a. Deve ser incluído no lucro tributável no período do respetivo recebimento;

   b. Deve ser incluído no lucro tributável, durante o período estabelecido no contrato para a manutenção dos postos de trabalho criados;

   c. Constitui rendimento do período em que a empresa adquire o direito ao recebimento;

   d. Não constitui componente positiva do lucro tributável, visto tratar-se de um subsídio.

51. Se uma empresa receber um subsídio de 100.000€, para aquisição de um ativo fixo tangível, sujeito a depreciações durante 5 anos, qual o valor anual de rendimentos que deve ser reconhecido?

   a. 100.000

   b. 20.000

   c. 10.000

   d. 0

52. Se uma empresa receber um subsídio de 200.000, para aquisição de um terreno para construção de uma fábrica, em que existe uma cláusula de não venda do bem por 5 anos, qual o montante anual de rendimentos?

   a. 200.000

   b. 20.000

   c. 40.000

   d. 0

53. Com base na pergunta anterior, qual o montante anual de rendimentos caso não houvesse cláusula de não venda?

   a. 200.000

EXERCÍCIOS DE ESCOLHA MÚLTIPLA

    b. 20.000
    c. 40.000
    d. 0

54. Se uma empresa receber um subsidio de 100.000 €, para aquisição de um edifício, que depreciará à taxa de 2% ao ano, qual o valor do proveito a reconhecer?
    a. 10.000
    b. 4.000
    c. 5.000
    d. 0

55. Qual dos seguintes gastos não é dedutível em IRC?
    a. Encargos suportados com a reparação de uma viatura sinistrada da própria empresa, em virtude de a respetiva apólice de seguro apenas cobrir danos provocados a terceiros;
    b. Seguro de pensões pagas ao gerente e por este objeto de resgate;
    c. Perdas apuradas na entrega de bens a locadora seguida de contrato de locação financeira para os mesmos bens;
    d. Indemnização paga a um cliente, em virtude de prejuízos causados por atraso na execução de encomenda.

56. Uma indemnização recebida por uma empresa, em virtude do sinistro ocorrido com elementos do seu ativo fixo tangível, tem o seguinte tratamento fiscal:
    a. É um rendimento do período que concorre para a formação do lucro tributável;
    b. Sendo uma indemnização, não concorre para a formação do lucro tributável em IRC;
    c. É um rendimento, sendo o gasto refletido através de uma depreciação extraordinária, em virtude da desvalorização excecional verificada nos bens, desde que seja efetuado o competente pedido à AT;
    d. Entra como valor de realização no cálculo da mais-valia ou menos-valia relativamente aos bens sinistrados.

57. A sociedade BETA, Lda., conseguiu que o Tribunal de Trabalho lhe desse razão num processo movido por um trabalhador despedido em abril de 2016, e para cuja situação havia criado, nesse ano, uma provisão no valor de € 8 000. Em 2018, o técnico oficial de contas da empresa procedeu à reposição daquela provisão.
No apuramento do lucro tributável, do período de 2018, a sociedade deve:
    a. Acrescer € 8 000,00;
    b. Deduzir € 2 000,00;
    c. Deduzir € 8 000,00;
    d. Não fazer nenhuma correção.

58. A sociedade X Lda., tendo realizado um contrato de promessa de compra e venda de um imóvel, na qualidade de promitente vendedora, não efetuou a escritura definitiva com o promitente-comprador, em virtude de lhe ter aparecido outro potencial comprador que

MANUAL TEÓRICO-PRÁTICO DE IRC

lhe ofereceria condições mais vantajosas. Na sequência do incumprimento, a sociedade X Lda. pagou ao promitente-comprador uma indemnização avultada.

Esta indemnização:

a. Não é um custo fiscalmente aceite, visto que as indemnizações não são dedutíveis, apenas em casos excecionais;

b. Poderá ser aceite como gasto para efeitos fiscais, comprovando-se a respetiva indispensabilidade para a obtenção dos rendimentos.

c. É, em princípio, aceite como custo fiscal, na medida em que foi uma despesa suportada para garantir os rendimentos sujeitos a IRC superiores aos que seriam realizados se o negócio fosse concretizado com o originário promitente-comprador;

d. Apenas será gasto se se contiver dentro de critérios de razoabilidade.

59. O pagamento a um administrador das despesas relativas a um PPR, subscrito em nome desse administrador:

a. É uma realização de utilidade social, aceite como custo na percentagem de 15% ou 25% das despesas com o pessoal, consoante o administrador tenha ou não direito a pensões da segurança social e desde que observadas as condições legais;

b. Constitui um rendimento da categoria A do administrador, sendo, por conseguinte, um custo fiscalmente aceite em sede de IRC;

c. É um encargo que incide sobre terceiros e que a empresa não está legalmente autorizada a suportar, não sendo, pois, aceite fiscalmente;

d. É um rendimento do trabalhador que aproveita de benefícios fiscais, não sendo, portanto, dedutível em sede de IRC.

60. A Sociedade A adquiriu, por € 500.000, uma participação de 30% no capital social da Sociedade B, afetando a referida participação ao MEP. Em 31 de dezembro desse ano, o lucro contabilístico de B foi de € 50.000.

O valor do MEP é:

a. Considerado um ganho tributável em IRC.

b. Deduzido à coleta de IRC.

c. Deduzido ao lucro tributável.

d. Nenhuma das anteriores.

61. Em março de 2014, a sociedade Subempreitadas, Lda. celebrou um contrato com uma empresa para a construção de um centro comercial. O contrato prevê que os trabalhos fiquem concluídos em dezembro de 2015 e o preço de venda acordado foi de € 9.000.000. A empresa estima que os gastos sejam de € 8.200.000.

No fim de 2014, aquando do encerramento de contas, os custos incorridos ascendiam a € 4.000.000 e o montante faturado ao cliente foi de € 4.300.000.

Tendo em conta a informação financeira a 31 de dezembro de 2014, qual o valor dos réditos a considerar para efeitos de determinação do lucro tributável?

a. € 4.300.000

b. € 9.000.000

EXERCÍCIOS DE ESCOLHA MÚLTIPLA

c. € 4.299.300
d. € 4.390.244

62. Um empregado da sociedade industrial GAMA teve, em março de 2016, um acidente de trabalho, enquanto manuseava uma máquina. Não tendo a sociedade celebrado o seguro obrigatório que cobriria tal risco, em maio de 2018, foi obrigada pelo Tribunal compe-tente a pagar uma indemnização ao trabalhador no montante de € 48.000.
Este valor, para a referida sociedade:
a. É um gasto do período, que concorre para a formação do lucro tributável;
b. É uma variação patrimonial negativa, que não concorre para a formação do lucro tri-butável porque não está relacionada com a atividade do sujeito passivo;
c. É um gasto do período, não dedutível para efeitos do lucro tributável;
d. É gasto do período, dedutível para efeitos do lucro tributável e é tributado autonoma-mente.

63. A prática de depreciações fora das taxas mínima e máxima, previstas no Decreto-Regula-mentar n° 25/2009, origina:
a. Que a sociedade tenha quotas perdidas de depreciações uma percentagem da depre-ciação praticada que nunca pode ser aceite fiscalmente;
b. Por um lado, quotas perdidas de depreciação; por outro, depreciações em excesso, po-dendo, todavia, o gasto – exceto no que respeita às quotas perdidas – vir a ser recupe-rado fiscalmente no futuro;
c. A aplicação de penalidades;
d. Que a sociedade tenha custos idênticos do ponto de vista contabilístico e fiscal.

64. Qual o montante máximo de valor de aquisição de um equipamento que permite a sua depreciação num único ano?
a. 250;
b. 500;
c. 1.000;
d. 2.000.

65. Uma empresa adquire um edifício industrial por 200.000€, que será depreciado à taxa de 5%, sendo assim a depreciação contabilística de 10.000. Qual o valor da correção fiscal?
a. 2.500;
b. 1.000;
c. 5.000;
d. 0.

66. Uma empresa adquiriu, no exercício de 2012, um aparelho de ar condicionado por 10 000 euros, que reintegrou, pelo método da linha reta da seguinte forma:
– 2012 – 2500
– 2013 – 5000

MANUAL TEÓRICO-PRÁTICO DE IRC

- 2014 – 500
- 2015 – 2000

As consequências fiscais desta política de depreciações são:

a. No período de 2012, não são aceites como gasto € 1.250; no período de 2013, € 3.750; no período de 2014 tem uma quota perdida de € 125 e no período de 2015, não são dedutíveis € 750.

b. No período de 2012, não são aceites como gasto € 1.500; no período de 2013, € 4.000; no período de 2014 não há nada a acrescer e no período de 2015 não são aceites fiscalmente € 1.000;

c. A empresa não poderia ter praticado estas quotas de depreciação variáveis, uma vez que estava obrigada a usar o mesmo método – da linha reta- desde a entrada em funcionamento dos bens até à sua depreciação total.

d. No período de 2012, não são aceites € 500; no período de 2013, € 3.000, no período de 2014 teria uma quota perdida de € 500 e no período de 2015 não teria nada a acrescer.

67. A aplicação de depreciações abaixo da taxa mínima, previstas no Decreto-Regulamentar nº 25/2009, originam:

a. Depreciações em excesso, podendo, todavia, o custo – exceto no que respeita às quotas perdidas – vir a ser recuperado fiscalmente no futuro;

b. Que a sociedade tenha quotas perdidas de depreciação e uma percentagem da depreciação praticada que nunca pode ser aceite fiscalmente;

c. A aplicação de penalidades;

d. Que a sociedade tenha custos idênticos do ponto de vista contabilístico e fiscal.

68. A empresa XYZ, que se dedica a consultoria, realizou as seguintes depreciações em 2018 (nota: usar a tabela II do Decreto Regulamentar nº 25/2009, de 14 de setembro)

Equipamento	Ano aquisição	Valor aquisição	Valor residual	Depreciação em 2018
Automovel	2016	65.000	0	16.250
Edificio industrial	2014	1.000.000	100.000	50.000
Computadores	2017	50.000	0	16.665
Equipamento de formação profissional	2012	30.000	0	4.998
Avião particular	2016	500.000	50.000	100.000
Projetos de desenvolvimento realizados pela própria empresa	2018	20.000	0	20.000

O valor da correção fiscal de depreciações não aceites fiscalmente em 2010 é de:

a. 113.334€;

b. 106.250€;

256

EXERCÍCIOS DE ESCOLHA MÚLTIPLA

    c. 131.248€;
    d. 140.832€.

69. Na compra de um equipamento por um valor inferior a 1.000€, qual a opção possível?
    a. Na sua totalidade é obrigatoriamente gasto desse período;
    b. Na sua totalidade poderá ser considerado gasto desse período;
    c. Apenas é considerado gasto desse período 20% do valor de aquisição do bem;
    d. Nenhuma das respostas anteriores está correta.

70. Uma empresa desenvolve, mediante encomenda de terceiros, projetos de desenvolvimento na área da biotecnologia. Para efeitos de determinação do respetivo lucro tributável em IRC, as despesas de investigação e desenvolvimento:
    a. Podem sempre ser deduzidas no período em que são suportadas;
    b. Nunca podem ser deduzidas no período em que são suportadas;
    c. Podem ser deduzidas no período em que são suportadas, no respeito pelo princípio da periodização económica;
    d. São consideradas despesas de investimento, com natureza intangível, dedutíveis nos termos previstos no Decreto Regulamentar n° 25/2009, de 14 de setembro.

71. Uma sociedade adquiriu um prédio para escritórios por € 500.000,00, tendo pago de escritura, registos e IMT o valor de € 50.000. A depreciação máxima fiscalmente aceite é de:
    a. € 10.000;
    b. € 8.250;
    c. € 11.000;
    d. € 16.500.

72. Na depreciação de uma viatura ligeira de passageiros a gasolina, em que o valor de aquisição tenha sido de 60.000€, qual o valor aceite fiscalmente?
    a. 12.500;
    b. 7.500;
    c. 6.250;
    d. 10.000.

73. Um edifício de escritórios foi adquirido, no dia 1 de setembro de 2018, por € 800.000, tendo sido imediatamente afeto ao ativo não corrente. Nesse ano, foi depreciado, nos termos previstos no Decreto Regulamentar n° 25/2009, de 14 de setembro, à taxa máxima legalmente prevista.
Admitindo que a empresa optou pela depreciação por duodécimos, qual o montante da depreciação fiscalmente aceite?
    a. € 6.000.
    b. € 4.000.
    c. € 2.000.
    d. € 12.000.

MANUAL TEÓRICO-PRÁTICO DE IRC

74. As despesas com viaturas ligeiras de passageiros a gasolina, incorridas por uma sociedade residente em território português, cujo custo de aquisição foi de € 25 000, são:
   a. Dedutíveis em 50%;
   b. Dedutíveis, nas condições previstas no Código do IRC, e sujeitas a tributação autónoma;
   c. Dedutíveis em 25%;
   d. Dedutíveis na totalidade e não estão sujeitas a tributação autónoma.

75. Uma empresa fez, para 2018, as seguintes imparidades contabilísticas:

Entidade	Valor dívida	Data Mora	Provisões 2016	Provisões 2017	Provisões 2018	Provisão aceite fiscal 2018	Correção 2018
Empresa X	10.000	1-4-2017	0	2.500	7.500		
Empresa Y	5.000	1-3-2017	0	0	2.500		
Empresa Z	20.000	1-8-2018	0	0	5.000		
Ministério da Economia	10.000	1-4-2016	0	0	10.000		
Sócio com 5% capital	5.000	1-4-2016	0	0	5.000		

O valor da correção fiscal de imparidades não aceites fiscalmente em 2018 é de:
   a. 15.000 €;
   b. 21.250 €;
   c. 22.500 €;
   d. 20.000 €.

76. Na depreciação de um compressor (utilizando a tabela genérica), decidiu-se utilizar o método das quotas decrescentes. Sendo o valor de aquisição 100.000 € e o valor residual nulo, qual o valor da depreciação no último ano?
   a. 25.000 €
   b. 24.414,06€
   c. 14.648,44€
   d. 19.531,25€

77. Qual a depreciação acumulada (a 31-12-2018, incluindo o próprio ano de 2018), do seguinte ativo, usando o método da linha reta:
   – Vaq= 40.000;
   – VR=0, ano de aquisição: 2014
   – Taxa de depreciação de 10%,
   a. 16.000
   b. 40.000
   c. 24.000
   d. 20.000

EXERCÍCIOS DE ESCOLHA MÚLTIPLA

78. Uma sociedade tinha um crédito sobre um cliente que entrou em mora em 31.12.2017. Em 31.12.2018, a sociedade:
   a. Estava obrigada a constituir uma perda por imparidade dos créditos em mora na percentagem de 25% do montante do crédito, face ao tempo de mora decorrido, caso contrário teria essa quota perdida;
   b. Não estava obrigada, fiscalmente, a constituir a perda por imparidade, cabendo-lhe avaliar o risco de incobrabilidade do crédito e adequar o procedimento em conformidade;
   c. Não estava obrigada, fiscalmente, a constituir a perda por imparidade mas, caso a constituísse, só seria aceite na percentagem de 25%;
   d. Não estava obrigada à constituição de qualquer perda por imparidade; nesta matéria rege o princípio contabilístico da prudência e não o princípio da periodização económica.

79. Uma sociedade, sujeito passivo de IRC, detém um crédito sobre um cliente em mora há 4 meses, reclamado judicialmente. O valor desse crédito:
   a. Pode ser considerado gasto na totalidade, para efeitos fiscais, visto ter sido reclamado judicialmente;
   b. Não pode ser aceite como gasto;
   c. Só pode ser diretamente aceite como gasto fiscal quando a incobrabilidade resultar do processo judicial;
   d. Não pode ser considerado gasto, para efeitos fiscais, uma vez que a mora é inferior a 6 meses.

80. E se, tendo por base os dados referidos no enunciado anterior, o crédito não tivesse sido reclamado judicialmente?
   a. Pode ser considerado gasto na totalidade, para efeitos fiscais;
   b. Não pode ser aceite como gasto;
   c. Só pode ser diretamente aceite como gasto fiscal quando a incobrabilidade resultar do processo judicial;
   d. Não pode ser considerado gasto, para efeitos fiscais, uma vez que a mora é inferior a 6 meses.

81. Um cliente da empresa Y encontra-se em processo de insolvência. A 31 de dezembro do ano t, o saldo em dívida, com um atraso de 7 meses, era de € 25.000,00, encontrando-se a mesma a coberto de uma garantia bancária.
   O valor da perda por imparidade que deve ser reconhecida fiscalmente é de:
   a. € 6.250.
   b. € 0.
   c. € 12.500.
   d. € 25.000.

MANUAL TEÓRICO-PRÁTICO DE IRC

82. Uma sociedade considerou como gasto uma perda por imparidade, no valor de 25%, de uma dívida de uma sociedade em que detém 15% do capital, encontrando-se em mora há 10 meses. Do ponto de vista do IRC, tal perda:
   a. É aceite fiscalmente, visto que não há relações especiais
   b. É aceite fiscalmente, apesar das relações especiais, visto que já ultrapassou os 6 meses
   c. Não é aceite fiscalmente, dadas as relações especiais
   d. Nenhuma das anteriores

83. A sociedade Y, no final do período do ano t, registou uma perda por imparidade relativa à totalidade dos créditos que detinha sobre dois clientes, a sociedade Z, cujo capital é detido pela Y em 20%, e a Câmara Municipal, conforme a informação a seguir:

Cliente	Montante em dívida	Mora
Sociedade Z	€ 40.000	8 meses
Câmara Municipal	€ 100.000	25 meses

Em face desta informação, o montante da perda por imparidade aceite para efeitos fiscais, no final do período de t, nas contas da sociedade Y é de:
   a. € 140.000.
   b. € 40.000.
   c. € 100.000.
   d. € 0.

84. Relativamente à sociedade WIFI, que comercializa material informático, apresentam-se os seguintes dados referentes ao período 2014-2017:

ANO	VENDAS	CUSTOS C/GARANTIAS
2014	€ 600.000	€ 17.000
2015	€ 500.000	€ 15.000
2016	€ 520.000	€ 15.200
2017	€ 480.000	€ 14.800

Sabendo que, em 2017, a provisão para garantias de clientes foi de € 16.400, indique qual o valor da provisão fiscalmente aceite:
   a. € 14.000
   b. € 14.400
   c. € 9.667
   d. € 0

85. Uma sociedade detinha um crédito sobre uma Câmara Municipal há mais de 26 meses, tendo sido efetuadas diversas diligências para a sua cobrança. Para efeitos de IRC, a 31 de dezembro do ano t, tal crédito:
   a. Pode ser considerado uma perda por imparidade, aceite fiscalmente, em 2014, em 100%, uma vez que está em mora há mais de 24 meses;

EXERCÍCIOS DE ESCOLHA MÚLTIPLA

b. Pode ser considerado uma perda por imparidade, aceite fiscalmente, em 100%, quando for reclamado judicialmente;

c. Pode ser diretamente aceite como gasto do período, quando a incobrabilidade resultar de processo de execução;

d. Não pode nunca ser aceite como gasto, porque não é considerado de cobrança duvidosa.

86. A sociedade X Lda. alienou o crédito sobre um cliente, para o qual tinha considerado uma perda por imparidade nos termos do Código do IRC.

As consequências fiscais desta alienação são:

a. A sociedade alienante deve repor o gasto da imparidade pelo montante pelo qual alienou o crédito, o qual é relevado como um ganho contabilístico e fiscal; a sociedade adquirente não poderá considerar nenhuma perda por imparidade, uma vez que o mesmo não resulta da atividade normal desta empresa;

b. A sociedade alienante deve repor a perda por imparidade pelo montante pelo qual alienou o crédito, o qual é relevado como um ganho contabilístico e fiscal; a sociedade adquirente pode refletir o risco de incobrabilidade do crédito através da criação de uma perda por imparidade.

c. A sociedade alienante deve repor a perda por imparidade pelo montante pelo qual alienou o crédito, o qual é relevado como um ganho contabilístico e fiscal; a sociedade adquirente apenas poderá refletir fiscalmente o gasto resultante da incobrabilidade do crédito na medida em que tal resulte de um processo de falência.

d. A consideração, na sociedade alienante, de um ganho e, na sociedade adquirente, de um gasto.

87. Uma perda por imparidade registada, fora das condições previstas no nº 1 do artigo 31º-B do Código do IRC, num ativo fixo tangível, adquirido em 2012, que se encontrava a ser depreciado a 10 anos:

a. É sempre considerado um gasto fiscal no período em que for registada.

b. Pode ser considerada como um gasto fiscal no fim do período de vida útil.

c. Nunca pode ser aceite como gasto fiscalmente aceite.

d. Pode ser considerado como gasto, em partes iguais, durante o período de vida útil restante.

88. Uma sociedade, enquadrada no regime geral de IRC, pagou quotizações, de acordo com os seus estatutos para uma associação empresarial no valor de € 6.000,00, sendo o seu volume de negócios de € 3.200.000.

O valor dedutível para efeitos fiscais ascende a:

a. € 6.000.

b. € 9.000.

c. € 6.400.

d. € 9.600.

MANUAL TEÓRICO-PRÁTICO DE IRC

89. A Sociedade Y teve um volume de negócios de € 5.000.000. No mesmo ano, pagou de quotizações, em conformidade com os seus estatutos, o valor de € 7.500. O valor a considerar para efeitos da majoração é:
    a. € 2.500.
    b. € 7.500.
    c. € 15.000.
    d. € 22.500.

90. Uma empresa criou um centro de dia para apoio aos reformados, facultando-lhes diversas atividades para ocupação dos tempos livres, e despendeu, com o seu funcionamento, o montante de €10 000. Sabendo que obteve o reconhecimento relativamente ao carácter de utilidade social associado ao centro, estes encargos são:
    a. Gastos não aceites fiscalmente, para efeitos de IRC, por não estarem relacionados com a atividade exercida pela empresa.
    b. Gastos fiscalmente aceites.
    c. Gastos fiscalmente aceites, devendo ser refletida no RLP (Resultado Líquido do Período) uma majoração de 40%, deduzindo-se ao mesmo a quantia de € 4 000.
    d. Não dedutíveis para efeitos fiscais, por constituírem despesas não documentadas.

91. E se a empresa tivesse criado uma creche, lactário ou jardim-de-infância?
    a. Gastos não aceites fiscalmente, para efeitos de IRC, por não estarem relacionados com a atividade exercida pela empresa.
    b. Gastos fiscalmente aceites.
    c. Gastos fiscalmente aceites, devendo ser refletida no RLP (Resultado Líquido do Período) uma majoração de 40%, deduzindo-se ao mesmo a quantia de € 4 000.
    d. Não dedutíveis para efeitos fiscais, por constituírem despesas não documentadas.

92. Se uma empresa, no regime normal de IRC, fizer um donativo para fins sociais, no montante de 1.000€, a uma entidade pública, quanto pode considerar como gasto fiscal?
    a. 1.000€
    b. 1.200€
    c. 1.300€
    d. 1.400€

93. E se o donativo de 1.000€ fosse atribuído a uma associação de solidariedade social, isenta pelo artigo 10° do Código do IRC, e que goza do estatuto de utilidade pública?
    a. 1.000€
    b. 1.200€
    c. 1.300€
    d. 1.400€

94. Das seguintes situações, assinale a que releva para efeitos de apuramento do lucro tributável:

EXERCÍCIOS DE ESCOLHA MÚLTIPLA

   a. Indemnização paga a terceiro, em consequência de um acidente provocado por uma viatura da empresa;

   b. Reserva de reavaliação não apoiada em diploma legal;

   c. Despesas de investigação;

   d. Imposto de selo suportado com o saque de letras sobre um administrador.

95. As ajudas de custo pagas a um trabalhador, pela deslocação às instalações de um cliente da empresa, dentro dos limites legais previstos para os trabalhadores do Estado:

   a. São gasto fiscal na esfera da sociedade devedora e não são tributadas em sede de IRS;

   b. São aceites como gasto em sede de IRC e, ainda assim, desde que a empresa justifique as despesas efetuadas; caso contrário não são dedutíveis na totalidade; ainda que em sede de IRS constituam rendimento da categoria A;

   c. Sendo um rendimento tributável em sede de IRS na esfera do trabalhador, são dedutíveis, na íntegra, em sede de IRC;

   d. Só são dedutíveis fiscalmente se forem faturadas a clientes.

96. Em sede de IRC, os juros compensatórios, mesmo quando contabilizados como gastos ou perdas do período:

   a. São dedutíveis para efeito de determinação do lucro tributável, por se tratar de encargos fiscais;

   b. São dedutíveis à coleta para efeitos do apuramento do imposto devido a final;

   c. São dedutíveis para efeito de determinação do lucro tributável, porque, como juros de capitais alheios, são encargos de natureza financeira;

   d. Não são dedutíveis para efeitos de determinação do lucro tributável.

97. Qual dos seguintes gastos não é aceite para efeitos da determinação do lucro tributável em sede IRC?

   a. Perdas por imparidade em inventários.

   b. Uma indemnização paga a um cliente pelo atraso na entrega de mercadorias.

   c. Contribuição sobre o setor bancário.

   d. Juros de um financiamento bancário para a compra de equipamento informático.

98. Qual dos seguintes gastos é aceite em sede de IRC?

   a. Imposto de selo suportado pelo sacador de uma letra da empresa

   b. IVA liquidado adicionalmente pela inspeção tributária

   c. Importâncias em documentos emitidos por empresas cessadas

   d. Donativos atribuídos a uma Junta de Freguesia

99. Qual dos seguintes gastos é aceite para efeitos fiscais?

   a. Multa por excesso de velocidade de uma viatura afeta ao ativo da empresa.

   b. Juros de mora por atraso no pagamento de uma fatura a um fornecedor.

   c. Tributação autónoma em IRC relativo à depreciação de uma viatura.

   d. Pagamento a uma empresa com cessação de atividade declarada oficiosamente.

MANUAL TEÓRICO-PRÁTICO DE IRC

100. Uma empresa tem os seguintes saldos contabilísticos:

Conta	Saldo devedor	Saldo credor
Insuficiência de estimativa de impostos	2.300	
Restituição de impostos não dedutíveis		400
IRC	1.800	
Juros de mora pagos a fornecedores	50	
Juros compensatórios	200	
Multas	100	
Faturas não aceites fiscalmente	900	
Redução de imparidades não tributadas		300

Qual o valor da correção fiscal a ser feita, para efeitos de IRC?
a. 4.900 a acrescer e 300 a deduzir
b. 4.950 a acrescer
c. 5.300 a acrescer e 400 a deduzir
d. 5.350 a acrescer e 700 a deduzir

101. Uma empresa adquiriu, em 2016, uma máquina industrial pelo valor de € 300.000,00. Em 2018, por necessidades de tesouraria, alienou a referida máquina a uma sociedade de locação financeira por € 400.000,00 e, em simultâneo, efetuou um contrato de locação financeira com a referida sociedade pelo mesmo valor da alienação, acordando uma renda mensal de € 2.000,00. Sabendo que a taxa de depreciação anual legalmente determinada (Decreto Regulamentar nº 25/2009, de 14 de setembro) é de 10%, a qual vem sendo praticada pela empresa, o valor da mais-valia fiscal sujeita a tributação em IRC resultante desta alienação é de:
a. € 100.000,00;
b. € 152.800.00;
c. € 183.700,00;
d. € 0,00.

102. A sociedade Mais Valia, Lda. adquiriu, em 2015, um equipamento, que reconheceu como ativo fixo tangível. O custo desse ativo ascendeu a € 50.000, tendo sido mensurado pelo modelo do custo e depreciado à taxa de 25%. No final de 2017, foi registada uma perda por imparidade no montante de € 2.000.
Sabendo que alienou o ativo em 2018 por € 16.000 e assumindo que o coeficiente de correção monetária é de 1,1, qual será o valor da mais-valia fiscal tributável em IRC?
a. € 3.500
b. € 5.500
c. € 2.250
d. € 9.450

103. Um sujeito passivo de IRC alienou, no ano t, um imóvel mensurado ao custo e pertencente ao seu ativo fixo tangível, tendo obtido uma mais-valia, que considerou em apenas

EXERCÍCIOS DE ESCOLHA MÚLTIPLA

50% para efeitos da determinação do lucro tributável do respetivo período. Para tanto, manifestou a intenção de proceder ao reinvestimento do respetivo valor de realização, circunstância que não concretizou até 31 de dezembro de do ano t+2.

Nestas condições:

a. Devia ter considerado como ganho do período de t+2 a diferença não incluída no lucro tributável do ano t, majorada em 15 %.

b. Devia ter considerado como ganho do período do ano t a totalidade da mais-valia apurada.

c. Devia ter corrigido a autoliquidação, apresentando uma declaração de substituição modelo 22 nos seis meses posteriores ao termo do prazo legal.

d. Poderá reclamar da autoliquidação efetuada no prazo de dois anos a contar de 01.01. t+3.

104. Uma empresa apurou uma mais-valia na venda de um equipamento pertencente ao ativo fixo tangível no valor de 10.000€. Considerando que a empresa declarou a intenção de reinvestir, qual o valor a considerar referente às mais-valias fiscais, no quadro 7, da modelo 22?

a. 0

b. 10.000

c. 5.000

d. 2.500

105. O saldo positivo entre as mais- valias e menos-valias fiscais decorrentes da transmissão onerosa de elementos do ativo fixo tangível:

a. Concorre sempre na totalidade para o apuramento do lucro tributável;

b. Concorre para o apuramento do lucro tributável, em apenas 50% do seu montante, quando se verifique o reinvestimento, na totalidade, do valor de realização e as restantes condições previstas na lei fiscal;

c. Não concorre para o apuramento do lucro tributável quando se verifique o reinvestimento do valor de realização, no próprio período;

d. Não concorre para o apuramento do lucro tributável.

106. Em janeiro de 2015, a sociedade M adquiriu 50% do capital da sociedade N, pelo montante de € 1.000.000. Os resultados líquidos dos períodos de 2015 e 2016 foram, respetivamente, de € 200.000 e € 300.000. Em assembleia geral realizada em março de 2017, os sócios deliberaram distribuir lucros no valor de € 400.000.

Em janeiro de 2018, M decide aceitar uma proposta e vendeu a participação que detinha em N pelo valor de € 300.000.

Qual o valor a considerar para efeitos de determinação do lucro tributável de M no ano de 2018, admitindo um coeficiente de desvalorização de 1?

a. Menos valia fiscal de € 700.000

b. Menos valia fiscal de € 300.000

c. Menos valia fiscal de € 950.000

d. A menos-valia não é aceite.

MANUAL TEÓRICO-PRÁTICO DE IRC

107. Existindo mapa que as comprove, as despesas com ajudas de custo não tributadas em IRS e não faturadas a clientes:
a. São aceites como gasto e não estão sujeitas a tributação autónoma;
b. São aceites como gasto mas estão sujeitas a tributação autónoma;
c. Não são aceites como gasto e estão sujeitas a tributação autónoma se a empresa apresentou prejuízo fiscal no período em que suportou tais despesas;
d. Não são aceites como gasto e estão sujeitas a tributação autónoma independentemente do resultado que a empresa obteve no ano em que suportou o encargo.

108. Numa determinada empresa um gasto com a reparação de uma máquina está comprovado através de documento interno. O respetivo gerente declarou, à inspeção tributária, que o documento externo comprovativo da reparação se extraviou, que não se recorda da identidade do prestador do serviço, mas que a verba em questão não havia sido paga e que o respetivo débito (mas não o gasto) havia sido anulado. Perante tais dados:
a. O gasto não é dedutível em IRC mas está sujeito a tributação autónoma.
b. O gasto não é dedutível em IRC, nos termos do artigo 23º-A do Código do IRC, não estando sujeito a tributação autónoma.
c. O gasto não é dedutível em IRC, nos termos do artigo 23º-A do Código do IRC, e está sujeito a tributação autónoma.
d. O custo é dedutível em IRC e está sujeito a tributação autónoma.

109. Em maio de 2016, a sociedade A, Lda. adquiriu a um dos seus sócios uma participação de 50% na sociedade B, Lda. Em dezembro de 2018, a sociedade A alienou a referida participação, tendo apurado uma menos-valia fiscal de € 50.000,00. A menos-valia apurada:
a. Não concorre para a determinação do lucro tributável;
b. Concorre para a determinação do lucro tributável em metade do seu valor;
c. Concorre para a determinação do lucro tributável na sua totalidade;
d. Nenhuma das anteriores.

110. Durante o ano de 2018, a Sociedade K vendeu duas máquinas que integram o seu ativo fixo tangível. Uma delas foi vendida por € 5.000,00, com uma mais-valia fiscal de € 2.000,00 e a outra foi vendida por € 3.000,00, apurando uma menos valia fiscal de € 1.000,00.
Admitindo que reinvestiu o valor de realização da totalidade dos ativos, qual o valor da mais-valia fiscal?
a. € 2.000,00.
b. € 1.000,00.
c. € 500,00.
d. € 3.000,00.

111. Uma empresa alienou por € 25.000,00 um bem afeto ao seu ativo não corrente, tendo gerado uma mais-valia fiscal de € 5.000,00. Embora tenha declarado a intenção de reinvestir o valor de realização na sua totalidade, a empresa apenas adquiriu um bem, que afetou ao seu ativo, no valor de € 10.000,00.

EXERCÍCIOS DE ESCOLHA MÚLTIPLA

Qual o valor da mais-valia fiscal sujeita a tributação, no final do segundo período de tributação, a seguir à venda?
a. € 6.500.
b. € 5.000,00.
c. € 2.500,00.
d. € 1.725,00.

112. Em 2014, a sociedade P, com sede em Aveiro recebeu da sociedade R, sociedade onde detém uma participação de 23% desde 2008, com sede em Coimbra, lucros no montante de € 100.000.
Os lucros que R pagou a P:
a. São sujeitos e não isentos;
b. São não sujeitos;
c. São sujeitos mas isentos;
d. Apenas contam em 50% do seu valor.

113. Em 2018, a Sociedade Alfa, com sede em Faro, recebeu lucros da Sociedade Gama, com sede em Sevilha, no valor de € 127.500. Aquela participação de 3% foi adquirida em maio de 2017, sendo expectável que o investimento seja para manter.
Qual o valor que deverá ser considerado para efeitos da determinação do lucro tributável, sabendo que os lucros sofreram uma retenção na fonte de 15% (taxa da Convenção)?
a. € 150.000
b. € 0
c. € 127.500
d. € 75.000

114. A sociedade TDA, no período de 2014, reconheceu na sua contabilidade, a título de gastos de financiamento líquidos, o montante de € 1.650.000.
Sabendo que o EBITDA já corrigido, nos termos do nº 13 do artigo 67º, é de € 3.500.000, qual o valor dos gastos de financiamento líquidos que devem ser considerados para efeitos do apuramento do lucro tributável.
a. € 1.050.000
b. € 1.000.000
c. € 1.650.000
d. € 2.100.000

115. Em 2018, os resultados apurados pelo grupo de empresas abrangido pelo regime de tributação dos grupos de sociedades, foram os seguintes:
- A sociedade dominante A apresentou um lucro tributável de € 300.000
- As sociedades dominadas B e C, apresentaram um prejuízo fiscal de € 150.000 e 100.000, respetivamente.
O grupo tem prejuízos fiscais dedutíveis de € 100.000.
Determine o lucro tributável e a matéria coletável do grupo.

MANUAL TEÓRICO-PRÁTICO DE IRC

    a. Lucro tributável: € 50.000; Matéria coletável: € 0
    b. Lucro tributável: € 50.000; Matéria Coletável: € 50.000
    c. Lucro tributável: € 50.000; Matéria Coletável: € 15.000
    d. Nenhuma das anteriores

116. No âmbito do RETGS, existe um grupo de sociedades quando:
    a. A sociedade dominante detém, diretamente, 75% do capital de outra sociedade;
    b. A sociedade dominante detém, direta ou indiretamente, 75% do capital social de outra sociedade, desde que tal participação lhe confira mais de 50% dos direitos de voto;
    c. A sociedade dominante detém, direta ou indiretamente, 75% do capital ou dos direitos de voto;
    d. A sociedade dominante detém, diretamente, 75% do capital de outra sociedade desde que tal participação lhe confira mais de 50% dos direitos de voto.

117. Qual destas sociedades não pode fazer parte de um grupo tributado no âmbito do RETGS?
    a. Uma sociedade com prejuízos fiscais no período anterior à sua entrada no grupo;
    b. Uma sociedade constituída no próprio ano em que aderiu ao RETGS;
    c. Uma sociedade cujo capital é detido diretamente em 80% pela sociedade dominante do grupo;
    d. Uma sociedade inativa há três anos.

Apuramento do imposto

118. Qual das seguintes afirmações é verdadeira, no âmbito do regime simplificado de tributação?
    a. As entidades obrigadas à revisão oficial de contas podem optar pelo regime;
    b. As entidades abrangidas pelo regime simplificado não estão obrigadas a efetuar o PEC;
    c. Uma entidade que tenha renunciado ao regime simplificado há menos de 3 anos pode voltar a optar pelo regime simplificado;
    d. Uma entidade abrangida pelo regime simplificado pode deduzir prejuízos fiscais de anos anteriores desde que a matéria coletável não fique inferior 60% do valor anula do rendimento mínimo mensal garantido.

119. Qual a taxa aplicável ao lucro tributável de uma sociedade enquadrada no regime simplificado de IRC?
    a. 20%;
    b. 25%;
    c. 28%;
    d. A mesma do regime geral.

EXERCÍCIOS DE ESCOLHA MÚLTIPLA

120. Uma empresa que, no início de atividade, opte pelo regime simplificado, durante quanto tempo tem de permanecer no mesmo, assumindo que não ultrapassa os limites estabelecidos?
    a. 3 anos;
    b. 5 anos;
    c. 1 ano;
    d. 2 anos.

121. A sociedade C, constituída em janeiro de 2018 e que se dedica à venda a retalho de eletrodomésticos, aderiu ao regime simplificado de tributação, com base numa estimativa de volume de vendas de € 170.000.
    A 31 de dezembro o volume de vendas foi de € 138.000, tendo sido apurado um lucro contabilístico no valor de € 18.000.
    Qual o valor da matéria coletável em 2018?
    a. € 18.000;
    b. € 6.800;
    c. € 5.520;
    d. € 2.760.

122. A empresa Simplifica optou pelo regime simplificado de tributação em fevereiro de 2018. Sabe-se que esta sociedade já havia aderido ao regime simplificado, no período de tributação de 2016, tendo renunciado, no entanto, ao mesmo em janeiro de 2017, por considerar que não era vantajoso.
    Relativamente a esta empresa, sabe-se o seguinte:
    – Volume de vendas......................... € 185.000
    – Mais valia contabilística .... € 4.000
    Qual o valor da matéria coletável relativamente a 2018?
    a. € 7.560;
    b. € 11.400;
    c. € 11.200.;d. Nenhuma das anteriores.

123. O reporte de prejuízos para grandes empresas, relativo a prejuízos de 2018, pode ser feito:
    a. 12 anos;
    b. 5 anos;
    c. 6 anos;
    d. 4 anos.

124. Na utilização do reporte de prejuízos fiscais, em caso de aplicação de métodos indiretos:
    a. Não há lugar ao reporte, exceto se o Ministro das Finanças autorizar;
    b. Há sempre lugar ao reporte;
    c. Nunca há lugar ao reporte;
    d. Nenhuma das anteriores.

MANUAL TEÓRICO-PRÁTICO DE IRC

125. Qual o valor do reporte de prejuízos a utilizar em 2015, se uma determinada empresa tiver prejuízos de 2008 (€ 10.000), de 2011 (€ 20.000) e de 2014 (€ 30.000):
    a. 30.000;
    b. 40.000;
    c. 50.000;
    d. 60.000.

126. A empresa A que se dedica ao comércio a retalho de material informático, aderiu, em janeiro de 2015, ao regime simplificado de tributação. No ano de 2017, o seu volume de negócios foi de € 180.000.
    Sabendo que a sociedade tem prejuízos fiscais a deduzir de anos anteriores, no valor de € 19.500, e que, no ano de 2018, o seu volume de negócios foi de € 195.000, qual o valor da matéria coletável em 2018?
    a. € 7.800;
    b. € 0;
    c. € 4.242;
    d. € 19.500.

127. Qual o valor da coleta a pagar em 2018 por uma empresa, não enquadrada no regime das PME´s (sem redução de taxa), se tiver um lucro tributável de 40 milhões?
    a. 11,20 M€;
    b. 10,405 M€;
    c. 10 M€;
    d. 12,40 M€.

128. Caso a mesma empresa tivesse um lucro tributável de 10 milhões, qual seria o valor da coleta?
    a. 2,41 M€;
    b. 2,6 M€;
    c. 2 M€;
    d. 2,1 M€.

129. Uma sociedade apurou um resultado líquido contabilístico, no período de 2018, de € 2.000,00. Sabendo que pode usufruir de um benefício fiscal de € 400,00, que opera por dedução ao lucro tributável, e que tem prejuízos fiscais dedutíveis de € 1.700,00, a matéria coletável e o prejuízo fiscal a reportar para anos seguintes são de:
    a. Matéria coletável: 0; Prejuízo a reportar: 100,00;
    b. Matéria coletável: 480; Prejuízo a reportar: 580;
    c. Matéria coletável: (100,00); Prejuízo a reportar: 0;
    d. Matéria coletável: 1.600,00; Prejuízo a reportar: 100,00.

130. Uma sociedade apurou um resultado líquido de € 2.000,00. Sabendo que pode usufruir de um benefício fiscal de € 400,00, que opera por dedução à coleta, e que tem prejuízos

EXERCÍCIOS DE ESCOLHA MÚLTIPLA

fiscais dedutíveis de € 1.700,00, a matéria coletável e o prejuízo fiscal para anos seguintes a reportar são de:

a. Matéria coletável: 0; Prejuízo a reportar: 100,00;
b. Matéria coletável: 0; Prejuízo a reportar: 0;
c. Matéria coletável: 200,00; Prejuízo a reportar: 0;
d. Matéria coletável: 1.600,00; Prejuízo a reportar: 100,00.

131. A sociedade Gama fazia parte de grupo de sociedades tributado de acordo com as regras do regime especial de tributação dos grupos de sociedades (RETGS), desde 2007. No ano de 2014, deixou de pertencer ao grupo. Os prejuízos fiscais por si apurados na vigência do RETGS:

a. Podem ser deduzidos até 75% do seu lucro tributável, nos termos e condições do artigo 52º;
b. Não pode efetuar qualquer dedução porque o prejuízo gerado no grupo apenas poderá ser deduzido no grupo;
c. Deduzir até 100% do lucro tributável;
d. Nenhuma das anteriores.

132. A sociedade Delta apresentou, nos períodos compreendidos entre 2009 e 2014, os seguintes resultados fiscais:

Período de tributação	Prejuízo fiscal	Lucro tributável
2009	€ 500.000	
2010		€ 200.000
2011	€ 150.000	
2012	€ 20.000	
2013		€ 80.000
2014		€ 20.000

No preenchimento da Declaração Modelo 22, referente ao período de 2014, a dedução ao lucro tributável, dos prejuízos fiscais acumulados, deverá ser no máximo de:

a. € 0.
b. € 14.000.
c. € 20.000.
d. € 90.000.

133. Uma sociedade, enquadrada no regime de transparência fiscal, com 10 mil € de lucro tributável e despesas de representação de 400 €, quanto irá pagar de IRC?

a. € 0
b. € 40
c. € 20
d. € 100

MANUAL TEÓRICO-PRÁTICO DE IRC

134. Caso a sociedade, referida na questão anterior, tivesse tido prejuízo fiscal e despesas de representação no montante de 400 €, qual seria o valor de IRC a pagar?
    a. € 0
    b. € 40
    c. € 20
    d. € 80

135. A sociedade Z, no ano de 2017, apurou um volume de negócios de € 10.000.000, tendo efetuado pagamentos por conta no montante total de € 10.000,00. No ano de 2018, deve efetuar pagamento especial por conta no montante de:
    a. € 10.000.
    b. € 10.800.
    c. € 20.800.
    d. € 10.680.

136. Estão dispensados de realizar o Pagamento Especial por conta:
    a. Os sujeitos passivos que exerçam a atividade de revendedores de combustível;
    b. Os sujeitos passivos que tiverem cessado a atividade para efeitos de IVA;
    c. As empresas do sector financeiro;
    d. Nenhuma das entidades referidas anteriormente está dispensada do pagamento do PEC.

137. Estão dispensados de realizar o Pagamento Especial por conta:
    a. As entidades enquadradas no regime geral de IRC;
    b. Os sujeitos passivos que exerçam a atividade de vendedores de charutos;
    c. Empresas no regime simplificado;
    d. Nenhuma das entidades referidas anteriormente está dispensada do pagamento do PEC.

138. Uma microempresa apurou, em 2018, um prejuízo fiscal de € 10.000. Sabendo que possui, no ativo, um veículo elétrico, adquirido, em 2016, por € 34.000, e que considerou como gasto do período o valor € 8.750, a título de depreciação, diga qual o valor da tributação autónoma naquele ano:
    a. 27,5%;
    b. 37,5%;
    c. Não está sujeito a tributação autónoma;
    d. 10%.

139. Uma empresa que aderiu, em janeiro de 2017, ao regime simplificado de tributação, adquiriu, no ano de 2018, uma viatura ligeira de passageiros a gasolina, por € 28.000. Qual a taxa da tributação autónoma aplicável?
    a. As entidades abrangidas pelo regime simplificado de tributação não estão sujeitas a tributação autónoma;
    b. 27,5%;

EXERCÍCIOS DE ESCOLHA MÚLTIPLA

c. 10%;

d. 35%.

140. Uma empresa com um período de tributação que se inicia em março (diferente do ano civil), deve proceder ao Pagamento Especial por Conta em:
a) Março e outubro do ano t;
b) Maio e dezembro do ano t;
c) Junho do ano t e janeiro do ano t+1;
d) Não esta obrigada a realizar o pagamento especial por conta.

141. No exemplo anterior, a empresa deve realizar o pagamento por conta em:
a) Agosto e outubro do ano t e 15 de fevereiro do ano t+1;
b) Julho, setembro e 15 de dezembro do ano t;
c) Setembro e novembro do ano t e 15 de fevereiro do ano t+1;
d) Não esta obrigada a realizar o pagamento por conta.

142. Uma empresa que, em 2017, tenha tido um volume de negócios de 700 mil € e uma coleta de 30 mil €, qual o valor dos pagamentos por conta que terá de fazer em 2018?
a. 24.000;
b. 27.000;
c. 22.500;
d. 28.500.

143. Caso o volume de negócios tivesse sido de 300 mil €, para a mesma coleta de 30 mil, qual o valor dos pagamentos por conta?
a) 24.000;
b) 27.000;
c) 22.500;
d) 28.500.

144. Para efeito do cálculo do PEC de 2018, tem-se a seguinte informação:
 − Volume negócios de 2017: 800.000 €; Coleta de 2017: 30.000
 − Volume negócios de 2016: 400.000 €; Coleta de 2016: 1.000
Qual o valor do PEC?
a. 1.000
b. 800
c. 1.480
d. 1.450

145. Uma empresa tem € 1.000 de prejuízos e efetuou despesas confidenciais de € 100. Supondo que não existe nenhuma correção fiscal a fazer, qual será o IRC a pagar por esta sociedade:
a. € 10
b. € 50

MANUAL TEÓRICO-PRÁTICO DE IRC

    c. € 0

    d. € 60

146. Uma associação cultural apurou, em 2018, uma matéria coletável de 1 000 euros. A esta Associação não se aplica a isenção prevista no nº 1 do artigo 10º do Código do IRC por não se verificarem os requisitos previstos no nº 2 do mesmo artigo. Sabendo que obteve rendimentos de capitais sobre os quais foi retido na fonte IRC no montante de 180 euros, o IRC a pagar é:

    a. Recupera 10 €

    b. Não tem IRC a pagar

    c. Paga 30€

    d. Paga 50€

147. Sabendo que a Associação Cultural referida na questão anterior, efetuou ainda despesas não documentadas no montante de 500 euros, o IRC a pagar é:

    a. 30 €

    b. 380€

    c. 280€

    d. 350€

148. Uma Sociedade de Profissionais apurou um prejuízo fiscal de 30 000 euros. Contabilizou despesas não documentadas no montante de 10 000 euros.

    O IRC a pagar pela Sociedade é:

    a) 5.000 €

    b) 0 €

    c) 1.000 €

    d) 6.000€

149. A sociedade Y com sede em Lisboa, no ano de 2018 obteve um volume de negócios de € 5.000.000, assim repartido:

    − Lisboa: € 3.000.000 (60%);

    − Funchal: € 1.500.000 (30%);

    − Ponta Delgada: € 500.000 (10%).

    Sabe-se ainda que empregou 145 pessoas e que o total do balanço ascendeu a € 56.000.000. Qual o valor da coleta, sabendo que a matéria coletável de Y foi de € 500.000 e que a derrama municipal é 0?

    a) € 102.900

    b) € 105.000

    c) € 101.200

    d) € 104.400

150. Uma sociedade com sede em Faro, em 2018, obteve um volume de negócios de € 12.000.000 repartido da seguinte forma:

    − Faro: € 9.000.000 (75%);

EXERCÍCIOS DE ESCOLHA MÚLTIPLA

– Horta: € 3.000.000 (25%)

Sabe-se ainda que o total do balanço foi de € 38.000.000 e que empregou 121 pessoas. Indique qual o valor da coleta, sabendo que a matéria coletável foi de € 150.000.

a. € 31.500
b. € 29.355
c. € 29.925
d. € 28.845

151. Numa empresa com um lucro tributável de 10.000€, qual o valor da derrama municipal se: município A (massa salarial de 100 mil e taxa de derrama de 1%) e município B (massa salarial de 50 mil e taxa de derrama de 0,5%)

a. 80 €
b. 100€
c. 91€
d. 83,3 €

152. A sociedade X foi constituída em 2005, com o capital social de € 500.000, realizado em partes iguais pelas sociedades Y e Z. Em 2015, os mesmos sócios decidiram dissolver e liquidar a sociedade X, o que veio a acontecer ainda no decurso desse ano, tendo sido atribuídos a cada um, como resultado da partilha, o valor de € 300.000. Qual o valor a considerar para efeitos da determinação do lucro tributável da sociedade Y (admita um coeficiente de 1,16)?

a. O valor da mais-valia não concorre para a determinação do lucro tributável, ao abrigo do regime da *participation exemption;*
b. € 300.000;
c. € 10.000;
d. € 50.000.

153. A sociedade XYZ adquiriu, em 2010, a totalidade do capital da sociedade ABC, pelo valor de € 1.500.000. Em 2014, a ABC distribuiu lucros ao seu sócio no valor de € 800.000. Em 2015, XYZ decide dissolver e liquidar a sociedade ABC, o que aconteceu ainda nesse ano tendo auferido, como resultado da partilha, o valor de € 400.000.

Qual o valor que XYZ deve considerar para efeitos da determinação do seu lucro tributável, admitindo um coeficiente de 1.07?

a. Uma menos-valia fiscal dedutível de € 405.000
b. Uma menos-valia fiscal dedutível de € 1.100.000
c. Uma menos-valia fiscal dedutível de € 1.205.000
d. As menos-valias fiscais resultantes da partilha não concorrem para a formação do lucro tributável

154. Para efeitos de IRC, quando o período de tributação seja coincidente com o ano civil, a Modelo 22 deve ser enviada:

a. Em suporte de papel até o último dia útil do mês de maio;

MANUAL TEÓRICO-PRÁTICO DE IRC

   b. Por transmissão eletrónica de dados, até o último dia do mês de maio, independentemente de esse dia ser útil ou não;

   c. Por transmissão eletrónica de dados, até ao final do mês de junho;

   d. Por transmissão eletrónica de dados, até ao final do mês de julho.

155. Caso o seu período de tributação termine em março, deve entregar a Modelo 22 em:

   a. Maio

   b. Julho

   c. Agosto

   d. Setembro

156. Caso se trate de um não residente sem estabelecimento estável, que tenha auferido rendimento prediais, deve entregar a Modelo até ao último dia do mês de:

   a. Maio

   b. Agosto

   c. Julho

   d. não tem de entregar.

157. Para efeitos de IRC, quando o período de tributação seja coincidente com o ano civil, a IES deve ser enviada:

   a. Por transmissão eletrónica de dados, até ao final do mês de julho;

   b. Por transmissão eletrónica de dados, até o último dia útil do mês de maio;

   c. Por transmissão eletrónica de dados, até 15 de julho, independentemente de esse dia ser útil ou não;

   d. Por transmissão eletrónica de dados, até ao final do mês de junho.

158. Caso o seu período de tributação termine em março, deve entregar a IES até:

   a. 15 de julho

   b. 15 de agosto

   c. 15 de setembro

   d. 15 de outubro

159. Uma empresa decide não proceder à entrega da declaração Modelo 22. Ao constatar a falta a Administração Tributária:

   a. Deve convidar de imediato o contribuinte para a apresentar;

   b. Deve proceder à liquidação com base em margens médias de lucro do sector onde a empresa se insere;

   c. Deve proceder à liquidação com base nos elementos de que a administração tributária e aduaneira disponha, de acordo com as regras do regime simplificado, com aplicação do coeficiente de 0,75; na totalidade da matéria coletável do período de tributação mais próximo que se encontre determinada; ou no valor anual da retribuição mínima mensal, consoante o valor que for superior;

   d. Deve aguardar a entrega da declaração pelo contribuinte.

EXERCÍCIOS DE ESCOLHA MÚLTIPLA

160. No âmbito do IRC, não são permitidos atrasos na execução da contabilidade superiores a:
   a. 15 dias, contados do último dia do mês a que as operações respeitam;
   b. 30 dias, contados do último dia do mês a que as operações respeitam;
   c. 60 dias, contados do último dia do mês a que as operações respeitam;
   d. 90 dias, contados do último dia do mês a que as operações respeitam.

161. Um sócio não residente de uma sociedade abrangida pelo regime de transparência fiscal para efeitos do cumprimento das suas obrigações fiscais:
   a. É sempre representado pela sociedade transparente;
   b. Nunca pode ser representado pela sociedade transparente;
   c. Tem de ser representado obrigatoriamente por uma pessoa coletiva, por ele designada;
   d. Tem de ser representado por uma pessoa coletiva ou singular, por ele designada, sendo facultativa, em relação às entidades residentes, para efeitos fiscais, noutro Estado-membro da EU ou do EEE em que haja cooperação administrativa na área da fiscalidade.

162. Uma empresa registada na conservatória a 5 de novembro, deve entregar a declaração de início de atividade até:
   a. À data em que efetuou o registo;
   b. 15 dias a partir da data da apresentação a registo;
   c. 30 dias a partir da data da apresentação a registo;
   d. A declaração de início de atividade é apresentada quando a empresa quiser.

163. Para efeitos de IRC, a cessação da atividade ocorre, relativamente a empresas com sede ou direção efetiva em Portugal:
   a. Na data do encerramento da liquidação;
   b. Na data de dissolução da sociedade;
   c. Na data do último proveito;
   d. Na data da cessação para efeitos de IVA.

Dupla tributação internacional

164. Uma empresa distribui dividendos aos seus sócios, estes ficarão sujeitos a:
   a. Dupla tributação internacional;
   b. Dupla tributação económica;
   c. Ambos;
   d. Nenhuma das anteriores alíneas está correta.

165. Uma empresa angolana, com uma filial em Portugal, ao pagar imposto sobre os lucros em Portugal e também em Angola, esta sujeita a:
   a. Dupla tributação internacional;
   b. Dupla tributação económica;
   c. Dupla tributação jurídica internacional;
   d. Dupla tributação económica internacional.

MANUAL TEÓRICO-PRÁTICO DE IRC

Soluções das questões de escolha múltipla

Nº PERGUNTA	RESPOSTA	JUSTIFICAÇÃO
1	B	Artigo 3º, nº 2 do Código do IRC: o lucro consiste na diferença entre os valores do património líquido no fim e no início do período de tributação, com as correções estabelecidas neste Código.
2	C	Artigo 4º, nº 2 do Código do IRC
3	B	Artigo 5º, nº 3 do Código do IRC
4	D	Artigo 5º, nº 6 do Código do IRC
5	C	Artigo 5º, nº 1 e nº 2 do Código do IRC
6	D	Artigo 2º, nº 1, alínea a) do Código do IRC
7	A	Artigo 4, nº 1 do Código do IRC
8	D	Artigo 8º, nºs 9 e 10 do Código do IRC
9	C	Artigo 4º nº 4 do Código do IRC
10	A	Artigo 12º do Código do IRC
11	D	Artigo 2º, nº 1 alíneas a) e b) e artigo 6º, nº 2 do Código do IRC
12	D	Artigo 6º nºs 2 e 3 do Código do IRC
13	A	Artigo 2º, nº 3 do Código do IRC
14	C	Artigo 4º, nº 7, alínea c) e nº 4, segunda parte do Código do IRC
15	C	Artigo 5º, nº 8 do Código do IRC
16	B	Artigo 5º, nº 6 do Código do IRC
17	D	Artigo 5º, nºs 3 a 5 do Código do IRC
18	C	Artigo 19º do Código do IRC
19	C	Artigo 19º do Código do IRC
20	B	Artigos 2º, nº 1, alínea a) e 6º, nºs 1, alínea b) e 4, alínea a) do Código do IRC
21	C	Artigo 6º, nº 1 do Código do IRC e alínea h) do nº 2 do artigo 5º do Código do IRS
22	C	É tributada em Portugal pelos rendimentos obtidos, através do estabelecimento estável, em Portugal; Artigo 2º, nº 1, alínea c) do Código do IRC – sujeitos passivos – não residentes cujos rendimentos obtidos em Portugal não estejam sujeitos a IRS. Artigo 3º, nº 1, alínea c) do Código do IRC – incidência real- o IRC incide sobre o lucro imputável a estabelecimento estável (conf. definido no artigo 5º) situado em território português. Artigo 4º, nºs 2 e 3 Código do IRC – não residentes ficam sujeitos a IRC apenas quanto aos rendimentos obtidos em território português. Consideram-se obtidos em território português os rendimentos imputáveis a estabelecimento estável nele situado.
23	B	Artigo 3º nº 1 do Código do IRC
24	B	Artigo 2º, nº 2 para o sujeito passivo e artigo 3º, nº 1 alínea b) para a tributação do rendimento
25	D	Artigo 8º, nº 5, al. a) Código do IRC – A cessação da atividade ocorre na data do encerramento da liquidação. Ofício Circulado nº 20.063 de 2002.03.05

EXERCÍCIOS DE ESCOLHA MÚLTIPLA

26	C	Artigo 8° n° 5 alínea a) do Código do IRC
27	D	Artigo 6° n° 1 alínea b) do Código do IRC – É imputada aos sócios,…, no seu rendimento tributável para efeitos de IRS ou IRC, consoante o caso, a matéria coletável, determinada nos termos deste Código, das sociedades de profissionais, ainda que não tenha havido distribuição de lucros. Artigo 20° n°s 1 e 2 Código do IRS- O resultado da imputação das entidades referidas no artigo 6° do Código do IRC, que sejam pessoas singulares, integra-se como rendimento líquido na Categoria B. Artigo 5° n° 2 al. h) Código do IRS- Exclui os lucros distribuídos da Categoria E.
28	A	Artigo 11° n°s 1 e 3, artigo 48°, n° 1 e artigo 49°, n° 3 do Código do IRC • As quotas dos associados – não sujeitos a IRC • Os subsídios dados pela Câmara Municipal – não sujeitos a IRC • O lucro obtido no bar – sujeito a IRC
29	C	Artigo 120°, n° 3 e artigo 121°, n° 4 do Código do IRC. Para efeitos de IRC, a cessação de atividade ocorre na data do encerramento da liquidação, pelo que, até lá, o facto de uma empresa se encontrar inativa não a desonera das suas obrigações declarativas.
30	A	Artigo 72°, n° 4 do Código do IRC
31	B	Artigo 123° do Código do IRC.
32	B	Artigo 54° do Código do IRC
33	C	Artigo 54° n° 3 do Código do IRC
34	A	Artigo 120°, n° 4 do Código do IRC
35	C	Artigo 87, n° 4 do Código do IRC
36	C	Artigo 23°-A, alínea r), do Código do IRC, sem prejuízo da tributação autónoma
37	D	Preâmbulo do Código do IRC, parágrafo 4
38	B	Artigo 20° n° 1 al. i) do Código do IRC
39	A	Artigo 18° n° 9 do Código do IRC
40	B	Artigo 4° do Código do IRC
		CORREÇÕES FISCAIS
41	C	Artigo 21°, n° 1, a) do Código do IRC
42	B	Artigo 21°, n° 1, a) do Código do IRC
43	D	Artigo 20, n° 1, j) do Código do IRC
44	A	Artigo 24°, n° 1, al. c) do Código do IRC
45	C	Alínea a) do n° 1 do artigo 21° do Código do IRC
46	B	Artigo 23°-A, n° 1, o) e n° 6 do Código do IRC
47	C	Artigo 23 n° 2 d) do Código do IRC
48	A	Artigo 22° n° 1 a) do Código do IRC
49	C	c) – Artigo 19° n° 1 % Acabamento: 600.000/1.000.000 = 60% Gastos incorridos: € 600.000 Rédito do período: 1.100.000 x 60% = € 660.000
50	B	Artigo 20°, n° 1, al j) do Código do IRC e Circular n° 6/2000, de 10 de maio.

MANUAL TEÓRICO-PRÁTICO DE IRC

51	B	Artigo 22°, n° 1, a) e n° 2 do Código do IRC
52	C	Artigo 22°, n° 1, d) primeira parte do Código do IRC
53	B	Artigo 22°, n° 1, d) segunda parte do Código do IRC
54	B	Artigo 22°, n° 1, a) e n° 2 do Código do IRC
55	C	Artigo 23°-A, n° 1, g) do Código do IRC
56	D	Artigo 46° n° 1 e n° 3 alínea b) do Código do IRC
57	D	Artigo 39°, n° 1, a) e n° 4 do Código do IRC. Isto porque, a reversão de imparidades/provisões é registada como um ganho, pelo que já está no lucro tributável da sociedade.
58	C	Artigo 23°, n° 1 do Código do IRC
59	B	Artigo 23°, n° 1, alínea d) do Código do IRC
60	C	Artigo 18° n° 8 do Código do IRC
61	D	Artigo 19° n° 1 do Código do IRC
62	C	Artigo 23°-A, n° 1 al g) do Código do IRC
63	B	Artigos 31° e 34°, n° 1, alínea c) do Código do IRC e artigos 18° e 20° do Decreto Regulamentar n° 25/2009, de 14 de setembro
64	C	Artigo 33° do Código do IRC
65	A	Artigo 34°, n° 1 b) do Código do IRC e artigo 10° Decreto Regulamentar n° 25/2009, de 14 de setembro
66	A	Artigos 18° e 20° e tabela II anexa ao Decreto Regulamentar n° 25/2009, de 14 de setembro – código 2210; e artigos 31° e 34°, n° 1, alínea c) do Código do IRC
67	B	Artigo 29°, n° 5, alínea a) e art° 33, n°1, alínea c) do Código do IRC e artigo 21° do Decreto Regulamentar n° 2/90
68	C	Artigo 34° n° 1, al b), d) e e) e artigo 11° do Decreto Regulamentar n° 25/2009, de 14 de setembro
69	B	Artigo 33° do Código do IRC
70	D	Artigo 29°, n° 1 a) do Código do IRC e artigo 17° e Tabela II anexa ao Decreto Regulamentar n° 25/2009, de 14 de setembro, código 2470
71	B	N° 2 do artigo 2° e n° 3 do artigo 10°, ambos do Decreto Regulamentar n° 25/2009, de 14 de setembro. Taxa de depreciação: 2% (Decreto Regulamentar n° 25/2009, de 14 de setembro – Tabela II – Código 2015) Custo de Aquisição = 500.000 + 50.000 = € 550.000 Valor depreciável = 550.000 X (1 − 0,25) = € 412.500 Valor da depreciação = 412.500 X 0,02 = € 8.250
72	C	Artigo 34°, n° 1, e) do Código do IRC e Portaria n° 467/2010, de 7 de julho
73	B	N° 3 do artigo 10° Decreto Regulamentar n° 25/2009, de 14 de setembro. Taxa de depreciação: 2% (Decreto Regulamentar n° 25/2009, de 14 de setembro – Tabela II – Código 2015) Logo deprecia 800 mil *0.02*0.75 e considera 4/12 desse valor.
74	B	Artigo 23° do Código do IRC – Custos ou perdas (indispensáveis e comprovados);- Artigo 33°, n° 1, alínea e) do Código do IRC – Reintegrações limitadas à parte do valor de aquisição que não exceda € 25 mil. Artigo n° 81, n° 3 do Código do IRC.

EXERCÍCIOS DE ESCOLHA MÚLTIPLA

75	B	Artigo 28°-B do Código do IRC
76	D	Artigo 31°, n° 4 do Código do IRC e artigo 6° do Decreto Regulamentar n° 25/2009, de 14 de setembro.
77	D	Artigos 30° e 31° do Código do IRC
78	C	Artigo 28°-B, n° 2 do Código do IRC
79	A	Artigo 28°-A e 28°-B Código do IRC
80	D	Artigo 28°-A e 28°-B Código do IRC
81	B	Artigo 28°-B n° 3, alínea b) do Código do IRC, dado estar coberta por garantia bancária, apesar da insolvência do devedor.
82	C	Artigo 28°-B n° 3 c) do Código do IRC
83	D	Artigo 28°-B do Código do IRC
84	B	Artigo 39° do Código do IRC e Circular n° 10/2011
85	D	Artigo 28°-B n° 3 alínea a) do Código do IRC
86	A	Artigo 28°-A n° 1, alínea a) e n° 3 do Código do IRC
87	D	N° 7 do artigo 31°-B do Código do IRC
88	C	Artigo 44° do Código do IRC Gasto com a majoração = 6.000 X 1,5 = 9.000 Limite da dedução = 3.200.000 X 0,002 = 6.400
89	A	Artigo 44° do Código do IRC Gasto com a majoração = 7.500 X 1,5 = €11.250 Limite da dedução = 5.000.000 X 0,002 = € 10.000 Valor a deduzir = 10.000 − 7.500 = € 2.500
90	B	Artigo 43°, n° 1 do Código do IRC
91	C	Artigo 43°, n° 9 do Código do IRC
92	D	Artigo 62°, n°s 1 e 2 do EBF
93	C	Artigo 62°, n°s 3 e 4 do EBF
94	C	Não aceita como gasto a indemnização pelo artigo 23°-A, alínea g; não aceita as reservas de reavaliação, artigo 31°, n° 1, alínea b; e não aceita o imposto de selo pelo artigo 23°-A, alínea a), todos do Código do IRC.
95	B	Artigo 23°-A n° 1 h) do Código do IRC e artigo 2°, n°3, alínea d) do Código do IRS
96	D	Artigo 23°-A n° 1 e) do Código do IRC.
97	C	Alínea p) do n° 1 do artigo 23°-A do Código do IRC
98	D	Artigo 62° n°s 1 e 2 do Código do IRC
99	B	Alínea e) do n° 1 do artigo 23°-A do Código do IRC
100	C	Artigo 23°-A, n° 1 e artigo 28°-B do Código do IRC
101	D	Art° 25, n° 2 Código do IRC − Venda de bens seguida de locação financeira pelo vendedor e os bens integravam o ativo imobilizado do vendedor. Não há lugar ao apuramento de qualquer resultado para efeitos fiscais, continuando os bens a ser reintegrados de acordo com o regime que vinha sendo seguido.
102	C	Artigo 46° n° 1 e artigo 31°-B n° 7 do Código do IRC,
103	A	Artigo 46° e 48° do Código do IRC

MANUAL TEÓRICO-PRÁTICO DE IRC

104	C	Artigo 48°, n° 1 do Código do IRC
105	B	Artigo 46° n° 1 e 48° do Código do IRC
106	D	Artigo 51°-C e Artigo 23°-A n° 2 (Na Modelo 22 a sociedade acresce a menos valia contabilística no valor de € 700.000 e deduz a menos-valia fiscal no valor de € 500.000)
107	B	Artigo 23°-A n° 1 h) "a contrário"- São aceites como custo. Artigo 88°, n° 9 do Código do IRC – estão sujeitas a tributação autónoma a taxa de 5%
108	C	Artigo 23°-A n° 1 alínea b) e artigo 88° n° 1, ambos do Código do IRC
109	A	Artigo 51°-C, n° 1 do Código do IRC
110	C	N° 1 do artigo 48° do Código do IRC
111	D	N° 2 do artigo 48° do Código do IRC Em 2014: • Acresce à sua matéria coletável apenas 50% da mais-valia: € 2.500. Em 2016: • Parte não reinvestida: (15.000/25.000) = 60% Logo, a mais-valia a ser tributada é de 1.500 (60% da mais valia de 2.500), mas dado a penalização de 1.15, acresce MC: 60%★2.500★1.15 = 1.725
112	C	Artigo 51° n° 1 do Código do IRC
113	A	Artigos 51° n° 9, 68° n° 3 e 91°-A, todos do Código do IRC
114	C	Artigo 67° n° 1 b) do Código do IRC
115	C	Artigo 71° do Código do IRC – O lucro tributável do grupo obtém--se através da soma algébrica dos lucros tributáveis ou prejuízos fiscais das empresas que o integram. Assim, temos: 300.000 – 150.000 – 100.000 = € 50.000 Ao valor do lucro tributável do grupo é deduzido o valor dos prejuízos fiscais de anos anteriores. Assim temos: 50.000 – 100.000 = 0 No entanto, a dedução de prejuízos fiscais de anos anteriores não pode ser superior a 70% do lucro tributável (n° 2 do artigo 52° do Código do IRC), pelo que a matéria coletável do grupo será de 15.000 (70% x 50.000).
116	B	Artigo 69°, n° 2 do Código do IRC
117	D	Artigo 69° n° 4 alínea a) do Código do IRC
		APURAMENTO DO IMPOSTO
118	B	Artigo 106° n° 11 al d) do Código do IRC
119	D	Artigo 87° n° 1 do Código do IRC
120	C	Artigo 86.-A, n° 6 do Código do IRC
121	D	Artigo 86°-B n° 1, alínea a) e n° 5 do Código do IRC
122	C	Artigo 86°-A n° 1 alínea f) do Código do IRC
123	B	Artigo 52°, n° 1, do Código do IRC
124	C	Artigo 52, n° 3 do Código do IRC

EXERCÍCIOS DE ESCOLHA MÚLTIPLA

125	C	Artigo 52°, n° 1 do Código do IRC. Em 2008 o período de reporte era de 6 anos, podendo ser deduzidos ao lucro tributável até 2014. Em 2011 o período de reporte era de 4 anos, podendo ser deduzido até 2015. Em 2014 o período de reporte é de 12 anos.
126	A	Artigo 86° B do Código do IRC e Circular n° 6/2014, de 28 de março
127	B	Artigo 87°, n° 1 e artigo 87°-A do Código do IRC
128	A	Artigo 87°, n° 1 e artigo 87°-A do Código do IRC
129	B	Artigo 15, n° 1, alínea a) Código do IRC RL= € 2.000,00 Benefício fiscal = € 400,00 que opera por dedução ao lucro tributável LT = 1.600, do qual tem de ter como MC 30%, ou seja, 480€ Pelo que pode usar 1.120 € de prejuízos, ficando com 580€ para reporte nos anos seguintes.
130	C	Artigo 15, n° 1, alínea a) do Código do IRC RL= € 2.000,00 Prejuízos fiscais dedutíveis de € 1.400,00, visto que em 2015 aplica-se limite de 70% na percentagem de dedução ao lucro tributável Benefício fiscal = € 400,00 que opera por dedução ao lucro tributável Conjugando o artigo 52° com o artigo 15° do Código do IRC, resulta que, para efeito de cálculo da MC, primeiro devem ser expurgados do LT e até à sua concorrência os prejuízos fiscais, deduzindo-se depois, caso ainda exista valor remanescente, os BF. LT – Prej. = 2.000,00 – 1 400,00 = € 600,00 Deduziu a totalidade dos Prejuízos e apenas pode deduzir € 400,00 de BF. Assim, a MC = 200 e não há prejuízos a reportar.
131	B	Alínea c) do n° 1 do artigo 71° do Código do IRC
132	B	Artigo 52° n° 2 do Código do IRC (a dedução a efetuar não pode exceder o montante correspondente a 70% do lucro tributável)
133	B	Artigo 12° e artigo 88°, n° 7 do Código do IRC
134	D	Artigo 12° e artigo 88°, n° 7 e 14 do Código do IRC
135	D	Artigo 106° do Código do IRC Cálculo: 1° Passo: 10.000.000 X 0,01 = 100.000 2° Passo: 850 + (100.000 – 850) X 0,2 = 20.680 3° Passo: 20.680 – 10.000 = € 10.680
136	B	Artigo 106, n° 11, alínea c) do Código do IRC
137	C	Artigo 106, n° 11, alínea d) do Código do IRC
138	C	N° 3 artigo 88° do Código do IRC
139	B	Artigo 88°, n°s 3 e 15 do Código do IRC
140	B	Artigo 106, n° 1 do Código do IRC
141	C	Artigo 104, n° 1, alínea a) do Código do IRC
142	D	Artigo 105°, n° 3 do Código do IRC. Paga 95% da coleta porque o VN > 500 mil €
143	A	Artigo 105°, n° 2 do Código do IRC. Paga 80% da coleta porque o VN < 500 mil €

MANUAL TEÓRICO-PRÁTICO DE IRC

144	C	Artigo 106º, nºs 2 e 3 do Código do IRC. Cálculo do PEC de 2015 = 850 + 20% (1%*800.000 – 850) – (80%*1.000)
145	D	Artigo 88, nº 1 e nº 14 do Código do IRC. Tributação autónoma de 60%.
146	C	Artigo 87º, nºs 1 e 2 do Código do IRC. Taxa é de 21% (não se aplica a de 17%) e pode deduzir as retenções na fonte.
147	B	Artigo 88º, nºs 1 e 2. Aos 30 de coleta da alínea anterior adiciona a tributação autónoma de 70% (artigo 88º, nº 2)
148	D	Artigo 88º, nº 1 e nº 14 do Código do IRC. Tem tributação autónoma a 60%, visto ter prejuízos.
149	A	Artigo 87º Código do IRC e Decreto Legislativo Regional nº 2/2014/A, de 29 de janeiro
150	B	Artigo 87º Código do IRC, artigo 18º da Lei nº 73/2013, de 3 de setembro, e Decreto Legislativo Regional nº 2/2014/A, de 29 de janeiro. Cálculos: Matéria coletável imputável ao Continente: € 112.500 Matéria coletável imputável aos Açores: € 37.500 Primeiros € 15.000 de matéria coletável por se tratar de uma PME – Continente: € 11.250 (€ 15.000 x 75%) – Açores: € 3.750 (€ 15.000 x 25%) Coleta imputável ao Continente: € 23.175 (11.250 x 17% + 101.250 x 21%) Coleta imputável aos Açores: € 6.180 (3.750 x 13,6% + 33.750 x 16,8%) Total: € 29.355 (23.175 + 6.180)
151	D	Artigo 18º Lei 73/2013, de 3 de setembro. Porque derrama municipal = 10.000* 2/3*1% + 10.000*1/3*0,5%
152	A	Artigos 81º e 51º-C do Código do IRC
153	A	Artigo 81º do Código do IRC mvf = €400.000 – € 1.500.000 x 1,07 = € 1.205.000 Aplicação do n.º 3 do artigo 81º do Código do IRC: € 1.205.000 – € 800.000 = € 405.000
154	B	Artigo 120º, nº 1 do Código do IRC
155	C	Artigo 120º, nº 2 do Código do IRC
156	A	Artigo 120º, nº 5, alínea a), do Código do IRC
157	C	Artigo 121º, nº 2 do Código do IRC
158	D	Artigo 121º, nº 3 do Código do IRC
159	C	Artigo 90º, nº 1, alínea b), do Código do IRC
160	D	Artigo 123º, nº 3 do Código do IRC
161	D	Artigo 126º, nºs 1 e 2, Código do IRC
162	B	Artigo 118º, nº 1, do Código do IRC
163	A	Artigo 8º nº 5, alínea a) do Código do IRC
164	B	Artigo 51º do Código do IRC
165	D	Artigo 91º-A do Código do IRC

30. Casos práticos de IRC

CASO PRÁTICO 1:

EMPRESA: Sarmento, Lda. PERÍODO: 2018 R.LÍQUIDO: 200.000 €
VOLUME DE VENDAS: 6.000.000 € MASSA SALARIAL: 400.000 €
MÉTODO DE DEPRECIAÇÕES: Linha reta

Relativamente a este ano, verificaram-se os seguintes factos:

1. Imparidades para créditos em mora: 6.000 €

    Balancete Por Idades de Saldo

< 06 meses	2.000 €
06-12 meses	8.000 €
12-18 meses	4.000 €
18-24 meses	1.000 €
> 24 meses	1.000 €

2. Em maio deste ano, o Tribunal obrigou a Sarmento, Lda. a pagar uma indemnização de 5.000€ ao seu trabalhador António M., em virtude de um acidente de trabalho;

3. Depreciação de uma viatura ligeira de passageiros a gasolina adquirida em 2015, por 45.000€: 11.250€;

MANUAL TEÓRICO-PRÁTICO DE IRC

4. Adquiriu 10 impressoras iguais pelo valor total de €2.000, tendo logo em 2018, depreciado contabilisticamente todo o valor de cada impressora.

5. A sociedade X, sócia da empresa, transformou um crédito de €50.000 sobre esta, numa prestação suplementar do mesmo valor, contabilizada na conta 53 do SNC.

6. Apurou em contas da classe 5 um saldo anual negativo de €50.000 resultante da venda de ações próprias.

7. Constituiu uma provisão para encargos derivados de processos judiciais em curso, por €100.000, em virtude de contra ela correr um processo de indemnização por danos causados pela prática de uma infração. Esta provisão compreende €50.000 de despesas com advogado e €10.000 de custas judiciais.

8. Foi atribuído um subsídio de 300.000€ para a aquisição de um terreno, sem cláusula de venda, que não contabilizou como ganho;

9. Recebeu uma doação de um imóvel que registou numa conta da classe 5 pelo seu valor de mercado de €100.000.

10. Registou como gasto do período a renda de €5.000 relativa ao aluguer (Leasing) de uma viatura ligeira de passageiros com o valor de €60.000, por 4 meses. Esta renda inclui €100 de encargos financeiros.

11. IRC estimado: 25.000 €;

12. A empresa vendeu 1 equipamento por 20.000, que havia adquirido em 2011 por 30.000€; Taxa de depreciação: 10% com valor residual de 0 (zero).

13. Donativos à Fundação XYZ, na qual o Estado participa com 50% do capital: 1.200€;

14. Encargos suportados com o fundo de pensões para o pessoal da empresa: 70.000€;

15. A empresa teve em 2014 prejuízos fiscais, dos quais ainda não deduziu o montante de 40.000€ e no período passado registou também prejuízos fiscais de 20.000€;

CASOS PRÁTICOS DE IRC

16. Pagamentos por conta de IRC: 10.000€;

17. A empresa suportou 3.000€, a título de Ajudas de Custo com os seus trabalhadores deslocados em serviço, com mapas, não faturadas a clientes;

18. Despesas não documentadas: 2.000€;

Apure o IRC a pagar/receber pela empresa.

SOLUÇÃO:

1. Imparidades

Imparidades	Valor	% Imparidade	Imparidades
Menos de 6 meses (M)	2.000	0	0
6M-12M	8.000	25	2.000
12M-18M	4.000	50	2.000
18M-24M	1.000	75	750
Mais de 24M	1.000	100	1.000

Deve acrescer à MC 250 €

2. Não é aceite como gasto, por via do artigo 23°-A do Código do IRC. Acresce 5.000€ à MC

3. Só é aceite 25% do limite legal de 25.000€ (ou seja, 6.250). Acresce à MC: 5.000€
Tributação autónoma: 11.250€*35%= 3.937,50€

4. Não há correção fiscal, dado que cada impressora custou menos de 1.000€ (artigo 33° Código do IRC e artigo 19° do DR n° 25/2009)

5. É um reforço de capital que não concorre para o Lucro Tributável (artigo 21°, n° 1 alínea a)). Não há correção fiscal.

6. Variação patrimonial negativa que não concorre para o Lucro Tributável (artigo 24°, alínea c). Não há correção fiscal.

MANUAL TEÓRICO-PRÁTICO DE IRC

7. São despesas decorrentes da prática de um infração, as quais não seriam gasto do período (artigo 23-A, alínea d)). Logo a provisão constituída não é fiscalmente aceite (artigo 34°, n° 1 c)) e serão acrescidos €100.000.

8. Acresce à MC: 300.000€/10 = 30.000, por aplicação do artigo 22° do Código do IRC.

9. É uma variação patrimonial positiva, que não está nas exceções do artigo 21° n° 1, estando prevista no n°2 do artigo 21°, pelo que acresce à MC.

10. Não é aceite como gasto a parte correspondente à depreciação da viatura (35.000*25%*(4/12) = 2.616,67). Acresce 2.616,67€ à MC.

11. Acresce à matéria coletável

12. A mais-valia contabilística é de 11 mil (MVC = 30.000 − (30.000 − 30.000*7*10%)), que deduz à MC.
    A mais valia fiscal é de 7.530 (MVF = 30.000 − (30.000 − 30.000*7*10%)*1,07), que acresce à MC.

13. Aceite como gasto, deduz 40% à MC (480€)

14. Tem como limite 15% da massa salarial (60.000€). Como tal, acresce 10.000 € à MC

15. Pode reportar o ano de 2014 (aplica-se os 12 anos de reporte), e pode reportar os prejuízos do ano anterior, cumprindo para o total de prejuízos o limite de 70% do lucro tributável

16. Deduz à coleta

17. Aceite como custo. Tributações autónomas: 3.000€*5% = 150€

18. Acresce à MC: 2.000€ e tem tributação autónoma de 50% (1.000€)

CASOS PRÁTICOS DE IRC

CASO PRÁTICO 2:

A empresa Miranda Sarmento, sociedade por quotas, com 3 sócios: Sócio A (51%); Sócio B (24%); Sócio C (25%), que são também os 3 administradores, que presta serviços de consultoria e formação, não está no regime de transparência fiscal, com sede em Lisboa, apurou no final de 2015 os seguintes elementos da sua contabilidade:
Volume de negócios em 2018: 4 milhões
Volume de negócios em 2017: 3,5 milhões

1. Resultado antes de impostos: 150.000 €. IRC estimado: 20.000 €

2. Variações patrimoniais positivas:
   – Aumento do CS de 20.000 Euros para 50.000 Euros, através da entrada de capital proveniente dos atuais sócios.
   – Aumento do valor patrimonial pelo método de equivalência patrimonial, em 20.000 Euros da participação na Sociedade M1 Lda., que também se dedica à atividade de consultoria.
   – Recebimento de um donativo de livros técnicos antigos por parte de um cliente, no valor de 500 Euros.
   – Ganho derivado de uma regularização de grande significado imputável a períodos anteriores e que estava na conta 59 – Resultados transitados. No valor de 10.000 Euros.

3. Participação num ACE, designado: Formações de Fiscalidade ACE, com uma participação de 30%. Este ACE apurou um lucro de 10.000 Euros.

4. Vendeu uma máquina a uma Sociedade Financeira, por 50.000 Euros. Havia adquirido a máquina em 2011 por 60.000 Euros e a depreciação é de 10%/ano. De seguida fez um contrato de relocação financeira para continuar a utilizar a máquina.
   Pretende saber quais as consequências fiscais desta operação.

5. Pagou a uma empresa Brasileira honorários pela instalação e montagem de um *stand* numa feira internacional no Brasil, no montante de 1.000 Euros.

6. Tem um contrato de locação financeira de uma viatura com valor de aquisição de 40 mil €.
   Juros: 4.000 Euros. Amortização Dívida: 6.000 Euros
   Qual a parte que pode considerar como custo?

MANUAL TEÓRICO-PRÁTICO DE IRC

7. Alugou durante o ano uma viatura ligeira de passageiros sem condutor (em regime de ALD), por 6.000 euros. O valor de aquisição da viatura é de 18.000 Euros. Considerou a totalidade dos 6.000 Euros como gasto.

8. Praticou as seguintes quotas de depreciação, pelo método de linha reta, relativas ao ativo fixo tangível:

BEM	Custo aquisição	Ano de Aquisição	Valor depreciação em 2015	Valor residual
Automóvel	60.000	2017	15.000	0,00
Computadores	10.000	2017	3.333	0,00
Material escritório	10.000	2016	1.250	0,00
Edifício comercial com valor do terreno	100.000	2003	2.000	0,00
Equipamentos de centros de formação profissional	20.000	2016	4.000	0,00
Telemóveis (4)	500	2018	500	0,00

9. Realizou imparidades das seguintes dívidas:

ENTIDADE	Data dívida	Montante da dívida	Valor da imparidade
Ministério da Economia	1-2-2018	10.000	5.000
Empresa X	1-9-2018	5.000	2.500
Empresa Y	1-3-2018	10.000	2.500
Empresa Z	1-11-2016	20.000	5.000
Empresa em processo falência	1-3-2018	2.000	2.000

10. Durante o ano foram pagas a esta sociedade as seguintes dívidas, que tinham imparidades pelo valor aceite fiscalmente:

ENTIDADE	DATA DA DÍVIDA	MONTANTE DA DÍVIDA
Empresa A	1-4-2017	1.000
Empresa B	2-10-2016	2.000
Empresa C	1-2-2015	5.000

11. Constituiu uma imparidade de inventários no valor de 5.000 Euros. Os bens para venda foram adquiridos por 10.000 Euros e o seu valor de mercado, idóneo, é neste momento de 6.000 Euros.

CASOS PRÁTICOS DE IRC

12. Efetuo durante o ano os seguintes donativos:
    – 500 Euros à Associação xx.
    – 2.000 Euros à Fundação Y.

13. Pagou 3.000 Euros de contratos de seguros de saúde para os administradores e para os trabalhadores.
    Pagou 5.000 euros de contratos de seguros de vida para os administradores.
    Os custos com pessoal foram de 250.000 Euros.

14. Pagou quotas à associação empresarial no valor de 500 Euros.

15. A empresa pagou os seguintes valores, que foram registados na contabilidade:
    – 500 Euros de multa de trânsito da viatura referida no ponto 6.
    – 50 Euros de coima pela entrega atrasada de retenções na fonte dos trabalhadores.

16. Pagou uma indemnização de 2.000 Euros, por erro imputável a um colaborador na área de *outsourcing*, que exercia funções de TOC, sendo que esse erro está coberto por um seguro profissional que não foi adquirido.

17. Pagou 2.300 Euros de despesas sem documento contabilístico de suporte.

18. Venda de ativo:
    Venda de uma máquina.
    Valor venda: 7.000 Euros
    Valor aquisição: 10.000 Euros
    Ano aquisição: 2014. Depreciável em 10 anos pelo método de linha reta.

19. Venda de uma viatura ligeira de passageiros
    Valor aquisição: 40.000 Euros
    Valor venda: 10.000 Euros
    Aquisição: 2017

20. Efetuou a reavaliação livre de um bem do seu ativo fixo tangível:
    Valor de aquisição: 10.000 Euros. Depreciável em 10 anos método linha reta.
    Adquirido em 2014 (4 anos de depreciação). Reavaliado para 8.000 Euros.

21. Recebeu um subsídio de 5.000 Euros para aquisição de máquinas no montante de 15.000 Euros. As máquinas serão depreciadas em 8 anos. O subsídio foi considerado como ganho no montante de 625 Euros.

MANUAL TEÓRICO-PRÁTICO DE IRC

22. Recebeu um subsídio para elaboração de um estudo no montante de 1.000 Euros, que foi considerado na totalidade como ganho.

23. Recebeu um subsídio de 10.000 Euros para criação de 3 postos de trabalho por 4 anos. Considerou como rendimento 2.500 Euros.

24. Efetuou os seguintes pagamentos:
   - Ajudas de custo aceites fiscalmente: 1.000 euros
   - Despesas de deslocações em viatura do próprio do funcionário: 500 Euros.

25. Os lucros/prejuízos fiscais dos últimos anos são (entre parêntesis são prejuízos):
   - 2011: (40.000 euros por utilizar)
   - 2012: (20.000 euros por utilizar)
   - 2013: (10.000 euros por utilizar)
   - 2014: 2.000 euros
   - 2015: 5.000 euros
   - 2016: 10.000 euros
   - 2017: 5.000 euros

26. Relativamente ao Pagamento Especial por Conta, a empresa faturou em 2017 um valor de 3,5 milhões €.
   Relativamente aos Pagamentos por conta, o montante de pagamentos por conta pagos em 2017 foi de 1.500 Euros. A coleta de imposto em 2017 foi de 10.000 Euros.

27. A empresa tem escritórios em Lisboa, no Porto e no Funchal.
   Os encargos salariais de cada escritório são: Lisboa (150.000 euros); Porto (60.000 euros); Funchal (40.000 euros). Taxas de derrama (fictícias): Lisboa: 1%; Porto: 1,5%; Funchal: 0,5%.

28. A empresa arrenda um pequeno espaço para escritório de uma firma, recebendo uma renda mensal de 150 Euros (ilíquidos)

29. A empresa obteve de juros de aplicações financeiras (depósitos) um montante líquido de 1.000 Euros.

CASOS PRÁTICOS DE IRC

Soluções:

1. Deve considerar o valor do IRC estimado, para efeitos do Q7. O RLP será de 130.000 €.

2. Apenas o donativo dos livros e o ganho derivado de uma regularização de grande significado são VPP que concorrem para o lucro tributável. As outras duas VPP (aumento de capital e o aumento do valor patrimonial pelo método de equivalência patrimonial) estão excluídos pelo artigo 21º.

3. O lucro do ACE acresce à MC, na proporção da participação (30%*10.000 = 3.000)

4. Não tem qualquer impacto fiscal, artigo 25º.

5. Aceite como gasto, artigo 23º e não deve efetuar retenção na fonte por não se considerar cá localizado o serviço da entidade brasileira.

6. Apenas os juros são aceites como gasto. Limite de 6.250€, logo fiscalmente aceite.

7. Não é aceite como gasto para efeitos fiscais, a parte da depreciação da viatura que excede o valor previsto na alínea e) do nº 1 do artigo 34º do Código do IRC. Valor da depreciação da viatura (18.000* 25% = 4.500 €). € 6.000 – € 4.500 = € 1.500 (valor a acrescer ao lucro tributável. Tem tributação autónoma de 10%

8. Acresce à MC a depreciação da viatura (apenas é aceite 25%*25.000 = 6.250€, logo 8.750€ devem acrescer à MC), tem tributação autónoma de 35%; a depreciação de 25% do valor do edifício, por via de se considerar o valor do terreno (logo acresce à MC 400€). As restantes depreciações estão de acordo com as regras fiscais.

9. Deve corrigir, por não serem aceites fiscalmente, as imparidades relativas ao Ministério da Economia e as imparidades relativas à empresa X (tem apenas 3 meses de mora).

10. Até 31-12-2017 (período anterior), a empresa realizou de imparidades 25% relativos à empresa A (8 meses, logo um valor de 250€); 50% relativos à empresa B

MANUAL TEÓRICO-PRÁTICO DE IRC

(14 meses, logo um valor de 1.000€) e 100% relativo à empresa C (34 meses, logo um valor de 5.000€). Assim, a empresa tem de reconhecer como ganho, por anulação de imparidades, 6.250€.

11. Deve efetuar uma correção fiscal a acrescer de 1.000€.

12. Não ultrapassa o limite de 0,08% do VN, que é de 32 mil €. Assim, pode beneficiar da majoração de 30%, deduzindo à MC 750€.

13. Tem como limite de gastos 15% da massa salarial, logo um valor de 37.500€. É aceite como gasto os seguros de saúde dado o seu carácter universal. Não é aceite como gasto os seguros de vida. Acresce à MC 5.000€.

14. Não ultrapassa o limite de 0,02% do VN, que é de 8 mil €. Pode beneficiar da majoração de 50%, deduzindo à MC 250 €.

15. Não é aceite como gasto, acresce 550 €

16. Não é aceite como gasto, acresce 2.000 €

17. Não é aceite como gasto, acresce 2.300 €. Tem tributação autónoma de 50%.

18. Tem uma MVC, que deduz, de 1.000 € (MVC = 7.000 − (10.000 − 10.000*10%*4)
Tem uma MVF, que acresce, de 820 € (MVC = 7.000 − (10.000 − 10.000*10%*4)*1,03

19. Tem uma mvc, que acresce, de 20.000 € (mvc = 10.000 − (40.000-40.000*25%))
Tem uma mvf, que deduz, de 20.000 € (mvc = 10.000 − (40.000-40.000*25%)).
O coeficiente é 1.
Acréscimo da mvf não aceita: 20.000 − [10.000 − (10.000 * 25.000/40.000)] = 16.250

20. Acresce à MC a diferença entre as duas depreciações. A antiga era de 1.000€/ano. A atual é de 1.333 (8.000/6): Logo acresce 333 € à MC.

21. Não há correção.

CASOS PRÁTICOS DE IRC

22. Não há correção.

23. Não há correção.

24. Tem tributação autónoma de 5%.

25. Reporta os prejuízos de 2011 (4 anos) em 2014 (70%*2.000 = 1.400) e em 2015 (70%*5.000 = 3.500), findo o qual os prejuízos de 2011 deixaram de ser reportáveis. Usa os prejuízos de 2012 (5 anos) em 2016 (70%*10.000 = 7.000) e em 2017 (70%*5.000 = 3.500), findo o qual os prejuízos de 2012 deixaram de ser reportáveis. Em 2018 pode usar os prejuízos de 2013, cumprindo o limite dos 70% do lucro tributável.

26. PEC = 850 + 20% *(1%*3,5M − 850) − (1.500) = 6.180; com redução fica: (6.180 − 100)*0.875 = 5.320

27. Pagamentos por conta de 2018 são 95% da coleta de 2017, logo são 9.500€.

28. A derrama municipal considera que em Lisboa está 60% da massa salarial, no Porto 24% e no Funchal 16%. Assim, a derrama é igual a:
LT * 60%*1% + LT *24%*1,5% + LT*16%*0,5%

29. Tem retenção na fonte, que deduz à coleta, de 25%

30. Tem retenção na fonte, que deduz à coleta, de 25%

Referências Bibliográficas

Basto, José Xavier de, O princípio da tributação do rendimento real e a Lei Geral Tributária", *Fiscalidade*, nº 5, Janeiro 2001.

Guerreiro, António Lima, *Lei Geral Tributária Anotada*, Editora Rei dos Livros.

Guimarães, Joaquim (2012), "As Variações Patrimoniais (POC vs SNC e CIRC)", Jornal de Contabilidade APOTEC, janeiro de 2012.

Menezes Leitão, Luís Manuel Teles de, "Fusão, cisão de sociedades e figuras afins", *Revista Fisco* nº 57, Setembro de 1993.

Nabais, José Casalta (2008), Direito fiscal, Almedina

Rodrigues (2009), Sistema de Normalização Contabilística explicado, Porto Editora

Saldanha Sanches, J. L., "Fusão Inversa e Neutralidade (da Administração) Fiscal*", Fiscalidade* nº 34, Abril de 2008.

— A Quantificação da obrigação tributária – deveres de cooperação, autoavaliação e avaliação administrativa, 2ª Edição, Lisboa, 2000, LEX, págs. 57 e 58.

— "As Avaliações do IVA e os Deveres de Cooperação dos Retalhistas", Fisco, nº 2 de 15/11/1988

Sousa, Amadeu (2014), Cadernos de IRC

Índice

1.	Introdução ao IRC	5
2.	Conceitos base do imposto	7
3.	Método de funcionamento do imposto	33
4.	Contratos de construção	41
5.	Subsídios	45
6.	Variações patrimoniais positivas e negativas	53
7.	Encargos não dedutíveis	59
8.	Imparidades de inventários e imparidades de ativos não correntes	67
9.	Imparidades de créditos	75
10.	Depreciações	81
11.	Realizações de utilidade social	93
12.	Quotizações para associações empresariais	99
13.	Ativos intangíveis	101
14.	Mais e menos valias de ativos tangíveis e intangíveis	107
15.	Patentes	115
16.	Participation exemption	119
17.	Reporte de prejuízos	129
18.	O procedimento de demonstração do preço efetivo na transmissão de imóveis	137
19.	Dedutibilidade dos gastos de financiamento (juros)	145
20.	Novo Código Fiscal do Investimento	153
21.	Regime Especial de Tributação de Grupos de Sociedades	161
22.	A neutralidade no diferimento da tributação das operações de fusão, cisão, entrada de ativos e permutas de partes sociais	169
23.	Regime Simplificado	187
24.	Taxas	195
25.	Tributações Autónomas	201
26.	Pagamento Especial por Conta; Pagamento adicional por conta; Pagamento por Conta e Retenções na fonte	209
27.	Dupla tributação jurídica internacional	221

MANUAL TEÓRICO-PRÁTICO DE IRC

28. As obrigações declarativas dos sujeitos passivos de IRC   227
29. Exercícios de escolha múltipla   241
30. Casos práticos de IRC   285